U0461586

刘国光

经济论著全集

（进入社会主义市场经济初期的思考 1993—1994年） 第 *11* 卷

知识产权出版社

全国百佳图书出版单位

目录

劉國光

中国经济形势，对控制通胀仍乐观其成*

（1993年5月20日）

　　中国近日宣布，将银行存贷利率提高，还对遏制通胀、制止银行存款大幅下滑有一定的作用，目前利率提高的幅度还不够，可再提高一些，但在短时间内提高的幅度不宜过大。

　　中国的利率已经两年没有动过，主要原因是因为担心利率的提高使国有企业的负担加重，特别是亏损的国有企业。这种情况实际上是用低利率来支持低效益，同时将低利率支持低效益的负担通过负利率转嫁到居民身上，使存款贬值。1993年一季度更出现了居民银行存款的绝对值下降的趋势，这是1993年通胀压力开始释放的一个很重要的信号。这种现象如果持续下去，后果是非常令人担忧的。本月14日中国宣布将存贷款利率提高，其中存款利率平均上调了2.18%，贷款利率平均上调了0.82%，这对遏制通胀、稳定居民怕通胀的心理以及制止银行存款大幅度下滑有一定的作用。但是，要做到消除负利率的阴影，减少低效益使用资金、高利率争夺资金，现时的存贷利率的增加幅度还不够，还可以再提高一些，但在短时间内提高的幅度不宜过大。

　　1992年以来，中国经济高速增长，虽然总的来说，是基本正常的，但也出现一些问题：一是固定资产投资过多，新开工的项

* 原载香港《文汇报》。

目过多，债券规模过大，投资比重在基础产业、能源、交通项目下降，开发区过多，房地产的投资在一些地方过热等。二是生产结构矛盾更加突出，特别是基础设施、基础产业支撑能力不足，尤其是交通运输紧张，比如现时的铁路运量只能满足60%的需要。三是银行贷款量和货币投放量过多。1992年贷款增长20%，货币投放量增长36.4%。1992年，货币供应量比国民生产总值的实质增长高出18%，在零售物价指数方面，1992年增长5.4%，35个大中城市的职工生活费指数则超过了10%，也就是超过同年银行一年期的存款利率即7.5%。1993年以来，货币投放继续增加，物价进一步上扬，1993年一季度零售物价指数比1992年同期上涨8.6%，而其中35个大中城市居民生活费的价格指数上涨了15.7%，4月份上涨更高达17%。这说明这几年积累起来的通胀开始释放出来。

面临着这种既有过热因素又有正常因素构成的经济形势，不可采取类似1988年的那种"急刹车"的办法，应该使用"微调"的方法，特别是控制固定资产的投资规模，调整产业的投资方向，控制信贷规模和货币的投放量，来缓解通胀的压力。

总的来说，1993年中国的通胀仍可控制，形势还是乐观的。

建立社会主义市场经济体制的
理论思考与政策选择*

（1993年5月）

中共十四大提出建立"社会主义市场经济"体制，为我国的下一步改革设定了更科学、更明确和更高的目标。我们的任务，就是要进一步解放思想，放开思路：一方面，全面而准确地阐释"社会主义市场经济"的科学含义及其在各个领域的具体内容；另一方面，富有创造性地探讨向这一新体制迈进的实施方略。

"社会主义市场经济"这个经济范畴包含两个方面的内容：社会主义是指以公有制为主体的社会生产关系，市场经济是指以市场为基础的经济运行方式和资源配置方式。社会主义市场经济这个提法在思想认识上的突破，主要是从过去认为的"社会主义"与"市场经济"两者不能兼容，转为两者能够兼容。我们过去设计的一些体制改革框架，受当时目标模式的局限，总的说来还是以上述二者"不能兼容"为指导思想的；而我们在设计体制改革框架时，要想有所突破，主要的一点，就是要体现出"社会主义市场经济"这一理论提法。过去有一种理论认为，市场机制充分发挥作用，要求进行大规模的私有化，现在从可以兼容的思路出发，完全可以把坚持公有制作为改革的约束条件，同时建立起以市场为基础的经济运行机制和资源配置方式。

---

* 中国社会科学院经济学科片课题组研究报告，《要报》1993年参考资料。

"市场经济"的概念与过去所提的"商品经济"或"市场调节"的概念有着重要的区别："市场经济"更强调"市场主体"的塑造和发挥市场主体在经济运行中的自主作用，强调要有一套完善的市场体系作为调节资源配置的经济机制，更强调国家的宏观调控要通过市场参数来发挥作用。这就要求我们打破过去的框框，不是把体制改革局限在价格改革和建立商品市场的范围内，而是要在产权关系的调整、企业制度的改革、政府职能的转变上有更大的突破；同时在完善市场体系方面，要把改革的步伐延伸到生产要素市场的深层次。

一、积极的渐进改革战略

1. 中国的改革，十几年来一直走的是"渐进式"道路。实践证明，渐进方式改革是适合中国国情、为广大群众拥护、已取得重大成就的一条成功之路，是我党和我国人民的一大创造。这一改革道路的特点，就是在付出较低的社会成本逐步推进改革的同时，保持着经济的高速增长。今后中国的经济改革，仍将主要走这条道路。

2. "渐进式"改革有"民间主导型渐进"与"政府主导型渐进"之分，前者是广大微观经济主体在改革开放的总方针和大环境下的自发性实践活动；而后者则是政府勇于承担改革推动者的责任，抓住一切有利时机，采取有效的措施将改革推向前进。中国过去的改革成果，就是在这两种方式的共同推动下取得的。这种民间和政府"两个积极性"相互促动、相互配合的改革方式，今后仍应坚持。

3. 渐进式的改革，主要的优点在于避免大的社会冲突与经济震荡，在增长中实现改革，但应该看到，这种改革方式也不是没有代价的。由于经济运行是一个具有整体性的系统，局部推进

刘国光
经济论著全集

第
11
卷

的渐进的改革，不可避免地形成双重体制，往往会使得经济信号重叠扭曲，造成效率损失严重的问题长期不能得到解决，并形成一个"吃双轨制饭"的新的既得利益集团。他们不仅成为改革的新阻力，也会加剧社会矛盾，逐步增加社会中的不安定因素。因此，走渐进式的改革道路，并不等于可以无限期地把过渡时期延长，而是也要抓住有利时机，积极推进改革，使双轨运行这种过渡方式逐步转向单轨，尽量加快改革步伐，缩短过渡过程。这就是"积极的"渐进改革的含义。

4. 我国经过十五年的改革与发展，旧体制已被初步打破，市场经济初见雏形，并已开始在许多方面发挥积极的作用；广大人民群众尝到了改革的甜头，改革的积极性高涨、信心增强、承受能力加强；各地方、部门也能够积极主动地进行体制创新；国际形势也十分有利。在这种情况下，面对经济中存在的各种问题，我们应该抓住有利时机，在明确改革的前提下，主动出击，加快步伐，积极主动地采取一些深化改革的有利措施。特别是一些于全局有关、必须由中央政府统一领导才能实施的改革措施，应利用群众的改革积极性，突破一些既得利益集团的阻力，尽快使改革开放也上一个"新台阶"。总之，要走"积极的渐进式"改革道路，否则，国内外条件不断发生变化，一旦痛失良机，已取得的成就也可能被断送。

5. 在当前积极地加快改革，要求我们正确地分析各方面的情况，认准各个方面具有决定性意义的改革突破口，配套协调地推进改革。强调改革的系统性不等于片面地追求绝对的协调、配套，有的时候为了加快改革，甚至应该先在某一方面有所突破，不应等到一切都设计周全再"一齐出台"。即使有了一个整体设计，也要根据实际情况有先后的安排。但"积极的渐进式"改革，要求政府对于各方面的改革，有一通盘的考虑，避免出现体制"瓶颈"，因为，某些方面体制改革的滞后，会影响整个改革的顺利进行。

6. 建立社会主义市场经济是一项前无古人的创举，它像任何创新一样都是有风险的。一味求稳，就不可能创新。就我们面临的问题来说，真正的稳定，必须在体制创新中实现；为了国家的长治久安，我们现在比过去更需要勇敢地面对改革中可能存在的风险和困难。这不是说不顾一切盲目地"闯关"，而是说要科学地分析主客观条件，只要有较大成功把握，就要勇于主动出击。

二、正确处理发展与经济改革的关系，避免因过高的通货膨胀而影响改革推进

1. 经济改革的生命力在于促进经济发展，我们要力争隔几年上一个台阶。但经济加快发展要适度，过高经济增长速度有可能带来过高的通货膨胀，这会给经济的正常运行带来波折，而且会使改革措施无法实行。

2. 1992年以来，我国通货膨胀的潜在压力正在加大，贷款规模和货币供应的增长已连续数年超过经济增长与物价上涨之和。在市场取向的改革过程中，由实物化向货币化的转变会吸收掉一部分货币，但吸引的潜力是有限的，因此，持续过多的货币供应，或迟或早总会导致通货膨胀。

3. 当前又有经济学家主张用通货膨胀的办法支持经济高速增长，认为通货膨胀率在20%左右不会出大乱子。我们认为，这种意见不可取。其理由如下。

（1）虽然我国城乡居民对通货膨胀的承受能力已较过去提高，但根据对居民心态的调查等多方面考察的资料证明，高达20%的通货膨胀率仍是广大居民所难以接受的。而由于居民储蓄存款能否稳定增长已经成为保持经济稳定增长的一个关键性变量，保持居民心态稳定，避免出现居民的通货膨胀预期和由之而

来的抢购风潮，已经成为宏观调控中必须万分重视、严肃对待的事情。

（2）用较高的通货膨胀率支撑经济增长，其暗含前提是居民具有"货币幻觉"；但货币幻觉最多只能得逞于一时，一旦"幻觉"消失，居民便会要求提高工资予以补偿；工资成本上升，物价随之会进一步上升；如此下去，便会出现"工资、物价螺旋上升"的恶性循环，这种状况，在国内外的历史上已经有了很多的例证。有人寄希望于工资"指数化"来解决这一问题。然而，一则，与其指数化，何如无通胀；二则，指数化涉及相当复杂的技术安排，至今无令人满意的方法；三则，指数化仍然会使工资的调整跟不上物价上涨的步调，更不能解决负利率造成储蓄存款贬值的问题，居民仍然不会满意。总之，观之世界各国的经验，指数化尚无成功的例证。

（3）退一步说，即使居民的承受能力已经较大，20%的通货膨胀不会出大乱子，政府的宏观货币政策和经济增长目标也不能以20%的通胀率为前提。根据我国目前的体制状况和经济结构，以一位数通胀率为目标的较紧的货币政策也很难避免最终出现两位数通货膨胀的结果，如果政策从一开始就以20%的通胀率为前提，就很可能出现物价失控的局面。更何况，从来还没有哪一个负责任的政府会以造成高通货膨胀为自己制定政策的出发点。

总之，我们反对用通货膨胀来"换"经济增长的政策主张。基于此，我们主张在集中改革时期将经济增长的平均速度控制在平均不要超过10%。

4. 1990年和1991年我国曾经出现过市场疲软现象，当时我们即指出，这种疲软不是体制性的转换，"短缺经济"的体制特征并未消失，由经济体制所内在生成的买方市场，必须通过体制改革的不断深入，才能逐步形成。在改革过程中，必须保持社会供需总量大体均衡的格局，形成模式转换过程中的买方市场，争取一个有利于改革的比较宽松的经济环境。为此，需要做到：（1）保持适度的经济增长；（2）相应地进行发展模式的转换，使发展战略目标由数量、速度为主转向质量、效益为主；（3）处理好控制需求与扩大供给的关系，在控制需求时不过多地影响供给，在扩大供给时不过分刺激需求；（4）在实现总量平衡的过程中，主要不靠行政干预，而是要实施比较恰当的货币政策和财政政策，培养与增强企业的自我调控和自我约束机制；（5）衡量有限买方市场的一个重要标志是能否保持物价的相对稳定；因改革而发生的物价水平上涨应尽力控制在结构调整的范围内，严格限制通货膨胀性的物价上涨；（6）在经济稳定增长的同时，有步骤地进行结构改革。现在，我们仍坚持这一看法。

5. 保持经济的不断增长，能为改革特别是渐进式改革创造好的经济条件。但是当前经济中出现的过热趋势，说明我们的经济增长，许多方面尚未脱离原体制下以"预算软约束"为基础的"高速低效""一放就乱"的旧增长模式。因此，当前的首要任务和我们的政策聚焦点，还是应当放在体制转换上，力争尽快在体制改革上有所突破，实现增长模式的转变，使经济早日走上"高效、稳定、高速"良性循环的轨道。经济增长要尽快上一个新台阶，经济增长的"质量"，更要尽快上一个新台阶。

三、调整国有经济的产业布局，发挥国有制的相对优势

1. 公有制为主体并不意味着国有制为主体。国有制只是公有制的形式之一。应该纠正"国有制是公有制的高级形式""公有制程度愈高愈好"等旧观念，从有利于提高生产效率和发展社会生产力的观点来选择公有制的形式和结构。在成熟的市场经济下，国有制在自然垄断和信息垄断性强、尖端幼稚产业和外部效

应大等产业中具有相对优势。因此，从总体上看，现在国有制存在着涉及面过宽、战线过长和布局不合理的问题。要通过划定国有资产的投资领域、出售小型国有企业、出售部分大中型国有制企业的股权等措施，适当调整产业布局，优化国有资产的配置结构。

2. 公有制的主体地位和国有制的主导地位不是自封的，它应在竞争中形成。国家对国有经济不应滥用行政手段扶持，更不应该在竞争性产业中赋予它们垄断地位。但国家应该帮助它们卸掉沉重的社会负担包袱，为它们创造平等竞争的条件和环境。在平等的竞争中，国有经济应该凭自己的特殊作用和高效率来显示自己的优越性。

3. 对国有资产要实行分级所有、民营化经营。国有不应沦为虚空，要落实到具体的一级政府所有。应该根据谁投资、谁所有和谁受益的原则来确定国有产权的归属问题，按照现行的财政制度，可以分为中央、省（自治区、直辖市、计划单列市）、地区（地级市）、县四级所有。国有资产实行分级所有，有利于解决国有资产的所有者缺位的问题，使国家对国有资产的管理得到加强；有利于使国有资产的所有者主体多元化，为国有企业的股份制改革创造条件；有利于发挥中央和地方的积极性，提高国有资产的利用率；有利于减少管理层次和避免多头管理，提高经营效率。

国有资产的产权落实到各级政府后，也不能由政府直接经营，而应该实行民营化经营。民营化不等于私有化。为了调整国有经济的布局，不排除也应当把一些小型国有企业出售给集体或私人，特别是在近期，小型商业的私有化是活跃经济的实用有效措施。但对多数企业来说，实行民营化经营将是改变传统的国有国营的主要方式，这有助于割断企业和政府联系的脐带，采取多种经营方式，转到以市场经济原则经营的轨道上来。为此，对国有资产的管理和使用要解决如下几个问题：（1）建立健全政府的国有资产管理机构。其职能主要是对国有的经营性资产、非经营性资产和资源性资产从方针、政策、法规、办法等方面进行宏观的、全方位的管理和监督，保证国有资产的有效使用和保值增值。（2）建立对国有资产进行经营的中介性组织，如各种投资公司、控股公司等，由它们把政府的行政管理机构和生产经营性企业分开。国有资产经营机构的职能是受托作为国有资产的所有者对生产经营性企业进行持股、控股和对国有股进行买卖，这将是把原来模糊的产权责任明晰化的主要形式。（3）逐步使国有资产价值化，通过资产流动、竞争性经营提高效率。

四、发展混合经济，调整和改革所有制结构

1. 集体、合作经济等非国有制的公有制经济形式在改革以来表现了很强的活力。今后，它们应该获得更大的发展。此外，随着市场经济发展而在我国社会主义条件下出现的各种基金会组织，是公有合作性质的新的公有制形式。应当积极推动这些新的公有制形式的发展，使之在市场经济中发挥更重要的作用。

2. 非公有制经济也应有较大的发展余地。与计划经济相比，社会主义市场经济虽然也讲"公有制为主体"，但给非公有制成分留下的余地显然要大于计划经济。改革以来，个体、私营、合资企业有了很大发展，并已经成为我国社会主义市场经济的一个重要组成部分。这部分经济再有一些发展，也不会影响公有制的主体地位，相反，对加强市场竞争、提高公有制的效率有很大的好处。因此，在政策、法律上要为这部分经济的发展创造条件，同时要规范其行为，使之在合法经营的前提下得以发展。

3. 改革传统的分割的所有制结构和封闭的产权组织形式。随着要素市场的发展、金融深化和股份制等现代市场经济组织制度

刘国光
经济论著全集
第
11
卷

的确立，多种所有权形式在财产使用和经营过程中互相渗透，界限愈来愈模糊，多数企业将以"你中有我，我中有你"的形式出现。企业也很难按所有制形式划分，将更多地以混合性的产权结构出现。

4. 随着多种所有制并存、融合性和混合性产权结构的出现，我国的所有制结构应该形成两个层次（宏观层次与微观层次）。在宏观层次上，将形成多元化的投资主体，在资金总量上公有制仍将占主体地位；在微观层次上（企业内部），各种所有制形式将互相渗透、互相融合。

五、重组产权关系，建立现代企业制度

1. 无论是转换国有企业经营机制还是发展非国有企业，都必须进行企业制度创新。转换企业经营机制是建立社会主义市场经济体制的关键环节之一。我国传统的企业制度是为适应高度集中的计划经济而建立起来的。其主要缺陷是：企业行政机构化；产权封闭化；组织形式非法人化；外部管理非法制化；收入分配平均化。迄今为止的改革，仍然是扩权让利思路的产物，没有触动传统企业制度本身，企业改革还没有取得实质性的进展。事实证明，不解决产权问题和对企业的制度进行创新，企业经营机制不可能发生根本性转变。

2. 进行企业制度创新的基本思路，是建立真正的企业法人制度。企业法人制度是一种现代企业制度。其主要特征和进步意义在于：第一，企业作为人格化的经济组织，成了独立的商品生产者和经营者，并能独立承担民事责任。第二，企业成了财产主体和盈亏主体。法人企业把企业的资产和投资者的其他资产在法律上严格区分开来，企业对投资者投入企业的资产及其增值具有法人所有权，可以用它们对债权者负有限责任。企业实行真正的自

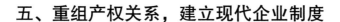 建立社会主义市场经济体制的理论思考与政策选择

负盈亏。第三，完成了现代意义上的所有权和经营权的分离。在自然人企业和合作企业中，投资者既是企业资本所有者，又是企业财产的支配者。在法人企业中，资本的所有权和经营权出现了一定程度的分离现象。企业的经营者并不是资本的所有者，或者不是主要的所有者，而是具有专业知识的经理阶层。经理经营管理的不是或者主要不是自己的财产。第四，为扩大生产规模、实行资本社会化创造了一种好形式。第五，产生了合理的资源配置机制。某些法人企业是通过向社会公开发行股票而建立起来的，企业的效益和实力通过股票发行的数量和价格的涨落反映出来，形成了完备的市场评价机制，有利于社会资源的配置按照社会效益不断调整，在竞争中实现优胜劣汰和生产结构的调整。

3. 要使我国的国有企业变成真正的法人，必须大力发展股份公司。股份公司是典型的法人企业。我国多种所有制形式的发展和国有资产的分级所有，形成了投资主体的多元化，这为国有制企业进行股份制改造和发展新的股份企业创造了必要条件。要通过理顺中央和地方的产权关系，将国有企业的资产存量或增量中的一部分销售给集体或者个人，用发行股票的办法吸收企业职工和社会的资金入股，发展合资企业、法人持股控股等形式，把国有企业改造成股份制企业。

4. 股份公司有多种形式，按照债务责任权利是否分为等额股份，股份制企业可以分成无限责任公司、有限责任公司、股份有限公司、两合公司和股份两合公司（简单地说，由若干人共同投资入股，入股者既有无限责任股东，又有有限责任股东的公司称两合公司。股份两合公司是全部资本划分为等额股份，既有有限责任股东，又有无限责任股东的公司。它与前者的区别，主要是全部资本划分为等额股份）。由于无限公司、两合公司和股份两合公司都有负无限责任的股东（英美法系不承认它们为法人企业），采用这些公司形式既不利于对国有企业的改造，也不利于社会的安定。因此，我国的股份制企业应采取有限责任公司和股份有限公司这两种形式。而且，由于股份有限公司的股票可以上市，对社会的影响大，所以应该严格控制；只有少数经营管理得好的大型企业才能采用这种形式，多数企业只能采用有限责任公司和定向募集股份有限公司的形式。应当指出的是，当前企业股份制改造的重点，应当是力促企业资产股权化，以及让企业股权流动化，而不应强调通过股份制改造来扩充企业资本。也就是说，企业股份制改造的意义主要是改制，而不是筹资。

5. 国有企业实行股份制经营，对一般竞争性行业的企业，国家可只参股，不控股；对少数对国计民生有重大影响的大型企业和特大型企业，国家可以控股以至于控全股，具体比例应视企业在国民经济中的地位和股权的分散程度而定。

6. 股份制应该成为我国企业的主体形式，但是，并不是所有的国有企业都能够实行股份制经营。对某些仍然需要保留国有制形式或者没有条件实行股份制经营的企业，也应该割断企业和政府行政机构的脐带，按照民营化企业的方式经营，使企业对其经营的资产拥有法人所有权；在企业内部，则应实行董事会领导下的经理负责制，把企业变成无主管单位的法人企业。

7. 形成以横向联系为主的网络型企业组织结构。采用现代企业制度要求有相应的企业组织结构，要按照市场经济原则，通过专业化协作、联合、兼并等形式，把以纵向管理为主的金字塔的企业组织结构，改造成以横向联系为主的网络型的企业组织结构，使不同所有制、不同地区、不同规模的企业按照发展市场经济和社会化大生产的要求，形成合理分工、优势互补。

在调整企业的组织结构时，特别要发展以大型企业和名优产品为龙头，核心企业对相关企业持股、控股的大企业集团，发挥它们在科研和新产品开发、实现国家的计划和产业政策、国际贸易等方面的特殊作用，但企业集团必须是多个在经济技术上有联系的企业联合而成的经济实体，而不是政府的行政管理机构。在发展企业集团的过程中，必须防止企业集团的行政化倾向。

六、发展完善的市场体系，建立严格的市场秩序

1. 目前我国市场调节有正面效果，也有反面效果，其原因是市场还处于初期发展阶段，商品市场经过几年的培育发展有一定基础，但市场分割严重、竞争不平等、市场运行混乱的问题等制约其进一步发展。整个生产要素市场还处于争议或萌芽状态，劳动力市场因为劳动力商品化问题未解决和国家包就业的做法基本未变而举步不前，资本市场还处于确立其地位的争论之中，土地、技术市场等也处于不规范运行之中。所以，对目前我国整个市场体系发育度的估计要有清醒的认识，不能过于乐观。

2. 市场机制和市场体系的建立并不是一个自然过程，它需要国家规划、参与和实施。一方面，国家对于市场能解决的经济问题应完全交由市场去处理，如商品供求、价格升降、生产要素流动等，这样就为市场运行提供了前提；另一方面，市场并非万能，对于市场调节的死角及市场固有的功能缺陷，要由政府职能来补足，如社会公平的实现、市场发展规划、市场运行和调节规则的确立、市场运行主体监督及对市场进行的必要干预等，在一个相当长的时期内将会存在，也将是今后政府工作的重点。特别是目前各类市场发育不规范的状况下，更需要政府的引导和培育。

3. 市场机制的核心是价格机制，价格改革是市场发育和市场体系形成的关键。我国价格改革的目标是建立有宏观调控的市场价格体制。经过近十五年改革，我国价格改革已取得重大进展。消费品价格已基本放开；生产资料价格双轨制正在迅速并轨，而且绝大部分并为市场单轨价；服务价格经过调整和放开，逐步趋

刘国光
经济论著全集
第
11
卷

于合理；生产要素价格市场化进程则刚刚开始。为推动市场发育，充分发挥市场机制的作用，今后价格改革应在以下几个方面展开：（1）三年内把竞争性商品和服务价格放开；（2）三至五年内调顺政府定价商品和服务的价格；（3）五年内实现人民币汇价并轨，实行浮动汇率制；（4）国内外市场价格逐步挂钩（先在可贸易商品部分接轨）；（5）加速资本和土地价格市场化进程；（6）逐步建立和健全价格调控体系。

4. 发展市场经济，要肯定合法的投机活动。市场经济中所形成的多种价格差、时间差，为人们提供了经营和赚钱的机遇。那些目光敏锐、具有开拓精神的人才能发现和利用这些机遇。他们利用这些机遇的过程，也就是进行社会资源合理配置的过程。正是由于他们将商品从价格低的地方倒卖到价格高的地方，从价格低的季节储存到价格高的季节，才使整个经济健康发展。同时，对于违反法律、破坏市场秩序的非法投机活动，应予取缔和打击。

5. 政府对市场的管理要逐步从人治走向法治。某些事情能否做，某些事情做了后是否应受到处罚，不能由一些政府部门的少数官员信口开河，而应由法律明确规定。当前特别要对各种假、冒、伪、劣产品进行严厉打击。对于人们所从事的经济活动只要不违法，政府官员就不能横加干涉。有些经济活动需要一些部门审批盖章，对这些部门必须要有严格的时间限制，决不允许一个公章盖数月或数年的现象发生。目前盖章数量太多，要从大力精简政府机构、转变政府职能来解决。

七、放开投资决策权，大力发展资本市场

1. 投资体制有过多种改革方案，但不论是各种管理限额的调高调低，各级管理权力的上收下放，还有拨款改贷款，等等，基

本上脱不开传统的条块管理、层层分割的计划经济模式。

为适应社会主义市场经济的要求，必须改变对固定资产进行切块管理的老套路；必须改变只对全民所有制企事业单位的固定资产投资实行计划管理，而对其他经济成分则放任自流，对外资企业实行优惠的现行做法；必须改变现行的把全社会固定资产投资分为全民、集体、个体三大块，在全民投资中又分成基本建设和技术改造投资两大类，并据此实行硬性区别管理和立项审批制度的传统格局；必须结束各级政府首长作为投资最终决策者的状况；必须迅速扭转投资的风险由国家银行统一承担的局面。我们认为，在下一步改革中，必须在投资领域实现三大转变：营利性投资活动的决策主体由政府转向民间；投资的主要资金来源由拨款转向银行贷款和直接融资；投资风险由投资决策者和最终投资人共同承担。

2. 与投资体制的改革相配套，要加快资本市场（即融资期限在一年以上的金融市场）的发展。培育与社会主义市场经济相适应的资本市场的内容之一，是大力发展以债券为主、股票为辅的规范化的直接融资市场。为了将直接融资市场的发展与产业结构的调整结合起来，当前国家应当赋予交通、能源、通信等"瓶颈"产业优先运用股票、债券筹资的权利。目前这些部门由于价格还没有放开，投资回报率比较低，发行股票没有吸引力，发行债券又难以承受较高的利息。改革的目标是将这些行业的价格也基本放开。目前可以采取新企业新价格的办法过渡。这样，这些部门就可以发行条件优惠的资本市场工具，以吸引更多的社会资金。今后，随着这些部门"瓶颈"状况的缓解和价格的基本放开，国家就不必限制各行业股票、债券的发行，某个行业、某个企业能够发行多少股票和债券，基本上由市场机制调节。

3. 发育资本市场的内容之二是改革银行的贷款体制，采取以社会闲散资金的方式进行。我国银行体系的基本特征是：国家所有，国家统一经营，国家统负盈亏。在这种体制下，银行事实上成了整个社会最大的"大锅饭"。较大幅度的负利率、贷款按国家计划或地方政府的行政命令发放；各种"政策性贷款"和"安定团结贷款"越来越多；大量的贷款有去无还，不还也没有追究；等等，都是银行信贷资金"预算约束"软化的表现。

4. 发展资本市场的实质意义，在于恢复资金的商品性质，并按照商品交易的原则进行买卖，按照市场机制进行融通。通过这套法则和机制，把整个社会的资金潜力都充分挖掘出来，并按照择优分配原则，把这些资金合理地分配到经济生活的方方面面，使资金得到最佳使用，从而引导社会资源实现最优配置。

5. 近几年来，我们把金融政策的重点放在发展直接融资、培育证券市场上，希望通过扩大直接融资、调动广大居民的金融投资热情，革除资金对企业预算约束软化的弊端，提高资金的使用效率。由于传统银行体制的弊端依然存在，直接融资在上述方面确实表现出不同程度的优越性。但是，从理论上说，间接融资代表了一种发展程度更高的资金融通机制，而且，基于一种有效率的间接融资体制，政府的金融宏观调控更能发挥效力，所以，发展以间接融资为主的资本市场，应当成为我国今后金融体制改革的方向。

当前资本市场发育的问题表现在直接融资领域中，主要是不规范、滥"集资"的现象比较普遍。有的用行政手段集资，违背了出资人的投资意愿；有的集资不是用于有效项目的建设，而是用于弥补企业亏损；有的集资用于盲目建开发区，造成资金浪费；等等。这种不规范的资本市场的发展，不仅不利于稳定货币和产业结构的调整，投资者的利益也得不到有效的保障。为了确保资本市场的健康发展，必须尽快颁布证券法，将各种直接融资引导到规范化的轨道上。

在间接融资领域中，主要问题是贷款手段陈旧和贷款的低效率。目前，我国金融机构的中长期贷款，依旧是信用贷款，这既使贷款缺乏科学依据，也使金融机构失去抵御风险的能力。在下一步改革中，应尽快建立抵押贷款机制，抵押品可以是各种实物资产，如房产、机器设备等；也可以是国家认可的合格金融资产，如国库券和其他优质企业证券等。提高金融机构的资金使用效率的另一重要方面，是减少对贷款的行政干预和卸去商业性金融机构的"政治"责任和"宏观调控"责任，这就要求我们迅速推动金融机构（政策性金融机构除外）的商业化进程。

八、加速劳动力市场的形成，把工资分配纳入市场调节轨道

1. 在改革过程中我们一直不敢正视劳动力市场问题，以劳务市场和人才市场等名称来代替。但劳务市场和人才市场只是劳动力市场中的一部分，以偏概全，就形成了劳动力市场的不正常发育。目前较活跃的正是具有劳务服务性质的市场和专业知识人才流动的市场。从总体上说，劳动力市场尚未真正形成。对劳动力市场存有畏惧的理论障碍，致使作为我国资源配置最主要方面的劳动力资源，尚只是部分进入市场调节轨道。下一步的改革应当明确劳动力市场的提法，以推动其发展。

2. 劳动力市场形成的关键，是国家放弃其作为用工主体和分配主体的特殊身份，为企业和职工双向选择创造条件。当然，实行完全的双向选择需要有个过程，不能采用搞运动的"砸三铁"方式解决，但也不能踌躇不前。

3. 同许多实行改革的国家一样，中国经济改革也是从启动利益激励机制开始的，从调整职工工资、恢复奖励制度一直到1985年的工资改革都是如此。1985年工资改革，在机关、事业单位实行结构工资制，企业实行工资总额与经济效益挂钩，虽然较传统

体制有所进步，但这些改革探索并未改变国家作为分配主体并用行政方式规定工资标准、工资水平以及工资制度的特点，而企业实行的工效挂钩也还是一种半行政协调的工资决定形式。其最根本的原因是劳动力的价值没有一种合适的衡量标准，劳动力的所有和使用权归国家，劳动者个人成了国家手中一种生产要素资源，否定了劳动力的商品属性，致使国家不得不对劳动者的衣食住行实行统一包下来的办法，加大了国家负担，挫伤了广大劳动者的积极性。改变这一状况，要形成多层次的劳动力市场，使劳动者通过市场来选择职业，获取报酬；要建立社会保障体系，使劳动者从单一的就业保障中解脱出来，形成劳动力流动机制。

4. 国家要逐步从工资分配的主体中退出来，当好宏观调控和监督的角色。如果对部分劳动者的增资幅度、水平和具体分配于每一人的工资量还是由国家统一管理，就摆脱不了平均主义，而且目前所存在的个人收入双轨的状况也不能消除。实现工资分配的市场调节就要把国家从分配中的"大老板"的位置上撤下来。不直接从财政支付的工资分配，从工资总量、增长水平到个人收入量，统统应放到企业去决定，国家只是根据经济增长水平控制年工资增长率，用税收调节工资总量和个人工资水平，并通过最低工资立法等保护劳动者利益。对于目前企业实行的工效挂钩，因为还是一种半行政协调的工资决定方式，从长远看也要向市场调节形式过渡。对于需从国家财政中支付的工资，则企业工资视水平和经济发展情况来适当调整，而不能由财政收支状况来决定，以形成工资良性增长机制。

5. 把各项隐性工资显性化。从现状看，工资的真实作用越来越小，而实物和福利型的隐性工资的比重却越来越大。把各种福利和津贴都纳入货币工资，使工资显性化是改革的需要，但目前过低的个人收入调节税起征点，使隐性转为显性要多缴税，从而使工资改革和住房改革、税收制度改革难以作为一个系统来整体推进，而是相互脱节和掣肘。所以，工资收入显性化需要有相关改革措施的配套。

九、进一步改革城市土地市场，合理分配土地收益

1. 我国城市土地使用制度改革的目标，是建立一套与社会主义市场经济相适应的制度框架，并依托它来提高城市土地配置效率。这套制度框架主要包括：城市土地产权制度，城市土地市场体系，城市土地收益分配制度，以及城市土地计划管理等四个方面。

在过去的若干年里，我们已陆续在上述四个方面的制度建设上取得重要进展，今后改革的任务，是进一步完善这套制度。

2. 城市土地产权制度。国有城市土地的所有权与使用权的分离，是建立社会主义的国有土地产权制度的关键一步。将国有土地按地域和使用性质区分出若干种类，分别由不同级别的政府去代表，并由其派出的职能机构（如土地局或建设局）具体经营。目前按面积大小划分审批权限的做法应当废止，代之以按代表权范围审批的安排；目前国有土地无明确的经营者的局面要尽快结束，应指定专门的机构去经营国有土地，并将之纳入预算内加以管理。

仅仅用"使用权"来界定用地者取得的土地权利是不够的。要将土地权利区分为占有权；用地权、地役权、通行权；收益权；出售权、转让权、租赁权、抵押权、处置权；等等。在明确界定土地权利的基础上，国家将根据需要，决定将哪些权利，在何种程度上，以及在多长的期限内赋予土地使用者同时拥有对这些安排做出调整和进行最终处置的权利。

3. 城市土地市场体系。国家垄断一级市场，同时放开二级

市场的格局，是符合我国国情的。问题是，无论在一级市场上还是在二级市场上，我们均未建立起土地使用权价格的市场形成机制：在一级市场上，行政机关确定的价格依然占主导地位；在二级市场上，由于专业化的土地评估机构十分缺乏，加之竞争很不充分，地价的确定依然有很大的随意性，而且价格很不透明。在今后的改革中，作为近期措施，我们应致力于培训专门的土地评估人员和建立专门的评估机构，它们的评估结果，应成为确定地价的主要依据。作为长期措施，在积累了较多的土地交易记录之后，政府应致力于建立一套"公告价格"体系，由此指导和规范地价的运动，并以其作为土地课税的主要依据。

4. 土地收益的分配。由于土地收益以及土地收益的增加，是由各种经济主体的多种经济活动造成的，土地收益由各有关经济主体分享，便是一种合理的格局。目前在土地收益分配问题上，主要存在的是国家取得土地收益的渠道不多和收入不充分问题。同时，在某些城市里，也存在着政府运用不规范的手段隐蔽地取得土地收益的问题。规范国家取得土地收益的形式，以及保证国家在土地收益中占有适当的份额，应成为今后改革的重点之一。（1）目前，很多城市用增加收费、摊派，以及无偿索取实物的形式（所谓实物地租）来占有土地收益，这是不利于土地市场健康发展的，应当尽快将之规范化为正式且透明的土地课税制度和公共服务收费制度。（2）土地使用税应继续课征，但课税技术应予改进。课税对象应当是土地的价格，而不应只是土地的面积。税率应依地价之高低而分出若干档次（我国台湾地区分为6档，最低为10‰，最高为55‰）；对于不同用途的土地，亦应有税率差别。例如，商业用地高于工业用地，工业用地高于住宅用地，等等。（3）建议开征针对土地交易的土地税。从税收公平角度而言，土地增值税优于土地交易税。然而，有效率的土地增值税需要有若干必备条件，至少包括：①良好的土地登记系统；

②覆盖面较广的公告地价体系；③良好的城市规划；④有效率的所得课税体系；⑤严格的稽核制度。显然，这些条件我国目前尚不具备。在条件不具备的情况下推出土地增值税，不仅达不到预定的增加财政收入和公平分配的目的，而且会有损于税收的严肃性。因此，我们主张在近期内开征较为简单的土地交易税，一旦条件具备，再转为课征土地增值税。

5. 土地计划与管理。国民经济计划、土地使用计划以及城市规划，都体现了国家对土地市场的计划管理。然而，对于城市土地这种特殊的资源，管理其空间配置结构的计划——城市规划将发挥主要作用。我国的城市规划是相对落后的，这一方面表现为许多城市和区域（新城市和开发区）尚无正式规划，另一方面表现为许多已有的规划深度远远不够。鉴于此，在今后的改革与发展过程中，严格贯彻落实《城市规划法》是至关重要的。

十、租售并举，深化城市住宅制度改革

1. 从1980年开始进行城市住宅制度改革，我国的房改现已进入全面推进阶段。在实践中，各地区创造出若干房改模式，如：烟台、唐山、蚌埠的较大幅度提租补贴模式；上海"五位一体"的综合配套改革模式；以及深圳、温州的"市场"模式；等等。然而，由于住宅租金未能及时适度提高，商品房的价格扶摇直上，以及住宅融资制度至今未能有效地建立起来等原因，住宅体制改革目前陷入举步维艰的境地。

住宅改革是一项长期而艰巨的任务，从国外的经验看，从一种以福利为主的住宅制度转向一种以市场为主的住宅制度，大约需要30年或更多的时间。鉴于此，我们不能指望我国的新型住宅制度能在较短的时间内建立起来，然而，正是因为这是一个要花费很长时间的艰苦过程，我们才应当精细选择好适合中国的模

式。而且，一旦择定，就应始终如一坚持下去。

2. 与社会主义市场经济相适应的住宅模式的核心，是要求大多数居民主要用自己的收入去支付住宅支出。这笔支出究竟是用于租房还是用于买房，或者从整体社会看究竟何者为主，并不构成这一住宅制度的本质规定。人为地确定某种根据不足的信条（例如租房为主才能保持社会主义的特征等），并依此设定改革的目标模式，将使住宅改革陷于难以推进的境地。

我们主张提租和售房并举。然而，为了不致使居民出现选择偏颇，我们强调租金水平和房价要保持均衡关系。具体说，若干年租金流动之和的现值应当与房价水平大体一致。

3. 出售现有住宅（尤其是旧房），应当允许在适当评估其现价的基础上，对其现价打些折扣。"禁止低价售房"，在实践上是做不到的，也不尽合理。但是，折价售房应有相应的政策规定：（1）应当经过专门的评估机构对住宅的现价进行评估；（2）政府应对房价折价率做出明文规定（英国政府出售公房时，允许居民享受20%~60%的价格折扣优惠）；（3）为了公平的目的，应当对每一合格的公民规定其可以享受折价购买的住宅面积（如不超过当地平均住宅面积），超过的部分，一律按市价购买；（4）对于通过此途径购得的住宅，应有限制其转卖和转租的规定；（5）售出的住宅，应当归口由社会化的住宅机构管理。

4. 租金价格应当稳步提高。在提租过程中，固然需要相应提高工资或增加补贴，但新增租金中一定要由居民负担一部分。在市场经济国家中，居民的住宅支出一般要占其总收入的10%以上，我国居民应承担的住宅租金，可大体确定在10%范围内。

5. 当前的商品房开发制度，基本是面向高收入者的制度，这就使得商品房的开发游离于住宅制度改革之外，甚至成为阻碍住宅制度改革的因素。国家应尽快建立面向中低收入者的住宅开发制度，这需要国家无偿或低价划出一部分土地，低利率切出一部分资金，并安排专门的建筑力量进行施工。如果做此安排，国家财政自然每年要安排一部分资金用于居民住宅开发。之所以应当如此，主要因为，住宅在性质上虽不属纯粹的"公共产品"，但至少有一部分"公共"的性质，加之，社会主义的社会保障制度，本就包含向居民提供适当住宅的内容。我们认为，在社会主义市场经济中，如果说国有企业还需要发挥其主导作用，那么，住宅开发便是应当起作用的领域之一；如果说政府补贴手段还是要保留的，对低收入居民住宅提供补贴，肯定是其主要部分。

6. 大量的公有住宅掌握在一个个企业和单位手中的状况应逐步改变，这不仅是住宅制度改革的需要，也是企业制度改革的需要。考虑到问题的复杂性，可以先让各单位的住宅在机构上和财务上单独划开，以求其资金流动透明化和简单化。然后，促进各单位以其住宅实物合股成立专门性的地方住宅经营机构。待到住宅租金和价格大致理顺以后，再让这些住宅经营机构自负盈亏并最终与原单位相脱离，成为真正的社会住宅机构。

7. 住宅融资体系的发展已经刻不容缓。在这个问题上，我们应抛弃住宅建设是"非生产性"建设的观念，而应把它作为未来经济发展的支柱产业来看待。基于这一观念，国家每年应当直接为住宅建设安排充分的资金，相应的住宅融资机构也应尽快建立，直接向住宅消费者提供资金的融资工具——住宅抵押贷款——也应尽快开发和推广。

十一、根据我国国情和现代社会保障制度原则，建立涵盖全社会劳动者的社会保障体系

1. 我国现行的社会保障制度，包括四种不同的各自独立的系统：（1）国家机关和事业单位职工的社会保障制度。其资金来

源于政府行政管理费和事业费中的工资基金，其用途也由政府明文规定。（2）国有企业职工的社会保障制度。其资金来源于企业的工资基金和营业外支出，其用途也由政府规定。（3）城镇集体所有制企业职工的社会保障制度。其资金来源于企业利润，用途则与国有企业类似。但由于集体所有制企业彼此间的条件有很大差异，在其中就业的职工所享受的社会保障待遇便有很大差别。（4）农村居民的社会保障制度。一般的农村居民除了能得到为数不多的"合作医疗费"之外，基本上是不享受社会保障的，他们只是在遭受自然灾害时，才能得到一些来自政府的救济款。对于没有子女的老年农民，国家规定要由农村基层组织对他们实行"五保"（食物、衣服、住房、医疗和安葬），其资金来源于集体经济单位的提留。此外，在农村集体所有制企业工作的农民，可能享受某种类似城镇集体所有制职工的社会保障。

2. 在上述基础上开展社会保障制度的改革，其难度是相当大的。希冀于近期内建立起规范化的现代社会保障制度，是不切实际的想法。根据我国的国情，在一个不短的时期内，我们只宜提出建立涵盖全社会劳动者的社会保障体系的目标，亦即争取让全社会劳动者均能享受到某种程度的社会保障，但不宜刻意追求让全社会劳动者在社会保障上得到基本一致的待遇。具体说在这段时期中，我们应致力于建立和完善三套社会保障体系：（1）国家机关和事业单位职工的社会保障体系；（2）企业（包括国有企业、城镇集体企业、"三资"企业和乡镇企业）职工的社会保障体系；（3）农村居民的社会保障体系。

3. 建立社会保障体系的首要问题是保障资金的来源。我们主张借鉴新加坡的公积金制度，即：（1）强迫性地要求个人和企业（在农村中是集体经济组织）缴纳社会保障公积金；（2）个人缴纳的以及企业为之缴纳的社会保障公积金，应当记在个人名下，基本实行提留自用；（3）保障水平和范围从低水平起步，即从养老和失业保障开始，视资金充裕程度，渐次扩展到医疗、住房和教育方面。

4. 社会保障公积金实行基金管理。在组织机构一时难以齐备的条件下，可暂委托财政部门、保险公司或其他金融机构管理和营运。应当特别强调的是：（1）要严禁各级政府挪用社会保障基金，亦应严禁政府对该基金征税、强迫上缴和摊派；（2）鼓励基金进行安全可靠的投资，不断自我扩大。

5. 在社会保障制度的管理问题上，考虑到劳动力流动的可能性，一般倾向于由中央政府负主要责任。但是，鉴于我国幅员辽阔和社会保障制度刚刚起步的现状，我们倾向于先由地方政府统一管起来，待条件逐步成熟，再将管理权上移给更高一级的政府。

十二、深化农村经济体制改革，促进农村经济发展

1. 农村与农业经济中的市场化改革，始终走在整个经济改革的前面。目前包括粮食在内的绝大部分农产品的价格已经放开或正在放开，乡镇企业面临着较少扭曲的市场环境和竞争条件。但是，在市场经济体制建立过程中，农村经济发展面临一些新问题，有待于用进一步改革的办法予以解决。

2. 发展市场经济，问题是农民如何进入市场。要真正确立农民在农村市场经济中的主体地位，应将生产、交换自主权交给农民，让农民在法律规定的范围内自由买卖，自由进行长短途贩运。这样，就会有一批农民逐渐脱离农业生产，组成农村贸易网络，专门从事农产品的销售和农村工业品的供应。通过这套网络，把分散的农民和全国的市场乃至国外市场连成一体。

为了便于农民进入市场，政府要在交通和通信设施的建设方

面起先导作用，为农民铺设进入市场之路。

3. 农村剩余劳动力的转移，也是发展农村经济所必须解决的重大问题。剩余劳动力不转移，一家几个强壮劳动力窝在两三亩地里，无论怎样改变生产方式，收益也很难提高。由于人多地少，人均收入低下，不仅机械化难以推行，而且乡村组织任何公益活动，农民都会感到负担很重，农民与政府之间的矛盾也显得特别尖锐。人多地少，农产品成本相应提高，尽管农产品多次提价，价格仍然显得偏低。事实上，就是按照现在的价格水平，我国的农产品也很难与国际农产品竞争，一旦"复关"，受冲击最大的可能是农业。因此，我国农业前景，在很大程度上取决于农村大量的剩余劳动力的转移度。除了现有城市吸收一部分农村转移人口外，解决农业人口转移问题的根本出路，在于大力发展乡镇企业和小城镇。

4. 我国现有耕地归集体所有，按人口分配给农民经营。这种管理体制至少造成如下问题：一是不利于土地的集中经营和机械化耕作。因为耕地按不同等级搭配平均分给多家农户，有的家庭几亩地分散在几十处，而同一块地常常由若干家庭耕种，由于多家生产的品种和耕作时间的不一致，很难统一使用机械。二是不利于土地的转让。有的家庭主要劳动力进城务工或经商，宁可让土地荒芜，也没有转让积极性。三是不利于农民之间的合理分工。有的农民经营能力较强，但耕地较少，英雄无用武之地；也有一些农民只能出力干活，缺乏经营能力，土地收益率很低。为解决这些问题，可以考虑在不改变所有制的前提下，将土地的长期使用权（比如50年）交给农民，并根据地区的不同，分别制定使用权收费标准，农民得到这种长期使用权后则可以有偿转让。

5. 社区经济与乡镇企业的改革。目前各地农村尝试各种股份合作制试验，产生了良好效果。为了促进其更健康发展，应引导其逐渐规范化。对于乡镇企业来说，股份合作制的归宿应是比较规范的股份制，以便从乡镇企业投资机制入手，实现其经营机制转换。对于社区经济来说，其主要功能在于提供农业的社会化服务和其他社会服务。

6. 农业税制改革。进一步理顺国家、社区和农民分配关系，建立符合市场经济要求的租税制。可采取两种对策方案：（1）在建立乡财政、村级财务资金由乡代管体制的前提下，把目前向农民收的税、承包金、杂费中的合理部分统一改为税。农民只缴税，税外都不属强制分配范围而属商品交换范围。社区组织一切行政公益职能都由财政税款支付。（2）可采取"征税、明租、除费"的方案。国家在农产品市场全国放开后，适当调高农业税，按政府对农业的职责定一个合理税负；农民和社区组织的关系简化为缴和收地租关系，一切合同内外提留都取消，根据承包土地的数量和质量确定地租。农民向国家缴税，向社区交租，此外，不接受任何摊派，即一切杂费都除掉。

我们认为可以兼采以上两种设想的长处，将目前各种名目的摊派、提留清理后明确为税收，以建立乡财政。乡财政统管乡工商企业与农业的收入，其中农业征税对象为承包土地，税收使用方向是为社区经济和生活服务。税率全国统一，而且以土地为课税对象，可以避免过大的区域差别。社区和社会服务设施的建设提倡有多少钱办多少事，明税之后不得再以任何名目摊派。此外，在股份合作制改造的过程中，应将集体积累的财产转化为合作基金、建农基金等类的金融或资产组织形式，为全社会服务，防止不正常流失。

特产税不利于我国农业比较优势的发挥，是"以粮为纲"思想的残余，应予取消。

刘国光

经济论著全集

第

11

卷

十三、深化对外部门改革，建立开放型经济体制和中性贸易环境

1. 考虑到我国作为发展中大国，外汇将长期短缺和经济结构亟须提高的现实，有必要为下一步对外部门的改革确定一种战略目标。这种目标就是确立开放型经济体制和中性贸易环境（即创造一种不特别鼓励出口，也不特别鼓励进口的政策环境）。其核心是兼顾以激励出口为主的出口导向和促使国内产业高级化的进口替代，创造一种既有利于效益的出口，从而为国家创造更多的外汇；又有益于竞争性进口，从而吸引更多的外资的发展环境。它是保持中国经济高增长率的关键因素之一，还可以促进整体经济的渐进式改革。

2. 开放型经济的基本特征是在国际经济交往中，减少以至取消对商品、资本、人员流动的各种人为障碍。我国不可能一步实现此目标，只能逐步推进。为此，改革大体可以从两个方面展开：外贸外汇体制改革的深化与外资外债制度的完善和创新，并结合对外开放带和经济开发区的不同程度渐次推进。

3. 外贸外汇体制改革的核心，是实现由直接的行政计划管理向间接的市场方法调控的转变。对进出口的数量和其他非税限制，应减至最低水平，并对必要的许可证和配额进行拍卖或公开招标。在为恢复关贸总协定缔约国地位进行的削减关税水平和遵照国际惯例或规范的过程中，应当在扩大企业外贸经营权和外汇的市场分配方面加以配合，以确保进出口效益和国际竞争力的提高。外汇体制改革可以从外汇全额留成和经常项目人民币可兑换入手，通过公开外汇市场业务和外汇平准基金，实现汇率并轨、市场定价和对进出口及国际收支的调节作用。

4. 外资外债制度的完善和创新，必须与全国统一的中性税收

和信贷政策相配套，对外资的引导和鼓励应从产业结构和税收信贷优惠以外的刺激为主来进行，以解决"假三资"转移作价和资金，以及各种权力的买卖等问题。外债管理制度可围绕提高用债权责结合和效益，以偿债基金和对借入环节的协调来保证外债的安全规模和适度结构。

5. 对外开放带和经济开发区的建设，在促进技术开发和吸收外资的过程中，应注重使那些尚需按国际规范进行适当保持的产业加快提高竞争力，以规定保持期和统一进出口的刺激水平等手段促使相关企业来转换经营机制。

6. 通过鼓励组建以综合商社和跨国企业为主要形式的企业集团，避免扩大对外投资和经济合作中自相竞争、多头对外的现象。跨国经营和对外合作应与外贸外汇体制改革和外资外债缺席全面协调。值得注意的是，近年我国花费很大力气，采取多种优惠政策，引进外资100多亿美元，然而我国各地方和部门向境外投资却超过上述金额，使我国成为资本净流出国，这显然不符合我国资本是最短缺资源的现实。因而，在使企业开拓国际市场和积极利用外资的同时，应避免资本外逃和避税现象。但是，这类改革的重点不应是限制性的措施，而应是以鼓励和引导为手段的鼓励性方法。

7. 改革的方式仍须是有次序的和渐进的，但在整个对外部门的配套改革中，应强调多部门协调下的加快速度问题。在"八五"的最后两年，可以考虑以外汇分配制度创新为突破口，通过贸易计划、货币政策和财税改革的配合，深化对外部门的进一步改革。

8. 改革的次序可按照从贸易和外汇到外资和外债、宏观调控和微观自主联动来安排。以"复关"谈判所必需的某些条件为契机，首先从外汇的市场分配（全额留成和公开外汇市场业务）和汇率的市场定价入手，统一全国外汇市场，实现汇率并轨；在进出口的刺激水平大体相当的前提下，完成经常项目人民币自由兑换；在"九五"期间，取消对第一批进口替代工业的保护和倾斜（国务院已颁布第一批进口替代工业的名录，主要是汽车、机电产品等），并完成全国范围同等水平的对外开放度，在20世纪末，在整个中国范围内确立开放型经济体制和中性贸易环境。

十四、政府职能转换：削弱经营实体职能，强化社会管理职能

1. 在传统体制下，政府不仅承担宏观经济调控职能和社会管理职能，还大规模地直接参与经济活动。"集运动员、裁判员和规则制定者三重对立身份于一体"，便是对这一状况的形象比喻。

在市场经济条件下，政府作为经营实体直接参与经济活动，应当被限制在绝对必要的和尽可能小的范围内，只有这样，它才能集中精力、客观且冷静地从社会总体利益出发，履行其宏观调控职能和社会管理职能。对照这一要求，政府职能转换的总方向就应是：从直接参与经济活动为主，转向侧重于对总体经济活动实行系统化的调控和监督。具体说，今后政府的职能，主要是制定规则、监督规则的实施和对违反规则者施以处罚，还包括政府运用自己的经济力量（预算和国有企业），去校正"市场缺陷"的内容。

2. 如果对政府概念做广义的界说，那么，在社会主义市场经济中，政府部门应当承担的职能，主要是制定规则和执行规则。对此应当说人们已有了共识。然而，仅仅如此还不够。我们认为，在政府部门内部，制定规则的职能和执行规则的职能也应当划分开来。仍援引前文的比喻，就是说，裁判员的身份和规则制定者的身份亦不应集于一体。

集制定规则与执行规则职能于一身的弊害，首先就是规则常常具有随意性和易变性，而且，由于政府职能部门甚多且各有自己的角度，还会导致政出多门。分开两种职能的意义，就在于使立法和行政彼此独立，其本质在于强调法制化。两种职能集于一身的另一弊害，就是可能使政府的权力绝对化。分开两种职能的意义，就是利用制衡机制使政府的行为也受到法律约束。

3. 尽管我们强调政府今后应尽可能少地直接参与经济活动，但是，经过四十余年的积累，各级政府均掌握了一大批国有企业，这些企业的活动会对国民经济运行产生重大的直接影响，这也是我们必须正视的现实。

可以这么说，政府职能转换的关键之处，就在于处理好其作为社会管理者和宏观经济调控者同其作为国有企业所有者双重身份的关系。这一问题，既涉及政府职能的转换，也涉及国有企业体制的改革。收缩国有经济，组建介于政府部门与国有企业之间的国有资产经营机构是转换政府职能的基础条件。转换政府职能的另一条件，则是要割断政府与国有企业之间在人事上的交流关系。我们认为，不仅应当废止国有企业参照政府部门确定的"级别"的做法，而且应当严格堵住公务员下到企业去任职的路径。今后，国有的经理人员，应当像民营企业一样，一律从社会招聘；国家派往国有企业的所有权代表，也应从国有资产经营机构（非政府机构）中选派。

4. 转换政府职能，不可能回避大批原政府机关人员的"转业"问题。目前的普遍做法，一是被撤销的政府机构改变为一个或几个公司；二是在政府机构保留的条件下，该机构出资或划出一部分经济权利，将超编人员组织为若干公司。但在这样改组的时候必须避免"翻牌公司"的弊病，注意做到：在人事上，进入公司的机关工作人员，一律不再保有其机关工作人员身份；在组织上，新组建公司应成为真正的独立法人，与原机构脱离关系；

刘国光

经济论著全集

第
11
卷

在资金上，公司和原机构不再发生资金下拨上解关系。

十五、摆好计划、财政和金融在国家宏观调控体系中的地位

1. 在社会主义市场经济中，国民经济计划、财政政策和金融政策是政府对国民经济运行实行宏观调控的三类主要手段。相应地，计划部门、财政部门和金融部门是制定和实施宏观经济政策的三大部门。手段有三类，部门有三个，但被调控对象只有一个，所以，三类调控手段和三大调控部门的各自位置及协调配合是至关紧要的。

2. 曾经有人把三类调控手段的配合格局概括为金融主导型、财政主导型和计划主导型三种，并分别列出美国、日本和韩国作为这三种类型的代表。分类的主旨在于学习和借鉴，而且还有择一而从的倾向。既然问题牵涉调控模式的选择，便有必要对这些模式做些分析。

美国确实是金融部门比较发达的国家，其金融管理当局——联邦储备委员会（美国的中央银行）在美国地位也是特殊的，它不是一个政府机构，在组织上相对独立于政府。尽管如此，从1914年联储成立到1951年联储和财政部达成著名的协议，货币政策是从属于财政政策的。主要因为这期间发生了一次大的经济危机并经历了两次世界大战，而在类似的发生重大事件的时期中，财政政策总是更重要些。从20世纪50年代到70年代，货币政策显得比较活跃，但也正是在这一时期，美国政府支出占国民收入的比重从20%左右增加至近40%，一般说来，这一比重提高，意味着财政在国民经济运行中发挥相当重要的作用。进入80年代以后，由于滞胀愈演愈烈，人们对财政政策和货币政策的效力均产生了怀疑。这期间，产生了强调运用财政政策（减税）的政策

主张，并以"供给学派"相标榜；同时，也出现了强调运用货币政策（管住货币）的政策主张，并以"货币学派"相号召。而在实际实施的政策中，两派的主张看来都得到部分采纳。人们一般认为，美国是一个不讲计划的国家。如果这指的是那里没有计划部门的情况，确属事实。然而，熟悉情况的人都知道，美国的货币金融计划足以令所有实行计划经济的国家自叹不如；在财政方面，至今被后进国家奉为楷模的"计划—方案—预算"制度，正是美国在1965年率先采用的。

日本的财政部门在其经济生活中的地位较高，其独特的财政制度对日本战后经济的迅速发展起到了不可磨灭的作用。然而，仔细研究日本的财政制度就不难发现，在财政的概念下所进行的活动中，有许多实际上是金融的运作。例如，被人们盛赞的政府投融资安排，就是典型的金融活动。除此之外，日本的金融部门对日本经济发展的促进作用也是巨大的。日本企业的外源筹资率在世界各国中为最高，而大量的外源资金主要靠金融体系筹集。日本长期保持较低的利息率，银行也长期实行"超贷"政策。诸如此类的金融政策，有力地刺激了日本的经济发展。说到经济计划，日本的经验似乎也能提供一个计划发挥重要作用的范本。它不仅有一个精明强干的经济企划厅，而且其计划的种类，从中期经济计划到预算实施计划，几乎无所不有。不过，日本的计划大多属于部门工作和经济展望（一年）。不同的是，这些计划，直接规范的是公共部门的活动（相当于财政计划），而对于非政府部门来说，只有某种指导意义。

韩国之所以被人们称为计划主导型国家，主要是因为它不仅拥有一个计划委员会，而且，该委员会的行政长官，长期由政府副总理兼任。韩国的经济计划委员会成立于1961年，在它成立后的头几年确定的计划，不仅包括政府部门，而且包括私人部门，对于完成计划所需的预算、金融和其他政策手段，计划中均有明确的安排。不过，那里的计划只是一种长期计划（5年或6年）。1967年，经济计划委员会设立了一种叫作"总体资源预算"的计划，该预算将5年计划的指标分解到各年，并配以适当的预算安排。到了1978年，也就是韩国经济进入全面起飞阶段以后，一种新的"经济管理计划"取代了"总体资源预算"，该计划与过去计划的显著区别是，它不再致力于分配资源，而是强调了政策导向。此外，它也不再对私人部门的投资做出明细规定。进入80年代，由于市场经济迅速发展，计划指标经常不能兑现，韩国的计划进一步向长期化和间接化方面发展，现在，在经济计划委员会下，只剩下具有指导意义的5年经济计划和中期财政计划了。

3. 从以上简单的概括中可以得到如下几点认识：

第一，计划、财政和金融政策，以及相应的计划、财政和金融部门，是共同在一国的宏观经济调控中发挥作用的。这些政策和部门究竟何者发挥的作用大些，即使在一国之内，也因经济发展的阶段不同和市场发育程度的不同而发生变化。所以，用什么主导型来概括国家宏观调控手段配合格局是过于简单的。

第二，纵观各市场经济国家发展的历史，可以看到这样的共同倾向：经济起飞之后，在市场经济已有一定基础的条件下，由于独立的微观经济主体跳跃性增长，经济决策权日趋分散，以及国民经济活动日趋复杂和多样化，计划部门已没有能力对经济运行实行实质性调控，其不可避免的趋势是逐渐转向勾画远景和提供政策指导方向。而财政和金融则相互交织着对运行发挥实质性调控作用。财政支出以其巨大规模有力地影响社会需求总量，并以其复杂的结构引导有时甚至决定社会需求结构；财政收入以其总量决定微观经济主体的可支配收入总量，并以其结构影响后者的支出结构。货币金融部门则通过扩张和收缩货币供应总量和信贷规模，决定各经济主体的资金可得性；并通过对利率的调节，决定各经济主体取得资金的成本和引导社会资金的流向。说到底，之所以会有这样的转变，主要是因为，市场经济是一种货币经济，财政和金融均拥有足够的手段，非常深入地渗透在这种货币经济的运行中，而计划则是缺乏这种手段的。

第三，计划、财政和金融在宏观调控体中，都有着彼此不可替代的特殊作用。计划长于勾勒大势和指示中长期发展方向，因而对于国民经济的结构调整，特别是中长期供给结构的调整，有着重要的影响力，适于用来进行供给管理。财政和金融影响力和着眼点都偏重于近期总量平衡，适于用来进行需求管理。另外，这两类手段各自也有所长。财政长于稳定经济和公平收入分配；金融则长于塑造总体经济环境和进行日常调节。

第四，财政和金融调控的对象都是资金流动，调控的重点都是保持近期总量平衡，所以，它们之间的协调配合尤为重要。在传统体制下，财政和金融之间存在资金互补关系（所谓"两个钱口袋"）；在市场经济下，这种关系不仅存在，而且进一步强化了。不同的是，传统体制下的两部门协调，重点是保持财政收支平衡，而在市场经济中，两部门协调的最终立足点，在于维持一个适量的货币供给。从市场经济国家的经验看，两部门协调的关键点在于财政赤字的弥补以及与此相关的国债管理。而在这方面，我们要做的事还刚刚开始。

基于上述分析，我们认为目前还不必急于改变计划、财政、金融部门之间的关系，但也要看到长远的发展趋势，为适应今后发展而预作安排。

十六、划清中央与地方的事权，消除摩擦和对立

1. 新中国成立以来所经历的历次政治和经济大变动，无不涉及划分和重新确立中央与地方事权问题。直到今日，经济体制改革面临的困境，仍然可以在中央与地方的矛盾中找到根源。

2. 我国是一个有着久远中央集权统治历史的国家，但即使是在最为集权的时期，地方利益和地方权力也从来没有受到过大的冲击，由此而形成了我国中央与地方之间关系的独特格局。这一历史背景，我们在改革中应当充分考虑。（1）历史证明，要保持中国的繁荣昌盛和稳定发展，某种程度的中央集权统治是绝对必要的。（2）应当承认和充分尊重地方利益，一切集中于中央，既不利于经济的发展，在实践上也难以做到。我国历史和其他大国的经验均告诉我们，在政治稳定的太平盛世，集权相对减弱，有利于总体经济发展；反之，则要求大权上收，以维持国家稳定。（3）承认地方利益，不能形成"画地为牢"局面，地区经济发展目标、产业政策和其他经济政策不能脱离中央自行其是，为了保证这一点，不能提出宏观经济分级调控的改革思路，以防止地方行政权与经济调控权相结合，形成"诸侯经济"。我们应提倡发挥地方优势，形成合理分工基础上的国内统一市场。与此对应，中央应将主要的税收收入和金融控制权集中在自己手中，由此形成较强的物质力量，对地方行为进行调节。

十七、财政体制改革的目标是"分制"而不是"分税"

1. "分灶吃饭"财政体制是城市经济体制改革中最早实行的一项改革措施，当时出台的目的，是调动地方发展经济的积极性，也是让地方分担财政困难。实行的结果确实有效，但是由于强化了地方政府的利益，成为改革继续深入的阻力之一，因而提出改为分税制。但分税制只是划分收入的一种制度安排，而不是一种预算体制。历史证明，仅仅在划分收入上做文章，是很难解决问题的。较为彻底和合理的办法，是实行分级预算体制。简单地说，财政体制改革的目标应是"分制"，而不只是"分税"。

这一分级财政体制的特点如下：

（1）在财政收入方面实行各级政府的分税体制，分别制定中央税制和地方税制，合理划分中央税、地方税和共享税。在这里，共享税是那些从经济合理性上说应当归于中央，但从税收征管技术上看宜于地方征收的税。从这一特点看，在分税制下，分享税的种类较少、规模较小为好。我们不宜依赖它来解决中央和地方之间的资金调剂问题。因为从规范化、透明化和有效率角度说，这一目的最好通过正规的收入转移制度来实现。地方政府有地方税的立法权，有权决定地方税种和税率，但不得侵犯中央税基。中央税局与地方税局分设，实行分税、分管、分征。

（2）在财政支出上给予各级政府相应的自主权。在明确各级政府职能的基础上，确定各级政府的财政支出范围和支出重点，各级地方政府有权自主决定其支出项目和数额。

（3）建立规范的中央和地方的转移支付制度。通过上述分税体制的实行，中央政府应占有财政收入的65%以上，但在支出方面为适应其职能的收缩反倒有所减少（不包括转移支付），而地方政府财政则可能出现入不敷出的局面。为解决这一问题，同时也为解决分级预算体制下中央宏观调控能力减弱问题，应建立中央向地方政府进行转移支付的制度。转移支付分为两类，一类是对某些特殊项目的专项拨款；另一类是公式化拨款，公式的设计应综合考虑各地区的不同条件。

（4）中央预算和地方预算分立，各自自求平衡（地方政府在得到中央的转移支付后）。中央预算由全国人民代表大会批准，地方预算由各级地方人民代表大会审批。

（5）地方政府有权发行地方政府债券，以便增加资本账户收入。

2. 整顿预算，尽快结束目前的混乱状态，并为缩小财政赤字创造条件。

（1）目前中国运行的财政活动实际有三大部分：预算内、预算外和非规范收支。成为宏观调控包袱的财政赤字集中表现在预算内。由于预算外收入和非规范收入是地方政府可自行支配的，地方政府便倾向将无法控制的支出放在预算内，而将其可支配的、有利可图的收入放在地方政府预算外，乃至运用非规范手段筹集起来。这种体制，导致财政赤字越来越严重，财政税收制度也越来越不透明。改行分级财政体制中央预算和地方预算分开后，地方政府将不再会因自己的收入中有可自行支配和由中央支配的差别，而出现挤中央收入的问题，这样，财税状况透明化了，财政赤字也较易解决。就是说，只有实行较完整意义的分级预算体制，才能有效地解决预算外挤预算内，以及非规范收支屡禁不止问题。

（2）中国的预算外收支也与国际上通常的定义不同，按市场经济的概念，预算外资金是所有权不在政府，但适于由政府统一管理、集中使用的基金，如社会保障基金。但在中国，预算外资金从设立之时起，就只是为了在统收统支体制下给地方和企业一些自主权。改革这种不伦不类状况的途径，是要参照市场经济国家中通告口径彻底整顿预算外账户。现在的预算外账户中，有一些应当划归企业（如"国有企业预算"），不应再冠以"预算"字样；有一些性质本来属于预算内账户（如"地方政府预算外"对地方政府而言就是预算内，"主管机构预算外"也是如此），今后不应再冠以"外"的字样。今后还应有预算外账户，但包含在其中的只应是社会保险基金、住宅建设基金等。

（3）目前最混乱的是各种非规范收支，对此也要进行整顿。目前非规范收支中相当大一部分事实上是用于财政性开支的，如修桥铺路和地方公共设施摊派。只是由于政府职能界定不清，而且有限的财政资金被大量无效率地用于对企业的亏损补贴，造成财政不能履行其应行的职能，只好采取非规范的摊派等办法来筹集资金，以完成满足公共需要这一政府当然职能。对这部分资金应明确将其收与支都纳入预算，而不属于财政职能范围的摊派则应坚决取缔。

十八、扩大税基、完善税制

1. 过去几年，我国税制改革取得了重大进展，但现行税制并没有与传统税制完全脱离，与发展市场尚有差距。（1）税收占国民收入比重偏低，并且缺乏弹性；（2）税制结构不合理，内外两套税制并立，形成税收歧视；（3）税法不健全，税权分散。从发展市场经济的要求看，今后税制改革的基本方向应是：减少税收对经济的过多干预，向降低税率、扩大税基、完善税法、简化征管的中性税发展，使税收真正具有：（1）公平性，即对同等纳税人给予同等待遇，兼顾社会公平，体现量能负担原则；（2）中立性，即建立一个保证市场公平竞争的税收环境；（3）简洁性，即建立一套方便纳税人理解和遵守的税制和税收征管体系；（4）国际兼容性，税收有利于国际贸易的进行和国际资本流动。

2. 传统税收思想是基于计划经济的观点，要重塑税制，首先就要重塑治税思想。（1）要摆正税收聚财与调节经济的关系，树立收入第一的观点，税收不搞多重目标，并尽量减少税收对市场的干扰，当然，在目前市场机制尚未发育成熟时，税收仍应是调控经济的重要手段，要体现国家产业政策，但这一功能应逐步减弱。（2）税收调节经济的着眼点要放在为企业创造平等的环境，侧重矫正市场机制缺陷，就是说，应坚持税收中性原则。（3）税收对经济调节要通过立法，在征与不征、多征与少征上体现，不应体现在对个别企业实行税收优惠上。

今后的税制改革需要突出以下几点：（1）完善间接税体

系，增值税征收范围要扩大到全部工业生产、商业批发和零售环节及服务业，增值税率简并，统一扣税范围。（2）建立统一的企业所得税制度，统一税前列支标准和成本费用水平，统一实行比例税率。（3）完善个人所得税，统一所得税制度，提高起征点，逐步实行个人收入申报纳税制。征收方法应逐步实现针对总和收入，年度进行征收。（4）完善税制结构，要逐步扩大资源税征收范围，开征社会保险税、有价证券交易税、资本所得税、遗产和赠与税，同时逐步取消工商统一税、筵席税、牲畜交易税等。

十九、从金融机构多元化入手，促进金融体制改革

1. 1984年成立中央银行的目标是逐步转向货币供应的间接调控，但多年以来，始终未能处理好宏观控制与微观搞活的矛盾，由于金融调节已是短期经济调节的主要手段，这一矛盾便直接影响了经济的稳定和发展。因此，今后金融体制改革的目标应该是宏观控制与微观搞活的统一，具体说，金融改革总目标的内容包括：（1）金融机构多元化；（2）金融工具多样化；（3）利率决定市场化；（4）宏观调控间接化。

2. 目前中央银行对信贷和货币供应的调控手段，仍然是规模控制。长期采取这种手段是不适当的。第一，这是一种传统的、计划色彩极浓的数量控制手段，与社会主义市场经济的本质相悖；第二，近几年的实践证明，规模控制已难以对信贷和货币供应实行有效控制。应当尽快地放弃规模控制手段，转而采用间接调控手段，并将调控重点转向货币供给量（M0，M1，M2等）和利率。这是当前金融改革的突破口。

3. 今后金融体制改革的重点选择是建立以中央银行为领导，

国有商业银行为主体，多种金融机构分工协作的、竞争性的金融组织体系。之所以如此，原因是：（1）目前的金融组织体垄断性太强，它使任何改革方式包括间接调控方式难以实现；（2）目前的金融组织体系融资效率不断下降，难以支撑起未来经济增长的需要；（3）目前的金融组织体难以摆脱地方政府干预，金融秩序日趋混乱。

改革目前的金融组织体系，主要内容是：（1）专业银行改造为国有商业银行；（2）成立政策性银行；（3）大力发展信托、租赁、证券机构；（4）改革保险体制，发展保险市场；（5）发展城市信用社，组建城市合作银行；（6）适当引进外资银行。

4. 市场经济国家实行金融间接调控，可以有两条思路：第一，主要通过调控金融机构的贷款能力来实现对货币供应的调控。这就需要：（1）商业性业务与政策性业务、短期融资业务与长期投资业务分开，最好成立多样化的各司其责的金融机构；（2）准备金率和再贴现率应成为中央银行的主要政策工具；（3）在金融机构中实行资产/负债比例管理体制基础上，发展一个规范化的银行同业拆借市场。第二，主要通过金融市场来实行间接调控，这意味着，公开市场业务将成为中央银行的主要政策工具。这就需要：（1）有价证券（特别是短期证券）应成为金融机构和非金融机构的重要资产；（2）经营证券的机构应有相当的规模；（3）证券市场（尤其是短期证券市场）应当比较发达。从中国目前的情况看，主要沿着第一条思路展开金融改革比较适当。

据此，我们认为，当前一段时期金融改革的重点是：（1）整顿、规范现有金融机构，推动金融机构多样化。整顿后的金融机构，应由商业银行、专业银行（政策性银行、进出口银行、投资银行、住宅主贷银行等）、非银行金融机构三类机构组成。

（2）对上述金融机构实行分类资产/负债比例管理。从而，通过金融机构的多元化，促进利率的市场化，在此基础上再辅之以存款准备金制度以及公开市场业务，逐步形成货币供应的间接调控体系。

二十、形成有利于贯彻产业政策功能的经济体制

1. 在我国的经济运行方式从计划经济转向市场经济以后，产业政策的作用范围及其实现方式也必须适应这种转变。由于市场机制在资源配置中将发挥基础作用，大多数产业发展的指向和规模、进入或退出、联合与兼并、改造与转换将主要由市场的价格信号、供求规律和竞争机制来决定。因此，政府在一定时期为了实现某种经济和社会发展目标，以产业为对象所制定的规划、组织、扶持、引导和协调的政策的范围，应主要集中在少数重点产业或产品方面，而不需要制定一套包罗万象、覆盖所有产业的产业政策。

2. 在市场经济条件下，我国产业政策的作用主要体现在：（1）补充不足，挽救市场失效。由于市场机制的局限性，某些需要发展的产业没能得到相应的发展，而需要限制的产业却出现了盲目发展的局面，以及由于过度竞争，损害了资源配置效益，这就需要国家的产业政策，或加以扶持，或加以限制，以达到协调发展的目的；（2）如果完全依靠市场自发调节，产业结构的转换和升级必将是一个缓慢的过程；为了加快结构转换升级的进程，缩小经济发展上的差距，更有效地发挥发展中国家的后发优势，必须制定和实施旨在实现我国产业结构高度化和现代化的对重点产业和薄弱环节的扶植政策；（3）由于对外贸易不断扩大，国际竞争加剧，为了提高我国产品在国际市场上的竞争力，减轻外国产品对我国市场的冲击，必须通过一定产业政策，促进

有关产业提高规模效益和生产技术水平,降低生产经营成本,以及实行必要的反倾销政策,以保护国内产业。

3. 目前我国较普遍地存在着产业结构畸形、地区间同构化突出、"瓶颈"部门长期化、规模不经济等,此类现象,无不有其体制根源。因此,要通过改革形成有利于贯彻产业政策的体制。当前的重点是改变价格人为扭曲,从而改变由价格扭曲所造成的产业结构扭曲。在价格基本理顺的条件下,产业政策的贯彻应主要依靠财政拨款和政策性银行贷款,并适当运用关税政策。

4. 产业政策的制定,应当由政府、产业界、科技界和经济学界的专家、企业家和学者共同研究,通过对经济和科学技术发展的现状与前景的分析、预测,以保证产业政策确实抓住方向,抓住重点,而不是各个行业发展政策的简单汇集或短期的产品供求状况的发布。产业政策的执行,应改革为三个层次:(1)属于长远发展目标、重点产业的选择和扶持以及与产业发展有关的重大科学技术政策,由政府中分管中长期发展规划的综合管理部门负责组织制定和实施;(2)属于即期的市场运行,产业组织结构的调整,如企业的联合与兼并、反垄断与保证公平竞争等产业组织政策和市场组织政策,由对产业和市场进行调控的综合经济管理部门负责组织制定和实施;(3)属于某一产业行业内部的产业政策,主要由介于政府和企业之间的中介组织行业协会负责制定和协调。

对上海建设国际化大都市
若干问题的看法*

—— 在上海迈向新世纪国际化大都市
研讨会上的发言
（1993年6月15日）

我国经济加快发展的近两年来，沿海地区的几个城市先后提出建设国际化大都市或国际性城市等的设想，有的还进行了一些具体研究和初步规划。这是可以理解的，反映了我国经济在迅速发展中要上新的台阶，不仅要狠抓当前，还要放眼未来，大城市更先走一步，发挥其区域中心的主导功能。国际化大都市的定义和目标是什么，在一批大城市中谁最具备条件，以及如何推进和实现这一宏图，成为市领导和实际工作部门与理论界议论的热点之一。因此，在上海市举行这次研讨会是非常及时的，富有现实意义和理论意义。借此机会，就若干问题谈谈个人的看法。

新世纪呼唤着国际大都市

经过十多年的改革开放，在邓小平同志南方谈话和党的十四大精神的指引下，我国的现代化建设事业进入了一个新时期。20世纪已到尾声，21世纪即将来临。现在提出建设国际化大都市的

---

* 写作时得到沈立人同志的协助，原载1993年7月9日上海《文汇报》。　　**45**

课题，有其历史背景、时代色彩和迫切需要，决不是偶然的或随意的。

（一）这是我国加快改革开放和现代化建设步伐的需要

党的十四大提出加快改革开放和现代化建设步伐，包含着十分丰富的内涵。进一步深化改革，是以建立社会主义市场经济体制为目标。随着计划经济向市场经济的过渡，我国经济的运行机制、产业结构和生产力布局等都将发生越来越深刻的变迁。随着市场建设和市场发展，在我国城市建设和城市发展中，需要形成几个越来越大型化的城市，成为区域的乃至全国的交通、贸易、金融、科技、信息、消费等活动的经济中心，并逐步走向世界。进一步扩大开放，是以与国际市场相融合、与国际惯例相对接为目标。随着对外经济技术交流的发展，我国经济的开放度、外向度将不断提高，也需要一批大城市作为其依托，并从外向化进一步转为国际化。加快现代化建设，是以农业、工业、科技和国防的现代化为目标。随着现代化进程的加快，城市化的进程也加快，必将涌现几个规模逐步扩大、功能逐步健全的大城市，并具有国际性，屹立于世界大都市之林。如果说，过去实行传统体制和对外封锁制约了城市的成长速度及其开放程度，使10亿人口的大国在世界经济体系中的地位受到局限，不可能产生国际化大都市；那么，现在转向新体制，对外开放了，国际化大都市就该应运而生。这是我国这样一个大国现代化建设事业的题中应有之义。

（二）这是我国一些大城市本身成长发展的需要

作为一个发展中国家，我国工业化和城市化水平不高，城市人口在整个人口中所占比重不高，这是历史遗迹。但是，随着工业化进程的加快，城市化进程也加快，特别是作为一个大国，在集镇、小城市、中等城市的分层基础上，出现一些大城市，其人口规模和经济规模并不亚于甚至超过别的国家，是有其必然性和特殊性的。这些大城市，既是各个区域的经济、政治和文化中心，又在全国有重要地位，并在继续发展，进一步大型化。大城市向何处去？如何实现经济和社会的高度发展？看来，局限于一定区域是不行了，仅在全国范围内施展身手也是不够了。走出国门，投向世界，不断开展国际交流，实现与环球的能量交换，提高其在世界经济事务中的参与度和渗透度，则是一个必然趋势。世界各国的大城市在发展到相当规模后，从区域中心转向不同范围的世界中心，承担不同的国际任务，如出一辙。在这方面，我国的大城市，特别是地处沿海的经济中心，应当和可能从国际化中谋得自身的继续成长和更好发展。

（三）这是世界经济发展特别是亚太经济崛起的需要

建设国际化大都市，不该仅凭主观愿望，还必须顺应客观形势，符合世界和周围环境的需要。在这方面，我国正逢大好机遇。当代世界看好亚太，亚太看好中国经济圈。有人认为，21世纪国际经济的实力分布，除了美、欧和日本三极外，包括中国港台和东南亚在内的中国经济圈将是第四极。不难预期，在这个当代经济增长最快的经济圈里，必将形成几个国际化大都市。与一些较小的国家和地区比，如果中国没有一个或几个国际化大都市，不仅在布局上显得离奇，并且不利于整个亚太地区经济的蓬勃发展。在中国环太平洋地区建设国际化大都市，对整个亚太会起到其他地区和城市所难以替代的作用。中国幅员最大，人口最多，产业前景最诱人，市场潜力最雄厚，建设一个或几个国际化大都市，其理由至为明显。

可不可以认为，今天把国际化大都市课题列入议事日程，不是早了一些，而是迟了一些。这不是一个城市的事，也不仅是一个国家的事，而是关系到亚太地区和世界经济的事。在某种意义上，我们不妨说，这件事是"万事皆备，只欠东风"。我们要让这件事热起来，有准备、有步骤地推向前进，这对我国的现代化建设是不可或缺的一件大事！

国际化大都市的目标探索

什么是国际化大都市，或者说，一个城市发展到什么程度才算是国际化大都市，也是众说纷纭，莫衷一是。根据各方面在讨论中提出的意见，大体上可以把国际化大都市归纳为两大特征：一是国际化，二是大都市。

（一）国际化

它指的是大都市的性质、功能和地位、作用。这不同于封闭、半封闭或基本内向的城市，尽管有的城市人口众多，经济比较发达，在当地是区域中心，如我国内地的一些城市。即使是沿海城市，在开放后，对外交流不断发展，其外向度不断提高，对照国际化的标准，仍有较大距离。所谓国际化，是否可列出以下三点？

1. 拥有雄厚的经济实力，位列世界的经济、贸易、金融中心之一，对世界经济有相当大的竞争力和影响力，在某种程度上能够左右全球或区域性的国际经济活动和经济态势。这里，起决定作用的是经济实力。它不仅是世界性的经济中心，是具有相当数量的跨国公司总部所在地，集中了大量的资本和高层次的人才，其决策的辐射面远远超出大都市的领地；并且是世界性的金融中心和贸易中心（特别是证券市场、期货市场、外汇市场）。通过这些市场，与世界各地广泛联系，与世界市场融合成一体，相依存，共呼吸。

2. 经济运行完全按照国际惯例，并有很高的办事效率，基本上不存在任何人为障碍。这是保证一个大都市成为世界经济中心之一的必要条件。为此，在经济体制上，应当是现代的市场经济，而不是传统的计划经济；在内外关系上，应当是自由贸易，尽量消除壁垒。一方面，要有健全的法制和透明的政策，保证各项国际经济法的通行无阻；另一方面，要有足够的管理人才，熟谙世界事务和实际操作。当然，不排斥各城市有它不同的经济制度和民族文化，但是都要处理好与国际惯例的对接。

3. 第三产业发达，综合服务功能强，特别是运输通信便利，生活设施完善，以保证频繁的经济联系和人员往来。国际化大都市也是国际交往的中心，经济活动和人员出入的数量极大，要有与其适应的海、陆、空运输和城市交通、通信联系，使物流、资金流、技术流、信息流都十分畅顺。这要靠设备、工具的现代化，也要靠组织、管理的现代化，包括简便的出入境手续等。这些城市又常是国际政治、文化、旅游等社会活动的重要场所，要有第一流的生活消费、观光娱乐和购物饮食等条件。

（二）大都市

它指的是其规模、容量和结构、形象。不言而喻，如果城市规模不大、容量有限，即使某些方面有其优势，仍旧难以承担上述国际化的各项任务，无法成为一种国际中心。但是，都市之大，又不仅是人口和面积，更着重于整体实力。所谓大都市，或可列出以下三点。

1. 除了城市本身的人口和面积外，还要有向外延伸的广泛空间，即经济区域，又称大城市连绵区。任何都市不该是孤立的，仅靠城市本身，功能都有限制。一定要以城市为中心，超越边界，首先向周边扩散到邻近区域，进而形成城市圈或城市带，再进一步联系更广泛的腹地。例如，英国的伦敦，与伯明翰、利物浦和曼彻斯特连成一片；美国的纽约，与波士顿、费城和巴尔的摩连成一片；日本的东京，与横滨、大阪和名古屋连成一片。另一方面，向外延伸要有或多或少、或远或近的传统连接带，并不断开拓，而不受行政范围的约束。

2. 除了城市拥有的跨国公司总部等外，还要有庞大的企业集团、中介组织和相当大的资产存量、要素流量和内外贸易额。城市之大，人口和面积只是其框架，工商、金融等企业法人组织的大量集聚才是其实体。因为没有数以万计和十万计的分支机构的云集，不能形成大产业和大市场，提供大机遇，显示大活力。围绕这些企业及其活动，要有一整套的服务、监管和办事机构，如海关、商检、专利、税务、外汇、仓储、保险等，特别是包括法律、公证、会计、审计、咨询和行业协调等中介组织。更重要的是，城市之大，具体表现在要有巨额的存放款和证券交易、巨额的内外贸易和外汇兑换、巨额的科技转让和劳务交流等。

3. 除了城市的一般基础设施外，还要有显示现代化的公用事业、商住楼群和生态环境。其中，市内交通和居民住宅是难点，搞得不好成为"城市病"，必须妥善解决。盖几十幢大厦和酒楼、旅馆似乎非当务之急，其实关系到城市的形象。从地面绿化到公共厕所，同样反映了城市风貌，不可小视。

以上所述，可能求全，非所有国际化大都市的共有标准。有人进行具体分析，按不同数量级，分为全球性的和区域性的（如悉尼）、综合性的和专业性的（如鹿特丹）、全开放性的和半开放性的（如汉城）几类，以示区别。也有人分为国际化大都市和国际性城市，前者指在全世界举足轻重；后者则规模较小、实力较弱、结构较简、影响较差，或者仅是向前者成长的过渡阶段。还有人提出未来的超级城市，标志之一是几百层的摩天大厦。探索和研讨这些标准和目标，对于我们打开眼界、搞活思路和取法乎上，以免陷于一孔之见，很有好处。

刘国光

经济论著全集

第

11

卷

上海的基本优势和制约因素

（一）基本优势

在一批先后提出建设国际化大都市或国际性城市的行列里，无疑，上海是引人瞩目的。如前所述，"世界看好亚太，亚太看好中国"；还可以再加一句，"中国看好上海"。上海走向国际化大都市的独特优势，不少文章已有较详尽的描绘，我以为最基本的，有如下几点。

1. 在历史上，上海曾经是远东的一个贸易、运输、金融和经济中心。过去一二百年的特殊机遇，使上海成为在世界有位置、在太平洋西岸更是寥寥可数的国际大城市，曾经被誉为"东方的纽约"和"远东第一大都市"。虽然它属于半殖民地，带有畸形，但是积累了一定的经济基础，为全国其他城市所莫及。人们认为，全国解放以前，上海有它一段黯然的"光彩"。正是在这样的意义上，把上海建设为国际化大都市，常被称为是"重振雄风"。

2. 在地理上，上海的区位优势堪称得天独厚。在中国长长的海岸线上，上海约居其中，南延北伸的距离大致相仿。上海又处于亚洲最大的长江入海口，溯江而上直达川滇，腹地极其深广。黄金海岸与黄金水道在上海汇合，占尽风流。上海面对太平洋，通往世界；背靠长江三角洲，构成全国经济、文化最发达的区域。

3. 在经济上，上海的产业发展阶段在全国是领先的。其不仅是全国最早、最大的轻纺和机电制造业基地，并且在重化工业上也有长足发展。论经济规模，如工业总产值、国内生产总值等各项总量指标，据1991年统计，其在全国十大城市中仍居首位；而论经济效益如财税收入，在全国各省市中，始终独占鳌头。相对地说，上海在全国仍是一个金融中心、贸易中心和科技密集区、人才密集区，其国际化程度也非其他城市所能企及。

诸如此类，不难列举若干。不久前，全国城市评"50强"，上海夺得金牌。最近在《财经问题研究》1993年第5期上有篇文章，对沿海开放城市、计划单列市和特大城市的社会发展水平进行数据分析，很多指标都是上海和广州领先。其中指出按社会发展形态，上海属于生活和科教发展均衡型；按社会发展协调程度，沿海开放城市只有上海和广州>0（<0即属于不同程度的欠协调）。这是就非经济因素而言。有人认为，建设国际化大都市，还要有高容涵度的都市文化。那么，以上海为代表的"海派"，属于海洋文化，也是民族文化与外来文化的交融。

邓小平同志在南方谈话中讲道："上海在人才、技术和管理方面都有明显的优势，辐射面宽。回过头看，我的一个大失误就是搞四个经济特区时没有加上上海。要不然，现在长江三角洲，整个长江流域，乃至全国改革开放的局面，都会不一样。"语重心长，使我们得到很大的启发。其实，从中央和国务院宣布浦东的开发和开放以来，上海一年一个样，并带动全国改革开放出现了新局面。人们认为，中国改革开放的重点已经北上东移，上海扮演了"龙头"角色。过去一年，外商对浦东投资的热情迅速高涨，引来一些大项目是其他城市所少见的。这从又一角度表明了上海走向国际化大都市，确实具备难能可贵的有利条件。

（二）制约因素

但是另一方面，上海有没有制约因素呢？看来，也有若干值得注意的地方。例如，长期以来，上海的国有企业占比重大，指令性计划占比重大，在所有制结构和运行机制上不如有的省区灵活。又如，上海是老工业基地，不少企业的设备陈旧，更新改造的任务非常繁重。再如，上海是老城市，人口密度甲于全国，而

刘国光

经济论著全集

第

11

卷

基础设施和公用事业落后，除旧布新是艰难的。

能否认为，在某种程度上，上海患有世界流行的"大城市病"，给予根治并转向良性循环，绝非一日之功。此外，上海也不是孤岛，与周围和更远的区域经济、地方经济相联系，而在传统体制的条块分割下，如何理顺彼此关系，很不容易。过去一度进行"上海经济区"的试验，终以夭折告终，留下应予总结的教训。何况，地区经济发展不平衡，上海经济辐射全国，面对经济技术发展的二元化（繁荣的大城市和贫困的农村），并且地域差距有扩大未缩小，其矛盾和冲突不能低估。还有人认为，就现状讲，上海的市场开拓不如广东，经济增长不如江苏，出口引资不如闽浙，基础设施不如大连，推进改革不如深圳，这不是没有根据的。这些都是上海建设国际化大都市的障碍所在，也是潜力所在，必须善于处理，促其转化。

迈向国际化大都市的对策思考

从当前的国际形势、全国情况和上海实际出发，上海如何迈向国际化大都市，有关部门有所规划，不少学者有所建议。这里，补充一些个人的想法。

（一）换脑筋

这是大家都在思考的，而作为上海人，面对新任务，似乎应当想得更多一些。在"精明""高明"之争基本解决以后，还有一个怎样从"上海人"转向"国际人"的问题。这就要求站得更高，瞧得更远，对内放眼全国，对外展望世界，并立足当代，跨越世纪，面向未来。换脑筋即解放思想，与一些陈旧观念相决裂，其结果则是造就一大批"国际人"，不仅是领导干部，还包括广大的脑体劳动者。没有这样一支队伍，城市的国际化是化不起来的。

（二）深化改革

建设国际化大都市，必须在经济体制和运行机制上也走向国际化。这与国内其他地区和城市的改革比，要求更高一层。具体地说，不能满足于一般的市场经济体制，而应当以现代市场经济为模式，便于与国际惯例相对接。例如，培育和完善市场体系，就应当以多种形式的金融市场为枢纽，并与国际金融市场相融合。从证券交易市场看，上海在国内处于先行，但与国际比属于初始状态。改革搞好了，整个经济转换就有了希望。

（三）扩大开放

建设国际化大都市，开放是"牛鼻子"，必须也先行于其他地区和城市。在这方面，上海要充分吸收深圳等经济特区既有的成功经验，但不要仅是移植和模仿，而要有所突破、有所创新。这又不是仅仅依靠特殊优惠政策，而要有整体的安排。有人认为，在我国"复关"后，全国或许有一定步骤，各地或许有一定次序，但在上海，能否尽先到位或一步到位，成为关贸总协定在全国实施的实验区，站到开放的最前茅。

（四）建设城市圈

把上海建设为国际化大都市，不仅是上海的事，也是全国首先是上海周围地区和辐射地区的事；也不仅要由上海努力，还有赖于全国和有关地区共襄斯举。因此，处理好上海与其他地区、城市的关系，建设以上海为中心的城市圈，应当及早列入议事日程，并且尽快付诸行动。这项工作的难度，来自传统的条条分割体制。所以，靠传统的行政办法是不可能奏效的；只有发挥市场经济的威力，才可能冲破种种空间障碍，在互利互补基础上重构区域协作。

（五）精神文明

在改革开放中，这是人民群众至为关心的大事；建设国际化大都市，人们担心的也是这件事。所以，一定要两手抓，并真正做到两手硬，尽最大努力防止各种丑恶现象的滋生和蔓延。只有这样，上海才能以社会主义的国际化大都市的文明风貌出现在世界的东方，赢得举世的崇敬。

建设国际化大都市是一项雄伟的系统工程，要有全面规划，经过几十年的奋斗，然后逐步达到。"化"，总有一个过程，要分步走，明确各阶段的具体目标和相应对策。这是我国整个现代化建设事业的组成部分。现代化与国际化本来是相辅相成的，并行不悖。今后一段时期，上海的国际化进程可能加快，但这只是一个步骤，还不可能是其最终实现。我们希望，上海的现代化也先行一步，并与国际化互促互补，同步前进，最后建设为一个现代化的国际化大都市！

对上海建设国际化大都市若干问题的看法

走向市场经济中的宏观调控*

——在中国城市金融学会成立大会上的讲话提纲
（1993年7月6日）

讲一讲中国在从计划经济向社会主义市场经济过渡过程中的宏观调控问题。

改革开放以来，中国的宏观经济管理从直接的行政调控向间接的经济调控转换，取得了一定的进展。针对过去管理权限过于集中，政府对企业干预过多，微观经济缺乏活力等问题，扩大了地方和企业的自主权。针对过去忽视市场调节和宏观管理方式僵化单一的弊端，开始重视经济政策和经济杠杆在宏观经济调控中的作用。不久前，中国明确宣布要建立社会主义市场经济新体制。但迄今包括宏观管理体系在内的中国经济体制，在整体上距离现代市场经济的要求尚远。我国经济体制从整体来说还处在从计划经济向市场经济过渡的状态中。过渡时期中国经济有一些既不是典型的计划经济又不是成熟的市场经济的特点。对于宏观经济管理来说，以下两个特点尤其需要注意。

第一，过渡时期新旧双重体制并存的局面依然存在。经过十多年市场取向的改革，我国经济生活中市场调节的因素增加不少，单从价格形成机制来说，到1992年全部社会商品销售额中，由市场决定价格的比重已占80%以上。但是同时旧体制中尚未发生根本性改变的因素继续存在，尤其是掌握国家命脉部门的国有

* 原载《经济日报》。

经济的基本行为特征，没有根本改变，依然是软的预算约束，负盈不负亏，投资行为和支出行为缺乏有效的自我约束。对受各级政府的意志和行为所制约的经济主体来说，价格信号特别是像利率这样一些经济参数和调控手段的影响，仍然是很有限的。因此，对于投资、信贷、进出口等采用规模控制和额度管理这样一些直接的行政调控手段还是必要的。另一方面，这些年来，国有经济实行了决策权下放，包括中央对地方的行政分权和财政分灶，国家对企业下放某些经营自主权等。最近，随着投资审批权的进一步下放，地方和企业发行债券股票实际在增加，各级政府和国有部门事实上获得更大的"融资自主权"，所有这些意味着，以往政府掌握的"直接宏观调控手段"今后的有效性也会大大降低。在不存在十分有效的宏观调控手段的情况下，综合运用直接和间接两种调控手段并使之协调配合，势在必行。但与此同时，必须加强以国有大中型企业机制转换为中心的微观经济改革，和以财政、金融体制为中心的宏观经济改革，逐步减少规模控制和额度管理等直接调控手段的运用，增加利率、汇率、税率等间接调控手段的运用，以尽快完成宏观经济管理从计划经济的轨道转向市场经济的轨道。

第二，过渡时期我国经济总体态势从卖方市场向买方市场的转化尚未完成。这个问题涉及对当前我国经济发展的类型是属于需求约束型还是属于资源约束型的判断，从而对我国宏观经济管理采取什么样倾向的政策方针有关。在需求约束型经济中经常出现总需求不足，政府宏观管理的侧重点是刺激经济增长和增加就业；而在资源约束型经济中，则经常出现短缺现象，政府宏观管理的侧重点在于控制需求，防止经济过热。当然，宏观调控的松紧张弛要适时适势，但政策侧重方面在两种类型的经济中确有差别。前几年我国经济经过几年治理整顿，曾有一段时间处于市场疲软状态，有些人士据此认为中国经济已走出"短缺经济"的困境，过去长期存在的卖方市场已转变为买方市场。诚然，改革开放有助于促成这种转换，但是如果认为中国经济已经完成了这种转换，未免估计过高。这与前面所讲我国经济体制目前仍处于新的双重体制并存状态是有联系的。尽管随着非国有成分的发展，软预算约束的作用范围在相对缩小，但是国有经济这个主体部分至今仍未摆脱软预算约束和投资饥渴顽症。不论投资品的价格和资金成本是怎样的高，也不论投资的预期利润是怎样的低，都不会抑制与政府行为直接相关的国有经济（包括地方、部门和企业）的投资欲望。所以，前几年一度出现的某些买方市场势头并不牢固，一旦政府稍稍放松对总需求的控制，投资需求又会迅速升温，某些不牢固的买方市场也会恢复到卖方市场状态。1992年我国经济进入高速增长后，某些生产资料又出现货俏价涨，特别是交通运输紧张局面再次恶化，便是资源约束重现的证明。至于消费品市场供求形势目前虽不如生产资料市场那样紧张，但这与城市居民新的消费热点尚未形成，农民收入和购买力增长相对滞后这样一些暂时性的因素有一定关系。随着投资膨胀带动效应（40%的投资转化为消费需求）增大，城市商品零售物价指数以两位数的幅度上扬，以及社会商品零售物价指数也越过了储蓄利率使后者成为负利率等的影响，已逐渐触动了消费者的通货膨胀预期，从而使储蓄增势下降和消费品市场趋紧。所以对于我国市场形势和经济类型的变化要有一个清醒的判断，相应对宏观经济调控的方向和采取的调控手段，做出正确的决策，这是有非常重要的现实意义的。

下面讲讲过渡时期我国宏观调控三支柱（计划、财政、金融）的关系。在传统的计划经济中，人们把三者关系形象化地描述为"计划点菜、财政出钱、银行算账"。在现代市场经济条件下，这三者的关系究竟应如何？这是一个需要研究的问题。中国要建立的社会主义市场经济，是要在国家宏观调控下让市场对资源配置起基础性作用。中国目前又面临着在较短的历史时期内实现体制和结构的转换，尽快赶上发达工业国家的历史任务。因而政府对经济的调控职能，其中包括国家计划的功能，显然应比其他市场经济国家（包括现在称之为政府主导型的市场经济国家）的作用更大一些。这是我的总的看法。但是就我国宏观经济管理的实际运转情况来看，改革开放以来，财政和金融政策所起作用客观上在增强，而国家计划所起作用在减弱。一项研究表明，我国近若干年来经济波动，几乎都是财政金融政策主动调节的结果，而不是计划指标主动调节的结果。尽管当时的财政金融措施与时机选择在事后看来并不是完全明智的，政策操作手段也不那么完善和科学，但借助财政金融政策来实施宏观经济调控，其后效十分明显。而计划指标特别是短期年度计划指标的拟定和调整，往往同后来的实绩相差颇大。与此同时另一个值得注意的问题是，随着国民收入分配格局向企业和个人倾斜，居民的金融资产迅速增大，经济建设资金来源从政府积累型向社会积累型的转换成为不可逆转之势。这就更加突出了金融部门在宏观调控中的地位。在过去传统计划经济体制下，金融部门是计划的核算部门、财政的出纳部门，对宏观经济管理作用很弱。现在的情况有很大的不同。过去作为宏观管理主导的直接计划大大削弱，同时中央财力下降，地方和企业财力增强，个人在国民收入分配中的份额放大了许多，这样，金融政策的影响越来越举足轻重，金融部门在宏观管理中的地位和作用也应加强。但是，在我国的市场为取向改革的实际过程中，金融改革是令人瞩目的一个滞后环节，举凡中国人民银行改造为真正的中央银行，专业银行改造为真正的商业银行，政策性金融与商业性金融真正分开等改革方针，提了很久，但举步维艰，成为宏观管理改革和整个经济改革前进的一个羁绊。这是当前我国经济改革面临的一项重大课题。

最后讲国家计划与宏观调控的关系。前面已经讲了，我国要建立的社会主义市场经济中，政府宏观调控与国家计划的作用要比其他市场经济国家更强一些。随后又讲到，改革开放以来，国家计划在宏观调控中的作用事实上在减弱，指令性为特征的传统计划体制逐渐被打破，人们寄希望于建立以指导性和政策性为特征的计划模式，以适应市场经济的要求。如何在市场经济的基础上构筑指导性计划为主的计划体系，正在探索。我认为这是整个国家宏观调控体系的一项重要内容，应该重视。但有一种观点把国家计划等同于或包罗代替宏观调控，需要商榷。有的文章强调，要在"国家计划指导下充分发挥市场在配置资源中的基础性作用"，这同中共十四大文件所提要使"市场在国家宏观调控下对资源配置起基础性作用"，两相比较，就是把国家计划等同于或让它来替代国家宏观管理了。中共十四大文件关于两者关系的准确提法是，"国家计划是宏观调控的重要手段之一"，因而前一概念不能等同或代替后一概念。国家宏观调控除计划这一支柱外，还有财政、金融两大支柱。当然三者之间的功能应紧密配合，共同搞好总量平衡、结构优化、周期熨平，实现经济的持续稳定协调增长。其中，三者功能又各有偏重，财政、金融手段主要着眼于近期发展的总量平衡问题，调控力点侧重于需求管理方面；而计划手段则主要着眼于中长期增长和结构优化问题，调控的重点偏向于供给管理方面。这样来大致划分计划手段与财金手段的功能，是否合适？当然，财政、金融两者之间的分工协作制衡关系也要明确规定。要在对三者关系科学认识的基础上，建立健全有中国特色的宏观经济管理体制，制定正确的宏观经济调控政策，以推进中国社会主义市场经济和现代化建设再上一个新的台阶。

刘国光

经济论著全集

第
11
卷

避免用高通胀支持高增长*

（1993年7月15日）

　　1992年中国经济重新进入高速增长，由于当时仍处于经济回升期，所以景气长达十几个月总的来说是基本正常的。但在经济繁荣的同时，也伴生着一些值得注意的问题：一是固定资产投资中新开工的项目过多，二是基础设施、基础产业支撑能力明显不足，三是银行贷款规模和货币投放量过多。1993年以来，货币投放继续增加，物价进一步上扬，1993年一季度零售物价指数比1992年同期上涨8.6%，而其中35个大中城市生活费用价格指数上涨15.7%，4月份上涨更高达17%，这说明近几年积累起来的潜在通胀压力开始释放并显现出来，已经对居民的通胀预期和保值行为产生影响，居民对银行储蓄存款的积极性受挫，甚至曾出现了居民存款绝对值下降的现象。这是一个重要的信号。这种现象如果持续下去，后果是非常令人担忧的。5月份国家提高存贷利率，对于遏制通胀、稳定居民心理以及阻止银行存款大幅下滑有一定作用。但应该指出，要做到消除负利率的阴影、减少低效益使用资金、高利率争夺资金，现时存贷利率的增加幅度远远不够。目前资金的大量体外循环助长了房地产和开发区等过热现象，并进一步加剧了资金短缺。所有这些都增加了宏观调控的难度。

　　不过，当前经济高速增长中的某些过热现象，与1988年的全

* 原载《经济日报》。

面过热有所不同，因此宏观调控不可采取类似1988年的那种"急刹车"的办法，而应该采取妥善的措施，控制固定资产的投资规模，优化产业的投资方向，真正把牢信贷规模和货币投放这两道闸门，来缓解通胀的压力。当然，在经济高速增长中，要求通胀为零是不切实际的，但两位数的高通胀绝对是弊大于利，那种主张用高通胀支持高增长，认为物价指数增长率在10%至20%没有大的危害的意见实不可取。因为这种大幅度的通胀会严重扭曲各种关系，使经济面临宏观失衡的危险，更对深化改革形成巨大的障碍。因此应主要采用经济办法，实施改革措施，加大宏观调控力度，制止严重通货膨胀，这已是当前经济工作的当务之急。

通货膨胀：高增长的影子和绊脚石*

——《南京日报》记者专访

（1993年8月4日）

记者（赵文荟、陈华凤）： 时下，各方面对经济形势的议论颇多，突出地表现在对通货膨胀的认识问题上，请谈谈您的看法。

刘国光： 今年（1993年）以来，我国经济形势总的来说发展势头很好，国民生产总值在去年增长12.8%的基础上保持了强劲的发展势头，上半年增长率达到13.9%，其中工业总产值增幅已连续12个月在20%以上，而且经济效益有所提高，国内市场繁荣，外贸进出口继续扩大，但前进中也暴露出了不少矛盾和问题，突出地表现在如下几个方面。

1. 固定资产投资规模过大。今年上半年全社会固定资产投资总额比去年同期增长了61%，扣除物价上涨因素实际仍增长34%，其中国有单位投资增长更高达70.7%。

2. "瓶颈"制约严重。交通运输日趋紧张，1992年以来铁路货运满足率不到60%，今年上半年铁路限制口通过能力只能满足需求的40%。原材料、能源供求缺额巨大。

3. 货币投放过多，金融秩序混乱，乱拆借、乱集资的现象普遍存在，一些金融单位直接投资办实体。

4. 泡沫经济膨胀。房地产、开发区及股票证券市场明显过

* 原载《南京日报》。

热，积淀了大量资金。

以上这些问题集中地从通货膨胀的日趋抬升中反映出来。今年上半年，全国居民生活费用价格比去年同期上涨了12.5%，其中35个大中城市则高达17.4%，南京还高于这个数字，为21.7%；生产资料价格更是大幅度上扬，上半年其总水平比去年同期增长30%~40%，而且物价上涨率和通货膨胀率还在逐月攀升，其影响正在日益显著地释放出来。

记者：现阶段，保持我国经济的快速增长是必要的，因此有人主张用通货膨胀政策来刺激经济的高速增长。对此，您如何看？

刘国光：所谓实施通货膨胀政策是指用高通胀，即超过10%的通胀来刺激经济发展的做法。在现在资金短缺、财政收支严重失衡的情况下，采取零通胀是不切实际的，但通胀率超过两位数绝对是弊大于利的。因为在经济正常增长之外，运用高通胀所带来的刺激性经济增长，是以牺牲整个国民经济健康有序运行为代价的，因而这种高增长在很大程度上只是一种暂时的"货币幻觉"，它能带来很多严重的后遗症。

1. 给推进改革制造巨大困难和障碍。一方面，在高通胀下，由于宏观环境紧张，经济秩序混乱，不得不用大量精力进行调整，根本无暇顾及改革；另一方面，企业要获取效益只需要运用涨价手段，而不必去从质量、品种、服务和管理上下功夫，致使企业改革的外在压力和内在动力都大大削弱，从而延缓我国改革的进程，让我们在前进中付出更大的代价。

2. 干扰正常的经济核算。在高通胀下，从"瓶颈"产业到生产资料领域再到消费品资料领域，价格水平都会有较大的上升，价格信号反映失真，而且这种上涨不可能同步进行，致使社会经济由于无法准确核算而形成虚假核算，其结果只能是市场机制的扭曲和企业行为秩序的紊乱。

3. 引发社会不公。高通胀会使债权债务关系严重扭曲，债权人、存款人因货币贬值而无辜受损，债务人、收储人却无功受益；投机活动空前活跃，安分守己者吃亏，投机者获益；公平竞争的法则受到践踏。

4. 造成人们的恐慌心理。物价上涨极易引发人们的恐慌心理，迫使人们通过抢购来保值，进而引起物价更大幅度地轮番上扬，使通货膨胀加速度地发展，最终引起社会秩序的混乱，影响社会的稳定。

记者： 提到通货膨胀，往往会使人们想起1988年的情景，你能比较一下这两次通胀的特点吗？

刘国光： 这次通货膨胀与1988年有明显的差别：

1. 这次通货膨胀的主要原因是成本推动。1988年的通货膨胀是总需求全面扩张引发的，而这次除"瓶颈"产业及少数高档、进口消费品和黄金、外汇外，一般性生产资料、消费品等价格上涨是由"瓶颈"产业价格上涨过速，引发成本抬升而形成的成本推动型通货膨胀。据内贸部对目前市场上731种主要商品的统计，供求基本平衡和供大于求的占了89.8%，供小于求的只有10.2%，整个社会保持着供大于求的基本格局。

2. 这次通货膨胀除了有类似1988年的在建基建规模过大这个原因外，泡沫经济过度膨胀也是其重要原因。

3. 人们对通胀的心理承受能力在增强。

记者： 看来，对待眼前的通货膨胀既不能视而不见，任其发展，也不必惊慌失措，搞"急刹车"。选择抑制通货膨胀的方式也要适应这些新的特点。

刘国光： 一刀切地实行"急刹车"会使国民经济元气大伤，增长速度大幅度回落，因此这次中央决定以谨慎的态度，主要采取经济的和改革的办法来抑制通胀，有的措施已开始产生效应，有的虽尚未到位，但心理作用已开始产生，人心稳住了，

通货膨胀：高增长的影子和绊脚石

有的在力度上还要加强，我认为今后还应继续在以下几个方面多做工作。

1. 稳定币值。稳定经济占第一位的就是要稳定币值，包括：第一，把保持币值的稳定作为中国人民银行基本的和首要的职责，使其成为真正的中央银行，自身不再从事一般性存贷业务，更不能自己开公司、办实体。第二，将专业银行办成真正的商业银行，与政策性银行分开。前者进入市场，后者应由国家财政来支持。第三，禁止乱集资、乱拆借，并对以前的予以清理，限期收回。

2. 进行结构调整。这次调控主要是调整结构，该收的要收，该保的也要保，对泡沫经济要坚决收缩，不能让它太热，压下来的资金可用来加快"瓶颈"产业的发展，对重点建设要保证，对一般性固定资产投资也应视实际情况适度压缩。

3. 这次通货膨胀产生的根本原因还是体制问题，因此，抑制通胀最根本的办法是加快建立新体制，主要是改革旧金融体制、财政体制；加快国有企业制度改革，建立国有资产的风险责任制；规范市场行为，完善市场机制；等等。

记者：您所主张的反通货膨胀政策将要达到什么样的目标？

刘国光：通货膨胀政策有着很坏的名声。迄今为止，世界上没有一个国家公开宣称过要实施高通胀政策，所有市场经济发展比较成功的国家和市场经济正走向成熟的国家都极力避免实施这种政策。如，美国、日本等发达国家的通货膨胀率一般都在5%以内，韩国、中国香港地区、中国台湾地区等新兴工业化国家和地区一般也不超过10%。现在通胀比较高的只有拉美和东欧，它们的经济也是最为混乱的，正不得不吞咽着自己种下的苦果。我们发展社会主义市场经济要少走弯路，避免大的失误，应该认真总结世界各国经济发展中的经验教训，不搞高通胀政策。我的设想是，我们在抑制通货膨胀方面要分两步走，第一步：采取上面的措施，使通胀率降低到10%以内，这样就能有效地避免经济的大起大落；第二步：从长远看要力争使其降到5%左右。这样整个经济发展速度可能略有回落，但可以为进一步发展积蓄后劲，确保我国经济长期稳定高速增长。

通货膨胀：高增长的影子和绊脚石

应加强对土地经济理论的
研究与宣传*

（1993年8月）

一

随着整个经济体制改革和土地使用制度改革的深入，土地与经济发展之间的关系，日益引起人们的重视。大家认识到，土地不仅是宝贵的自然资源和生产要素，而且在市场经济条件下又是重要的有价资产。我国实行土地公有，特别是城市土地属于国家，对于国家来说，土地是一笔最大的财产。管好它、用好它，可以使国家的资产增值；管不好、用不好，就会蒙受巨大损失。土地还是国家对经济发展实行调控的重要手段。这种调控作用主要体现在两个方面：一是国家通过制定和实施土地供应计划，调节经济发展节奏、速度。二是通过制定切合实际的地价和有关税收方面的政策，将土地级差收入引起的超额利润集中起来，使平均利润率发挥作用，促使企业平等竞争，引导投资在产业间合理分布。可见，土地与经济发展之间的关系确实极为密切，应当认真研究。

 * 原载《中国土地》1993年第8期。

二

近几年，我国土地使用制度改革取得很大成绩。改革的基本方向是，有偿使用土地，逐步实现土地使用权的商品化。这与整个经济体制改革的市场取向是一致的。对此，经济界和社会上都没有太大分歧。但是在一些具体问题上，人们的认识还很不一致。例如，近年来地产业发展迅猛，其突出表现，一是各地争相兴办开发区，据国家土地局掌握的情况，1992年全国共有县以上批准的开发区1900多个，规划占地面积2400万亩（这是个偏保守的数字）。二是各种房地产开发企业如雨后春笋。据建设部统计，1992年年底全国有开发公司12 000多个，为1991年年底的3倍（这个数字恐怕也是只少不多）。地产业的大发展，对整个国民经济既有有利的影响，也产生了一些新的矛盾和问题。究竟应当如何从整体上来评价这一年多来地产业的发展，人们的认识就很不一致。有人认为，就全局看，地产业的发展已经超出了各方面的承受能力，已经过热了；有人则认为，房地产业在我国还只是刚刚起步，即使有过热现象，也只发生在局部地区或某些项目上，就全局而言，谈不上过热。又如，发展社会主义市场经济中的地产市场，原来行政划拨的那些土地该怎么办？有人主张，应当按照国家的有关法规，先补办出让手续，才能允许自由转让；有人则主张，一开始就强调规范化会限制市场的发育，现在应当强调放，而不要强调管。再如，农村土地能不能进入市场，如何进入市场？有人主张，农业用地转为非农业用地，应当先由国家征用，然后再出让、转让；有人则认为，应当给农民自由处置土地的权利。还有，城市国有土地应当怎样管理，才既有利于合理利用和保护土地资源，又能使土地资产滚动增值，不同部门的看法相差甚远。城建部门主张，城市土地由建设部门管，城市以外的土地由土地部门管；土地管理部门则认为，建设部门是用地部门，用地部门不宜管地，而且城乡土地是有内在联系的，近几年土地使用制度改革的一个重要内容就是城乡土地统管，重新提出分管，是一种倒退。

实际经济工作中的大量矛盾和问题，要求理论工作者从理论与实际相结合的角度加强研究，做出回答。在经济学的科学体系中，土地经济学作为一门独立的学科，历史不算太长，世界上专门从事这方面研究的人，也不算很多。具体到我国，由于特殊的历史原因，一度中断了这一学科建设。改革开放以后，才逐步恢复。在一些老专家的带领下，一支专业研究和教学队伍已建立起来，并取得很大成绩，对推进土地使用制度改革发挥了重要作用。但也应看到，由于时间短，与其他学科相比，从事土地经济研究的力量还比较薄弱，这方面的研究工作还不能完全适应当前改革和建设事业发展的需要。希望今后能有更多的经济学家从不同角度介入土地经济研究，为深化土地使用制度改革出谋划策。

三

在加强土地经济理论研究的同时，还要注意在广大干部特别是各级领导干部中普及土地经济知识。理论一经群众掌握，就会转化为巨大的物质力量。如果不懂理论，工作中就会走偏方向。当前实际工作中出现的有些问题，就与有些干部不熟悉土地经济理论有关。例如，以成片出让的方式从事土地开发，国务院在改革之初就不提倡，严格加以限制。因为根据地租理论，城市土地会增值，这种增值主要来源于级差地租Ⅱ的增加。级差地租Ⅱ与具体地块上的投资活动固然有一定关系，但在更大程度上受地块周围乃至整个城市经济发展的影响。级差地租理论最早是安德森、李嘉图等提出来的，后来经过发展完善，成为经济学的常识。即使实行土地私有的国家，人们也普遍主张将城市土地增值的大部分交给社会。孙中山的《建国方略》就提出"土地涨价归公"。在社会主义市场经济条件下，国家既是城市土地的所有者，又是城市建设的主要投资者，更应获得土地增值收益的绝大部分。但是有些地方的领导干部不了解这个道理，不遵守正常的审批程序，就将大片土地长期批租给外商，这实际是将大笔土地收益白白送人。又如，土地的利用结构与产业结构是相互影响的，这也是土地经济学的一个基本常识，但不少干部似乎也并不了解这一点。据调查，近年来许多地方盲目兴办开发区，80%占用的是耕地。我国耕地资源极其短缺，这样占下去，必将损害作为国民经济基础的农业，导致农业与其他各业比例失调，最终要拖整个国民经济发展的后腿。看来，在干部中普及土地经济学知识，使大家都了解土地与经济之间的关系，确实很有必要。我希望全国有关报刊都关注这方面的宣传报道，以推动我国土地使用制度改革走上更加健康发展的轨道。

应加强对土地经济理论的研究与宣传

纪念张謇先生诞辰140周年[*]

（1993年8月）

今天我们欢聚一堂隆重纪念张謇先生140周年诞辰，共同缅怀他不朽的历史功绩。我谨代表中国社会科学院和中华全国工商业联合会对前来参加纪念会的来宾和张謇先生的亲属表示诚挚的欢迎。

张謇先生是孙中山先生临时政府的实业部长，是中国近代杰出的实业家、教育家、思想家。他曾被毛泽东主席誉为中国近代轻工业的开拓者，在国内外有很大影响。

张謇先生的一生正好处于我国遭受帝国主义侵略，从封建社会沦为殖民地、半殖民地社会的急剧转变时期。他痛感"国是日非""国势日蹙"，国家、民族处于"九死一生"之中，萌生了办实业和教育救国的思想。在数十年中，他披荆斩棘，筚路蓝缕，陆续创办了大生纱厂、通海垦牧公司、资生铁厂、复兴面粉厂、大达轮船公司等二十多个企业，形成了我国近代著名的"大生工业集团"。与此同时，他还创办了通州师范学堂，河海工程学校，包括纺织、农业、医疗专业的南通学院，以及参与创办了江苏和上海的某些高等学校。此外，他又在南通创办了博物馆、图书馆、天文台、盲哑学校、伶工学校、更俗剧场、公园、医院、养老院、育婴堂等公益事业。张謇先生为南通地区的工业、文化教育事业的发展奠定了坚实的基础，对我国近

* 原载《中国工商》1993年第8期。

代民族工业的兴起和文化教育事业的发展做出了重大的贡献。他真是"造福一方，影响全国"，不愧是我国走向近代化的先驱者之一。

张謇先生在从一位封建士大夫阶级的爱国知识分子转变为主张革新、开放的民族资产阶级的实业家、教育家的痛苦过程中，在办实业和教育的实践基础上，也形成了许多具有深刻历史意义的经济、教育和哲学思想。例如，他认为，"夫立国由于人才，人才出于立学，此古今中外不易之理""父实业，母教育"，实业和教育是"国家富强之大本"。张謇先生突破了"学而优则仕""重本抑末"的陈旧意识，论述了"商"与"儒"的辩证关系，提出了"言商仍向儒"的名言。这就是说，经商不仅是为赚钱，作为一个商人应当具有高尚的社会理想、高度的道德修养和丰富的科学文化知识。为了实现社会的变革开放，他主张永恒变化的哲学思想："法久则弊，弊则变亦变，不变亦变。"他还猛烈抨击当时的顽固守旧派："夫使中国得终古闭关，赤县神州，不见外人之足迹，则高曾矱，世世相安，元明之法，何必不度长于三代。"

张謇先生丰富的实践和思想是历史留给我们的宝贵财富，到今天仍具有现实意义。张謇先生致力于发展民族工业、科学技术和教育事业的爱国精神，他的对外开放、发展对外贸易和利用外资的主张，以及引进科学文化、尊重知识和人才的思想，对于我国的改革开放、建立和发展社会主义市场经济，对于建设社会主义的精神文明、加速实现现代化，都有重要的启迪和借鉴的作用。

张謇先生艰难曲折的一生和他事业的兴衰还说明了一个真理：不推翻腐朽的反动政权，不变革落后的生产关系，就不能发展生产力，建立繁荣富强的新社会；张謇先生的爱国理想，只有在社会主义的新中国才能实现。

现在，当我国在邓小平同志关于建设有中国特色的社会主义理论的指导下，实现新的经济腾飞的时候，我们应当铭记近代民族工业和教育事业的开拓者张謇先生所创造的业绩，为发展经济、振兴中华做出更大的贡献。

谈社会主义市场经济战略：
渐进式改革适合国情*

——香港《大公报》记者专访
（1993年10月23日）

自中共十四大确立了社会主义市场经济体制以来，中国的经济改革又迎来了一个新的转折点。如何使这个划时代的"社会主义市场经济"在具体点上细化，突破以往所设计的体改框架目标模式的局限，是目前摆在政府领导和经济学家面前的一个重大而紧迫的课题。

中国经济范畴两个内容

据介绍，所谓"社会主义市场经济"这个经济范畴包含两方面的内容：社会主义系指公有制为主体的社会生产关系，市场经济系指以市场经济为基础的经济运行方式和资源配置方式。过去有一种理论认为，市场经济若充分发挥作用，须进行大规模的私有化。现在作为理论提法的突破，从社会主义和市场经济可以兼容的思路出发，得出了在坚持公有制作为改革的约束条件的同时可建立起以市场为基础的经济运行机制和资源配置方式的理论。

十四大以来，中国的经济理论和经济改革一直朝着社会主义

---

* 本文系香港《大公报》记者马玲专访，发表于该报。

市场经济的目标探路子，经过一年多的实践，现在确立的改革战略为仍将采取积极的渐进式，不搞前苏联和东欧的休克式，因为中国地大人多，情况复杂，发展极不平衡，实行渐进式改革是适合中国国情的。

完善社会主义市场经济体制的框架，其核心问题主要表现在四大领域，分别为：重组产权关系，建立现代企业制度；发展完善的市场体系，建立严格的市场秩序；政府职能转换和科学、有效的宏观调控；建立涵盖全社会劳动者的社会保障体系。总之，最根本的问题就是要以现代企业制度来规范中国目前的经济改革。

现代企业政企彻底分家

1. 重组产权关系，建立现代企业制度，就是要理顺国有企业产权关系，彻底使政企分开，让企业有充分的灵活性，建立起适合市场的组织结构，能够按照市场进行调整。无论是转换国有企业经营机制还是发展非国有企业，都应进行企业制度创新。国有大中型企业应转为有限责任公司、股份有限公司，但是上市公司只是少部分的，对不具备国有公司制改革条件的国有企业，承包制也还可以继续，但要进行利税分流，即在纳过国家的流转税和所得税后再承包。任何所有制的企业在税收方面都应一视同仁。国有小型企业可以出租或出售给集体或个人经营。

2. 发展完善的市场体系。建立严格的市场秩序，就是要把目前还存在的价格双轨制转为单轨制，重点是要发展包括劳动力、房地产等在内的要素市场，生产要素的价格、利率等也要市场化，宜运用更多的市场机制来调控。加强市场秩序的管理，通过立法来保护市场的正常竞争。此外，律师、会计师、公证、计量、商会等一系列中介组织都将搞起来并趋完善。

3. 在政府职能转化方面，应弱化微观管理职能，强化宏观管理职能。不能再使"集运动员、裁判员、规则制定者三重对立身份于一体"的现象再继续下去。政府应从直接行政参与转向通过制定产业政策，运用间接经济手段来管理。财政、金融和税收都应进行制度改革，把过去中央与地方的包干制改为分税制，使中央掌有更多的调控力量，建立以增值税为主的流转税体系和以个人及企业所得税为主的所得税体系；健全包括中央银行、政策性银行、商业银行和非银行金融机构的金融体系；摆好计划、财政、金融和税收在国家宏观调控体系中的地位。最终目标是形成有利于贯彻产业政策功能，确保持续、稳定、高速发展的经济体制。

建立三套社会保障体系

根据中国国情和现代社会保障制度原则，建立涵盖全社会劳动者的社会保障体系。在现阶段中，应致力于建立、完善三套社会保障体系，即国家机关和事业单位职工的社会保障体系；企业（包括国有企业、城镇集体企业、三资企业和乡镇企业）职工的社会保障体系；农村居民的社会保障体系。主张借鉴新加坡的公积金制度，并使社会保障公积金实行基金管理，可暂由中央政府或委托地方政府负责。如此一来，亦可使国有大中型企业在公平的基础上去与其他形式的企业进行竞争和发展。除了以上四大领域以外，刘国光还提到了外贸体制改革、科技和教育体制等方面的改革，总之，社科院课题组的主要目的就是找准社会主义市场经济体制具有决定意义的改革突破口，使中国的改革能以法制、有序、现代的方式推进下去。

谈社会主义市场经济战略：渐进式改革适合国情

建立社会主义市场经济基本框架的设想*

（1993年10月）

中国实行改革开放政策十多年来，经济发展充满了向上的活力。自1979年到1992年，中国的国民生产总值平均年增长率为8%，经过1989—1991年的调整，1992年重新步入高速增长阶段，国民生产总值年增长速度达到12.8%，1993年上半年的增长率又达到13.9%，其中工业总产值的增长速度已经连续12个月保持在20%以上。总的来说，我国经济形势的发展势头仍然强劲，据估计，1993年的经济增长率仍有可能达到13%左右。

但在经济高速发展的同时，也伴生着一些值得注意、需要解决的问题，突出表现在如下几个方面。

1. 固定资产投资规模过大。1993年上半年全社会固定资产投资总额比1992年同期增长61%，即使扣除物价上涨因素实际仍增长34%。固定资产投资结构也不甚合理，小型分散的项目太多，重复建设的加工工业太多。

2. 经济发展所需的基础设施的支撑能力明显不足。1992年以来，铁路货运满足率不到60%，1993年上半年铁路通过能力只能满足需求的40%。同时，原材料、能源供求缺口较大。

3. 金融秩序比较混乱，货币投放量过多，乱拆借、乱集资的

---

* 1993年10月在北京一次关于社会主义市场经济问题的国际研讨会上的讲
话，原载《江苏经济探讨》1993年第11期。

现象普遍存在。房地产、开发区及股票证券市场明显过热，又积淀了大量资金。

以上这些问题集中地在物价上涨过快中反映出来。1993年上半年，全国居民生活费用指数比1992年同期上涨12.5%，其中35个大中城市则高达17.4%；生产资料价格更是大幅度上扬，上半年其总水平比1992年同期增长约30%～40%，近几年积累起来的潜在通胀压力，开始释放并显现出来。正是在这种背景下，我国政府自1993年6月下旬开始，从整顿金融秩序、严肃金融纪律入手，采取了包括提高利率在内的一系列强化宏观调控的措施，其目的是防止国民经济发展出现大的波动，保持国民经济稳定、协调的发展，从而为深化改革提供更加有利的环境。两个多月来宏观调控措施已初见成效。但我们应该认识到，当前我国经济生活中的矛盾和问题，根源于"体制瓶颈"。也就是说，我国虽然经过15年的改革与发展，并且在1992年中共十四大提出了建立社会主义市场经济体制的目标，但到现在旧体制仅仅是已被初步打破，旧体制的弊端并没有完全消除，新体制尚在逐渐建立之中，还未能充分发挥作用，新旧体制并行并且不断地发生冲突和摩擦，某些方面改革的"滞后"，已经影响了经济的正常运行。因此，解决矛盾和问题的唯一出路就是要不失时机地推进改革，加快建立社会主义市场经济体制。如何设计和建立社会主义市场经济基本框架，我国理论界和政府有关方面都在研究。我以为比较重要的有以下几点：

第一，进行企业制度创新。我国传统的企业制度是高度集中的计划经济的产物。在十几年的改革过程中，企业在扩权让利的政策调整中获得了某些自主权，而没有触动传统企业制度本身。加快建立市场经济体制，首先碰到的是如何加快培育市场主体即能够自主决策、自主经营和自负盈亏的企业问题，而我国传统的企业制度则集中表现为组织形式非法人化和国有产权虚空化。事实一再证明，要想使企业经营机制发生根本性变化，就必须理顺产权关系，建立适应社会主义市场经济体制要求的现代企业制度。也就是说，我们应把企业改革的重心从放权让利为主的政策调整转向企业制度的创新。进行企业制度创新的基本思路就是建立真正的企业法人制度，使企业对其经营的资产拥有法人所有权，完成现代意义上的所有权与经营权的分离，在此基础上真正实行自主经营、自负盈亏。现代公司是典型的法人企业。根据我国的实际，多数企业应改组为有限责任公司，少数具有条件的可成立股份有限公司，股票上市的公司更要严格限制。对于目前没有条件实行股份制的企业，也要重新构筑经营机制，实行政企分开。企业改制的过程就是产权重组的过程。在这个变革过程中，必将使我们在所有制关系的认识上有所深化，有所突破，其中之一是，公有制为主体并不意味着国有制为主体；其二是，公有制的主体地位和国有制的主导地位应是在竞争中形成的；其三是，各种所有制形式的资产互相融合，互相渗透，财产混合所有的经济单位越来越多，企业很难再按所有制形式划分，要改变按所有制性质制定不同政策的状况；其四是，国家对企业的控股比例不一定要硬性规定，可按不同产业和股权分散程度，区别处理。

第二，发展市场体系，规范市场秩序。经过十几年的改革开放，我国的商品市场已有了一定的发展基础，但生产要素市场的发育滞后状况在严重制约着商品市场的进一步发展。目前我国的生产要素市场总体来讲还处于萌芽状态，我们应在完善商品市场的同时，重点加快包括资本、劳动力、土地、技术、信息等在内的要素市场的改革和形成，其中主要是：

发展和完善金融市场。与投资体制的改革相匹配，资本市场要采取多样化的融资方式，以银行融资为主，积极稳妥地发展债券股票融资。规范股票的发行和上市，并在加快企业股份制改造的基础上逐步扩大规模。货币市场要发展全国统一的拆借市场，

左侧竖排：

刘国光

经济论著全集

第
11
卷

开展票据贴现和抵押贷款业务。

加速劳动力市场的形成。我国劳动力丰富是一种资源优势，同时也存在着就业的压力。但到目前为止，劳动力市场因为国家包就业的做法基本未变而举步不前。因此，在推动劳动力市场的形成中，国家要放弃作为用工主体和分配主体的特殊身份，逐步从工资分配的主体中退出来，为企业和职工双向选择创造条件，形成合理流动的就业机制和多种形式的劳动力市场。

在城市土地市场的培育中，进一步改革城市土地产权制度，建立起土地使用价格的市场形成机制，规范国家取得土地收益的形式。

在价格改革方面，现在大部分商品价格已经放开，但少数生产资料价格双轨制仍然存在，生产要素价格的市场化进程才刚刚开始。深化价格改革的主要任务是继续放开竞争性商品和服务价格，加速生产要素价格市场化进程，建立和完善少数关系国计民生的重要商品的储备制度，平抑市场价格。

第三，转换政府职能，改进宏观调控。目前，我国经济体制从整体上来说还处在从计划经济向市场经济过渡的状态中。同时，在经济发展上面临着加快实现现代化的任务。这种情况下，政府对经济的调控职能显然比其他市场经济国家的作用应更大一些。但政府对经济的管理，应从直接行政管理为主转向间接的宏观调控为主，为经济发展创造良好环境。与此相应要大力精简政府机构，转变政府职能。我国地广人众，在中央与地方的关系方面，应提倡发挥地方优势，形成合理分工基础上的国内统一市场，不宜提出宏观经济分级调控的改革思路，以防形成"诸侯经济"。但应当承认和充分尊重地方利益，调动地方发展经济的积极性。

在财政税收体制改革方面，近期改革的重点：一是把现行地方财政包干制改革为在合理划分中央与地方事权基础上的分税制；二是改革和完善税收制度，统一企业所得税和个人所得税，推行以增值税为主体的流转税制度；三是改进和规范复式预算制度，复式预算由政府公共预算、国有资产经营预算和社会保障预算组成。

在金融体制改革方面，最近在加强宏观调控的过程中，强调要用改革的办法整顿金融秩序，为经济发展创造良好的货币环境。为此确定了几条金融改革的目标和措施，其中主要有以下几点：一是把现在的中国人民银行改造为真正的中央银行，在国家领导下独立执行货币政策，保持货币的稳定；二是建立政策性银行，实现政策性融资与商业性融资的分离，解决现有国家专业银行身兼政策性与商业性业务两种任务的问题；三是把现有的专业银行逐步转变为真正的商业银行，实现企业化经营；四是改革利率汇率形成和管理体制，逐步走向市场化。在汇率方面，取消固定牌价汇率，建立以市场为基础的有管理的人民币浮动汇率制度。

上述建立现代企业制度、培育和完善市场体系、转变政府职能和建立间接宏观调控体系的改革，是建立社会主义市场经济体制框架的核心部分。当然，劳动工资的改革和社会保障制度的建立，农村经济体制和对外经济开放体制的进一步深化改革，以及加强法律制度的建设等方面，也是建立社会主义市场经济体制的有机组成部分，需要全面规划，互相配套，有步骤有重点地进行。

我国经济运行的现状和国际政治经济环境的变化，迫切要求我们加快改革步伐。为了积极推进改革，近期内要在建立社会主义市场经济体制的关键环节和有利于强化宏观调控、整顿经济秩序的改革方面，取得突破性进展，目前要紧紧抓住建立现代企业制度和金融、财税、投资体制等重点领域的改革，采取实际步骤，取得新的更大的突破，力争在20世纪内剩余的7年时间里，能够初步建立社会主义市场经济体制，在此基础上，再用10年至20年的时间，使新经济体制逐步成熟，更加成形，促进我国经济社会发展三步战略的全面实现，在中华人民共和国成立一百周年之际，即2050年前后，进入中等发达国家的行列，从而为整个人类社会的文明与进步做出新的贡献。

建立社会主义市场经济基本框架的设想

中国经济成长的估计和
经济改革的展望*

（1993年11月）

一、中国经济成长的估计

（一）中国的经济波动

1. 中华人民共和国成立40多年来，经济发展虽然屡经曲折，但仍取得瞩目的成绩，特别是1979年实行改革开放政策后，经济活力增强，发展速度加快。按MPS体系统计的国民收入的年平均增长率，1953—1978年为6%，1979—1992年为8.8%；工业总产值的年平均增长率，1953—1978年为11.4%，1979—1992年为13.2%。在中国，GNP指标的统计始于1978年。GNP的年平均增长率，1979—1992年为9%。

中国经济的成长是在波动中实现的。从1953年到现在，以国民收入、工业总产值、固定资产投资等主要经济指标的年增长率综合来考察，将每一次扩张和收缩算作一个周期，并将两年以下的小波动合并计算，那么，共经历了9次周期波动（见附表1）。大体上平均每5年一个周期。1991年进入第9个周期。到1993年6月，工业总产值的增长率达到高峰，从7月起，开始温和地回落。与上年同月相比的工业总产值增长率，6月为30.2%，7月为

★ 为日本亚洲经济研究所邀请讲学（1993年11月21—26日）准备的文稿。写作过程中得到刘树成协助提供素材。

25.1%，8月为23.4%，9月为19.1%。这表明，中央政府最近所采取的宏观调控措施正在取得成效。预计1993年全年GDP增长为13%左右，工业总产值增长率在20%以上。预计1994年GDP增长率回落到10%左右，工业总产值增长率回落到16%左右。

2. 1979年后，中国经济的波动发生了一些深刻的变化，主要表现如下几个方面。

（1）在波动的振幅方面，由过去大起大落式的强幅剧烈波动，转向较为平缓的波动（见附图1）。这表明，经济成长在一定程度上增强了平稳性。以前，在波动最为剧烈的第2个周期内（1958—1962年），国民收入年增长率的峰顶与谷底的落差高达51.7个百分点；而在改革后经历的第8个周期内（1987—1990年），国民收入年增长率高峰低谷的落差仅为7.6个百分点。

（2）在波动的性质方面，由过去以古典型波动为主，转向以增长型波动为主。国民收入、工业总产值、GNP等主要经济指标，在扩张期保持较高的年增长率的同时，在收缩期没有再出现负增长，即没再出现绝对量的下降，而表现为增长率的减缓。这表明，经济发展比过去更具有了增长力和抗衰退力。

之所以发生上述变化，与市场取向的改革所带来的经济运行中一系列结构性变化密切相关。比如，由过去国家统一计划价格向市场调节价格的过渡，使价格信号在经济波动中发挥了作用，从而有助于熨平波动，增强经济成长的平稳性。又如，工业生产由过去以国有企业为主，转变为国有企业与集体企业、个体企业、三资企业等各种非国有企业并存；而且，非国有企业工业产值占全部工业总产值的比重，以可比价格计算，已由1979年的20.2%，上升到1991年的53.1%（见附表2）。在我国工业生产的增长与波动中，非国有企业已成为主要增长源和主导波（见附图2）。非国有企业受行政力量干预少，对市场供求变化反应灵敏，在扩张期比国有企业增长力强，在低谷期又比国有企业更具有活力，这就增强了整个国民经济的增长力和抗衰退力。

（二）中长期经济成长预测

1. 三步走的战略步骤。在中国现代化建设的战略步骤上，中央政府提出了分三步走的部署：

第一步，1980—1990年，GNP翻一番，人民生活解决温饱问题。这一步已完成。

第二步，1991—2000年，GNP再翻一番，人民生活达到小康水平。

第三步，2001—2050年，人均GNP达到中等发达国家水平，人民生活比较富裕，基本实现现代化。

下面，我主要介绍一下中国社会科学院经济预测研究课题组对1991—2000年、2001—2010年、2011—2020年这未来三个10年的经济成长的一些分析和预测。

2. 今后30年，中国经济仍将保持较高增长的势头。从20世纪80年代初开始，中国经济进入了较高增长阶段。今后30年，预计将继续保持较高增长势头，这主要有以下几方面原因：

（1）中国政治、社会稳定是经济高速发展的重要前提和保证。党和政府制定的建设有中国特色的社会主义的基本路线和改革开放等政策，已深入人心，得到广大人民的支持。这些大的方针政策，今后是不会改变的。同时，随着经济成长，综合国力不断增强，人民生活水平不断提高，也为政治、社会稳定提供了物质基础。

（2）社会主义市场经济新体制逐步确立和完善，改革开放效应进一步释放，将为经济成长带来一种持久的、内在的推动力。经济高速增长的地区带，将由东南沿海扩大到整个沿海，再进一步扩大到沿江（长江）、沿河（黄河）、沿线（京九铁路线等）以及沿边。中国地域辽阔，若干高速增长地区带的不断兴起和梯度推移，将使整个经济保持较长时期的快速增长。

（3）国内市场庞大。中国人口众多，随着城乡居民收入和消费水平的提高，特别是随着农村工业化和都市化的发展，中国将形成世界上最大的国内市场，为经济的长期增长创造需求条件。

（4）投资的增加。从生产能力的供给角度看，今后20年内，估计国民收入中的积累率可保持在33%左右，2011—2020年可保持在30%左右。GNP中的固定资产投资率，今后20年内可保持在26%左右，2011—2020年可保持在23%左右。投资的大规模增加（1980—1992年投资率见附表3），既是今后经济长期高速增长的需求推动力，又是重要的物质供给条件。投资的来源除国家直接投资和企业自筹之外，将主要依靠金融市场。国外投资也是一个重要来源。银行资金来源将主要依靠居民储蓄。城镇储蓄存款占银行资金来源总额的比重，从1978年的9%上升到1992年的36%（见附表4）。这一比重今后还将继续上升，到2000年预计达50%左右。

（5）劳动力的增加。在20世纪60年代出生率高峰时期出生的一代人，今后30年内还没有到退休年龄；同时，80年代后期90年代初期潜在出生高峰时期所出生的一代人，今后30年内正值青壮年。所以，今后30年社会劳动力的增长将快于总人口的增长。此外，大量农业劳动力转移到其他产业，也为经济的长期增长创造了劳动力供给条件。

3. 今后三个10年的经济成长预测：

（1）第一个10年（1991—2000年）。预计GDP增长率为9%。到2000年，以1990年不变价格（下同）计算，GDP总量为41 857亿元人民币。这期间，人口自然增长率为1.1%；到2000年，人口总数为13.009 6亿，人均GDP为3283元人民币（见附表5）。

（2）第二个10年（2001—2010年）。预计GDP增长率为7.5%。到2010年，GDP总量为86 269亿元人民币。这期间，人口自然增长率为0.7%；到2010年，人口总数为14.657 8亿，人均GDP为6311元人民币。

（3）第三个10年（2011—2020年）。预计GDP增长率为6.8%。到2020年，GDP总量为166 559亿元人民币。这期间，人口自然增长率为0.4%；到2020年，人口总数为15.254 8亿，人均GDP为10 918元人民币。

GDP 30年的平均增长速度将为7.8%。经济增长速度在三个10年内的分布为：第一个10年较高，第二个10年稍低，然后趋于平稳。其原因主要有如下几个方面。

（1）资源因素。随着经济发展，资源的开采难度加大，成本上升。这将使资本—产出系数上升，即单位产出所需资本投入量上升。在积累率和固定资产投资率今后20年内基本稳定和2010年后略有下降的情况下，经济增长速度将随资本—产出系数的上升而减缓。

（2）环境因素。环境投资将逐步加大，这有利于治理污染、改善环境；但这部分投资不直接形成生产能力。

（3）消费需求。消费达到一定程度后，将渐趋平稳，这也将使经济增长渐趋平稳。

4. 产业结构。从20世纪50年代初到70年代末，是中国工业现代化的初期。从80年代开始，进入工业现代化中期。根据世界上一些国家工业化的经验，在工业现代化中期将发生一系列社会、经济结构的变化。比如，消费结构的变化，由吃、穿、用为主，转向住、行和精神消费为主；由农业和轻工消费品为主，转向重工消费品为主。再如，社会结构的变化，农村的非农产业的发展和农业劳动力的转移，加速着都市化的进程。这些结构变化必然影响产业结构的变化（见附表6）。

刘国光

经济论著全集

第11卷

第一产业。中国是一个人口大国，农业的稳定发展是整个国民经济高速与稳定发展的基础。今后30年，第一产业至少要保持4%的增长率；但第一产业占GDP的比重趋于下降，预计将由1990年的28.4%，降到2000年的17.7%、2010年的12.8%、2020年的9.8%。

在农业内部，种植业仍是基础，要稳定发展；同时，林、牧、副、渔各业将全面发展。农业要走高产、优质、高效的新路子。随着农业的发展，农村非农产业在今后30年将有一个大发展。

第二产业。2010年之前，工业和建筑业的高速增长是整个国民经济的主要增长源。预计1991—2000年、2001—2010年，第二产业增长率分别为11%和8.1%，均高于同期GDP增长率；2011—2020年，第二产业增长率为6.8%，与同期GDP增长率持平。第二产业占GDP的比重，将由1990年的43.6%，上升到2000年的52.3%、2010年的55.2%，到2020年将稳定于这一比重。

在工业内部，过去，在70年代之前，曾片面发展重工业。1953—1978年，重工业总产值年平均增长率（13.8%）高于轻工业总产值年平均增长率（9.3%）。80年代，轻工业得到补偿性发展，1979—1991年，轻工业总产值年平均增长率（14%）反过来高于重工业的增长（10.6%）。今后，为了缓解交通运输和能源的"瓶颈"制约，为了适应居民消费结构的变化，需要重工业的较快增长。这方面，1992年开始出现转机，重工业增长29%，轻工业增长26%（见附表7）。重工业增长快于轻工业的势头，1993年仍在继续，看来会持续下去，但今后不会像过去那样片面发展重工业，轻、重工业的增长将比较协调。

第三产业。第三产业中的交通运输和基础设施部分，为生产和人民生活服务的部分，以及金融业、房地产业、信息业和文化教育事业等部分，将逐步地有一个较大的发展。预计第三产业增长率，1991—2000年为9.7%，2001—2010年为8.2%，2011—

2020年为7.8%，均高于同期GDP增长率，并逐步高于第二产业增长率。第三产业占GDP的比重呈逐步上升之势，将由1990年的28%，分别上升到2000年的30%、2010年的32%、2020年的35%。这个比重，是按现行统计口径计算的，没考虑各企事业单位内部所办的第三产业；另外，这个比重是按1990年不变价计算的。若今后第三产业统计口径扩大，并以当年价计算比重，那么，到2020年，第三产业比重将超过40%。

5. 积累与消费。改革开放以前，长时期重积累，轻消费。国民收入中的积累率由1953年的23.1%，上升到1978年的36.5%；积累率在年度间波动剧烈。这严重影响了人民生活的提高和改善。这期间，积累额年均增长8.5%，消费额年均增长5.4%，居民消费年均增长4.3%。改革开放后，积累与消费得到协调增长，人民生活得到显著提高和改善。1979—1992年，积累率大体保持在31%—35%这一较高水平上，比较稳定。这期间，积累额与消费额的年均增长率分别为14%和14.8%，二者比较接近；居民消费年均增长8.3%，比1953—1978年高出近1倍。今后，还要走积累与消费双向兼顾，相互协调与促进的路子，在积累率仍保持较高水平的同时（预计1991—2010年为33%，2011—2020年为30%），使人民生活继续得到较大的提高和改善。预计居民消费增长率在1991年之后的三个10年内，分别为6.5%、6.2%和5.9%。

（三）经济成长的制约因素和"瓶颈"对策

1. 未来30年面临的最大问题是人口压力。目前，中国人口为11亿，2000年将为13亿，2010年将为14亿，2020年将达15亿。今后30年，中国经济总量将有一个大发展，甚至位居世界前列，但人均水平仍将很低，与发达国家的差距仍将很大。按1990年不变价人民币计算的人均GDP，预计1990年为1546元，2000年为3283元，2010年为6311元，2020年为10918元。要相应地折成美元，目前按购买力平价尚无一个准确的标准。我们可以用1980年、1990年两种海关汇率的折算作一参考。按1980年汇率，1美元为1.5元人民币，相应的1990年、2000年、2010年、2020年人均GDP分别为1031美元、2189美元、4207美元、7279美元。按1990年汇率，1美元为4.8元人民币，相应的四个年份的人均GDP分别为322美元、684美元、1315美元、2275美元（见附表8）。无论用哪种汇率折算，到2050年人均GDP要达到中等发达国家水平，还需要付出艰辛努力。

2. 自然资源的制约。因为人口多，中国人均耕地面积不及世界平均人均耕地面积的1/3。同时，随着工业化进程，耕地面积还在减少。

淡水资源人均占有量，我国仅为世界平均水平的1/4。人均森林面积，我国仅为世界平均水平的1/10。矿产资源人均拥有量，我国仅居世界第80位。

中国是个大国，对资源需求的总量很大，各种自然资源的人均占有量较低，将对今后中长期经济成长形成一定的制约。

3. 能源"瓶颈"与对策。能源紧张是中国经济高速成长的一个重要"瓶颈"。长期以来，因为能源紧张，我国能源消费弹性系数（能源消费量增长率与GNP增长率之比）很低。20世纪80年代，这一系数仅为0.56。而世界主要国家在经济较快增长时期，能源消费弹性系数均接近或超过了1，比我国高出1倍。

为了解决能源的"瓶颈"制约，有关对策为：一是继续增加能源建设的资金投入，发挥中央政府、地方政府和企业的积极性，广开筹资渠道，并吸引外资投向能源开发。二是降低能耗，大力节能，发展低能耗产业，加快高能耗设备的更新改造。三是引入市场调节与竞争机制，进一步放开能源价格，提高能源生产部门的效率与效益。四是调整能源的进出口结构。

4. 交通运输、邮电通讯等基础设施的"瓶颈"与对策。交通运输，特别是铁路运输的紧张，是中国经济高速成长的又一个重要"瓶颈"。以每万平方公里国土面积占有铁路长度计算的铁路网密度，1990年我国为56公里，远远低于经济发达国家，也低于印度。以每万人占有铁路长度计算的铁路网密度，1990年我国为0.5公里，也低于印度和经济发达国家。在经济高速增长的年份，铁路货运满足需求的比率不到60%~70%。同时，邮电通讯业的落后也成为经济进一步增长的障碍。

解决的对策：一是加强交通运输、邮电通讯建设的资金投入。多渠道、多元化地筹集资金。在加快国家重点工程建设的同时，鼓励地方加强地方铁路、公路、水运、航空、邮电通讯等建设，积极吸引外资的投入。二是引入市场调节与竞争机制，特别是在公路、水运、邮电通讯方面，充分发挥市场调节与竞争的作用。三是积极引进交通运输和邮电通讯新技术。

5. 教育、科技的制约与对策。我国劳动力资源有数量优势，但素质较低。据1990年人口普查，在在业人口总数中，大学本科与专科的比重仅为1.9%，高中与中专的比重为11%，而文盲与半文盲的比重高达17%。教育与科技的落后，同经济高速增长的要求很不适应。今后，经济的增长要越来越多地依靠科技进步因素。大力发展教育和科技事业，是一项重要任务。

有关对策为：一是调动社会各方面积极性，兴办和发展各类教育事业。二是加强科技与生产的结合，促进科技成果商品化，保护知识产权。三是加强重点科技攻关项目的组织，努力开发各种高新技术。

二、中国经济改革的展望

（一）社会主义市场经济体制的模式框架、实施步骤

经过10多年市场取向的改革，中国经济体制已发生了巨大变

化。以公有制为主体的多种经济成分共同发展的格局已经形成，市场在资源配置中的作用迅速扩大，传统的计划经济体制逐步向市场化的新经济体制过渡。1992年10月中共十四大明确提出建立社会主义市场经济体制的改革目标，标志着中国改革开放和现代化建设事业进入了一个新的发展阶段。对于这一改革目标如何具体化、系统化、方案化，这一年多来中国有关领导部门和科研部门都在研究探讨。中国社会科学院不久前也对社会主义市场经济体制提出了一个总体框架设想。

在介绍这个总体框架设想前，有必要对中国讲的"社会主义市场经济"这一概念做点说明。我们在"市场经济"之前加上"社会主义"的定语，主要有三个考虑：一是在多种所有制构成中，保持以公有制为主体。二是在多种收入分配形式中，尽可能注意社会公平。三是在经济运行中政府自觉调节和计划指导的作用，可能要比西方市场经济国家甚至比东亚新兴工业化国家或地区更大一些。当然，"公有制为主"不等于"国有制为主"。我们需要改革公有制包括国有制本身的实现形式，鼓励包括集体、私营和外商在内的非公有制经济的发展。分配公平也不等于平均主义的分配，而是采取市场调节和行政调节相结合的办法，兼顾公平与效率。计划发挥较大的指导作用，也不是过去那样指令性计划控制一切，而是把指令性计划转变为政策性、指导性的计划。因此，中国改革所追求的是建设有中国特色的社会主义市场经济，在经济运行机制上它与现代市场经济是一致的。这也可以说是中国模式的市场经济。

中国社会主义市场经济总体框架的核心内容，主要在以下三个领域。

1. 理顺产权关系，建立现代企业制度。过去十几年，国有企业的改革主要沿着放权让利的路子，企业获得了某些自主权，但始终没有触动产权关系不清、政企职责不分的传统企业制度本身，因而国有企业效率一直不很理想。今后企业改革的重心，将从以放权让利为主要内容的政策调整，转向以理顺产权关系为主要内容的企业制度的创新。基本思路是建立真正的企业法人制度，使企业对其经营的资产拥有法人财产权，在此基础上自主经营、自负盈亏。根据我国的情况，多数国有企业可改组为有限责任公司或股份有限公司，但是股票上市的公司要严格控制。国家对企业的控股比例不一定要硬性规定，可按不同产业和股权分散程度，区别处理。对不具备公司制改组条件的国有企业，也要考虑重新构筑经营机制，实行政企分开。国有小型企业可实行承包经营、租赁经营，或出售给集体或个人经营。对不同所有制企业制定政策和法规，要逐步做到一视同仁，创造公平竞争的条件。

2. 发展市场体系，规范市场秩序。前十几年的改革，主要是培育包括消费品和生产资料在内的商品市场，而生产要素市场尚处于萌芽状态。今后，在继续完善和发展商品市场的同时，重点要加快资本、劳动力和土地等生产要素市场的培育和发展。其中主要是：

（1）发展和完善金融市场。要采取多样化的融资方式，以银行融资为主，积极稳妥地发展债券和股票融资，规范股票的发行和上市，并在加快企业股份制改造的基础上逐步扩大规模。要发展全国统一的资金拆借市场，开展票据贴现和抵押贷款业务，中央银行开办国债买卖业务。

（2）加速劳动力市场的形成。我国劳动力丰富是一种资源优势，同时也带来就业的压力。但到目前为止，劳动力市场因为国家包就业的做法基本未变而难以形成。今后的改革，要使国家放弃作为用工主体和分配主体的特殊身份，逐步从劳动分配和工资分配主体中退出来，为企业和职工双向选择创造条件，形成合理流动的就业机制和多种形式的劳动力市场。

（3）在城市土地市场的培育中，进一步改革城市土地产权制度，建立土地使用权有偿转让和使用权价格形成的市场机制；规范和保护国家的土地收益权。

市场改革的一个中心内容是价格改革。经过十几年的改革，目前80%以上工农业产品的价格已放开由市场调节。但是少数生产资料价格双轨制仍然存在，生产要素价格（如资本利率等）形成的市场化进程刚刚开始。今后价格改革的主要任务是继续放开竞争性商品和服务的价格，加速生产资料双轨制价格并轨和生产要素价格市场化的进程。

3. 转换政府职能，建立有效的宏观调控体系。目前，我国经济体制从整体上来说还处在从计划经济向市场经济过渡的状态中，同时，在经济发展上面临着加快实现现代化的任务。在这种情况下，政府对经济的调控职能显然比其他市场经济国家的作用应更大一些。但政府对经济的管理，应从直接行政管理为主转向间接的宏观调控为主，为经济发展创造良好环境。与此相适应，要大力精简政府机构，转变政府职能。我国地广人众，在中央与地方的关系方面，应提倡发挥地方优势，形成合理分工基础上的国内统一市场，不宜提出宏观经济分级调控的改革思路，以防形成"诸侯经济"。但应当承认和充分尊重地方利益，调动地方发展经济的积极性。

宏观调控体系的改革涉及财税体制、金融体制和投资体制等方面。财税体制方面，今后改革的重点：一是把现行的地方财政包干制，改革为在合理划分中央与地方事权基础上的分税制，逐步提高中央财政收入在国家财政总收入中的比重，实行中央对地方的财政转移支付的制度，增强中央财政的调控能力。二是改革和完善税收制度，统一企业所得税和个人所得税，推行以增值税为主体的流转税制度。三是改进和规范复式预算制度，复式预算由政府公共预算、国有资产经营预算和社会保险预算组成。但对此还有不同意见。

在金融体制方面，最近在加强宏观调控的过程中，强调要用改革的办法整顿金融秩序，为经济发展创造良好的货币环境。为此确定了几条金融改革的目标和措施，其中主要有以下几点：一是把现在的中国人民银行改造为真正的中央银行，在国家领导下独立执行货币政策，保持货币的稳定。二是建立政策性银行，实现政策性融资与商业性融资的分离，解决现有国家专业银行身兼政策性与商业性业务两种任务的问题。三是把现有的专业银行逐步转变为真正的商业银行，实行企业化经营。四是改革利率、汇率形成和管理体制，逐步走向市场化。在汇率方面，取消固定牌价汇率，建立以市场为基础的有管理的人民币浮动汇率制度，使人民币逐步成为可兑换货币。

在投资体制方面，进一步改革由国家包揽的大锅饭投资体制，逐步建立法人投资和银行信贷的风险责任制，分别竞争性项目、国家重大建设项目和社会公益性项目，采取不同的投融资体制。

上述建立现代企业制度、培育和完善市场体系、转变政府职能和完善宏观调控体系的改革，是建立社会主义市场经济体制框架的核心部分。此外还有劳动工资改革、社会保障制度的建立、农村经济体制和对外经济开放体制的进一步深化改革，以及加强法律制度的建设等方面，也是建立社会主义市场经济体制的有机组成部分，需要全面规划，互相配套，有步骤有重点地进行，这里就不多说了。

我国经济运行的现状和国际政治经济环境的变化，迫切要求我们加快改革步伐。结合解决当前经济生活中存在的投资规模过大、通胀压力仍强，以及资金严重短缺、财金秩序仍未理顺等问题，近期的改革要在有利于强化宏观调控、整顿金融秩序方面，以及在建立社会主义市场经济体制的关键环节，取得突破性进展。首先要紧紧抓住金融、财税、投资体制和建立现代企业制度等重点领域的改革，采取实际步骤，取得新的更大的突破，力争在20世纪内剩余的7年时间里，初步建立社会主义市场经济体制，在此基础上，再用10年到20年时间，使新经济体制逐步成熟，更加成形，以促进我国社会经济发展三步走战略的全面实现。

（二）中国经济改革面临的挑战和对策

中国10多年来的改革，采取了渐进的方式，并取得了阶段性的成功。目前确定的改革战略，仍将采取积极渐进的方式，而不搞前苏联和东欧的"休克式"。因为中国地广人众，情况复杂，发展极不平衡，实行渐进式改革是适合中国国情的。

但是，采取渐进式战略决定了我国必然要经历一个由计划经济体制向市场经济体制的过渡时期。在过渡时期中，新旧体制并存必然带来许多摩擦；而体制上的摩擦又同经济发展中的矛盾交错在一起，使中国经济在转变过程中面临许多挑战。主要的问题举例如下：

1. 随着权力下放，中央政府经济调控权限大大削弱，形成地方诸侯经济的问题。

2. 地区发展不平衡，导致沿海与内地、东部地区与西部地区经济发展水平差距扩大，带来一些社会经济问题。

3. 农村劳动力大量涌现，给改革和发展造成巨大压力问题。

4. 不同行业职业、不同经济成分、不同单位人员收入水平差距扩大，带来社会心理失衡的问题。

5. 国有经济不断萎缩的问题。

6. 瞻望进入GATT后，某些国内产业将面临竞争压力的问题。

7. 反复出现的经济过热与通货膨胀的问题。

8. 对外开放在引进先进积极的东西的同时，也引进许多消极腐朽的东西，如色情、吸毒、暴力等现象，如何对待的问题，等等。

对于上述中国经济面临的挑战和问题，必须研究采取相应的对策，才能保证改革开放和现代化建设的顺利进行，并不断取得成功。前面简要介绍的改革框架设想中，已涉及解决某些问题的方向与措施。例如，用分税制代替财政包干，来调整中央与地方的关系；用建立现代企业制度来提高国有企业的效率和活力；用建立健全的宏观调控体系，来防止经济过热、缓解通货膨胀、保证经济的稳定发展；等等。剩下几个问题，下面补充说说。

1. 关于沿海与内地发展差距扩大问题。考虑应该通过加速内地发展和扩大内地对外开放的程度来解决。这需要政府在沿海内地之间、东部西部之间，进行大量的基础设施的建设，如铁路、公路、通讯等；还要放宽外资在内地投资的政策，不仅吸引内资，而且吸引外资来加强内地的资源开发和经济发展。

2. 关于不同行业、职业、成分、单位人员收入差距扩大问题。这个问题如同地区经济水平差距扩大一样，都是市场经济发展的最初阶段不可避免的现象，问题在于如何缩小收入差距，这要通过建立合理的工资制度和个人所得税制度来解决。

3. 关于农村大量剩余劳动力的就业出路问题。主要的解决途径是继续大力发展乡镇企业，广泛在农村地区建立小城镇，在发展技术密集、资本密集产业的同时还要发展劳动密集型产业和第三产业，以吸收农业剩余劳动力。特别要扶持中部、西部地区乡镇企业的发展。农村劳动力由农业转向非农产业，有一个提高劳动力的素质问题，这要通过提高农村教育水平和广泛建立劳动就业培训体系来解决。

4. 关于进入GATT后，国内产业面临的竞争问题。中国工业发展有工资水平低的优势，但不少产品的质量也比较低，导致竞争力不足。加入GATT后，会对国内企业产生一定压力，促使它们提高技术水平和产品质量，加强竞争能力，这对消费者有百利而无一害。降低关税，进口会增加，同时国内物价也会因供给增多而下降，这对增加出口也有利，关键是要做到国际收支平衡。保持外资顺利进入，有助于保证国际收支平衡。中国是发展中国家，对幼稚工业进行某些保护是必要的，但不能过分，否则其技术水平和竞争能力难以提高，产品成本难以降低，对经济发展反而不利。

5. 关于如何抵制市场经济中发生的社会不良现象问题。对于色情、吸毒、暴力等丑恶现象，要看到这也是发展中不可避免的，问题在于要采取有效的手段来与之不懈地斗争。一方面，要通过加强教育，来提高人民大众特别是青少年的素质，使他们能自觉地抵制这些消极东西；另一方面，要加强法制，详细制定并严格执行法律法规，坚决打击社会丑恶现象。这里的一个关键还在于政府要防止自身的腐败，只要做到这一点，其他都可以做到。中国正在朝这个方向努力。在改革开放中提出坚持"两手抓"的方针，正是为了解决这方面的问题。

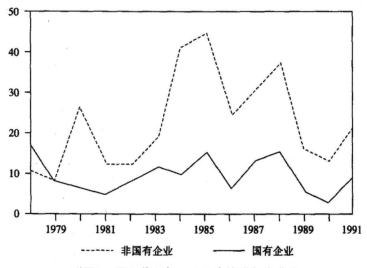

附图1　国民收入与工业总产值增长率曲线

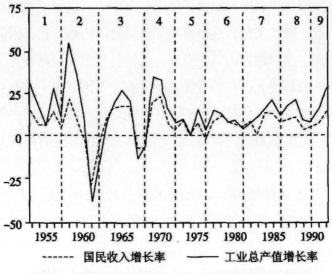

附图2　非国有企业与国有企业工业产值增长率曲线

附表1　国民收入增长率、工业总产值增长率、GNP增长率的波动

周期序号	年份	国民收入增长率 （%）	工业总产值增长率 （%）	GNP增长率 （%）
1	1953	14.0	30.3	
	1954	5.8	16.3	
	1955	6.4	5.6	
	1956	14.1	28.1	
	1957	4.5	11.5	
2	1958	22.0	54.8	
	1959	8.2	36.1	
	1960	−1.4	11.2	
	1961	−29.7	−38.2	
	1962	−6.5	−16.6	
3	1963	10.7	8.5	
	1964	16. 5	19. 6	
	1965	17. 0	26. 4	
	1966	17. 0	20. 9	
	1967	−7.2	−13.8	
	1968	−6.5	−5.0	

周期序号	年份	国民收入增长率（%）	工业总产值增长率（%）	GNP增长率（%）
4	1969	19.3	34.3	
	1970	23.3	32.6	
	1971	7.0	14.7	
	1972	2.9	6.9	
5	1973	8.3	9.5	
	1974	1.1	0.6	
	1975	8.3	15.5	
	1976	−2.7	2.4	
6	1977	7.8	14.6	
	1978	12.3	13.5	11.7
	1979	7.7	8.8	7.6
	1980	6.4	9.3	7.9
	1981	4.9	4.3	4.4
7	1982	8.2	7.8	8.8
	1983	10.0	11.2	10.4
	1984	13.6	16.3	14.7
	1985	13.5	21.4	12.8
	1986	7.7	11.7	8.1
8	1987	10.2	17.7	10.9
	1988	11.3	20.8	11.3
	1989	3.7	8.5	4.4
	1990	5.1	7.8	4.1
9	1991	7.6	14.8	7.7
	1992	14.4	27.5	13.0

注：GNP统计始于1978年。

数据来源：《中国统计年鉴》，中国统计出版社1993年版。

附表2　非国有工业企业与国有工业企业的比较

年份	非国有企业工业产值占工业总产值的比重（%）	国有企业工业产值占工业总产值的比重（%）	非国有企业工业产值增长率（%）	国有企业工业产值增长率（%）
1952	58 5	41.5	—	57.05
1953	57.0	43.0	26.86	34.92
1954	52.9	47.1	7.92	27.29

年份	非国有企业工业产值占工业总产值的比重（%）	国有企业工业产值占工业总产值的比重（%）	非国有企业工业产值增长率（%）	国有企业工业产值增长率（%）
1955	48.7	51.3	−2.73	14.90
1956	45.5	54.5	19.64	36.39
1957	46.2	53.8	13.32	9.82
1958	9.7	90.3	−67.61	160.10
1959	10.3	89.7	45.01	35.20
1960	8.2	91.8	−11.18	13.76
1961	10.4	89.6	−22.28	−39.65
1962	11.1	88.9	−10.79	−17.26
1963	9.5	90.5	−6.64	10.33
1964	9.3	90.7	16.90	19.94
1965	8.8	91.2	19.04	27.10
1966	8.7	91.3	19.41	21.11
1967	10.4	89.6	3.49	−15.44
1968	10.4	89.6	−4.79	−5.07
1969	10.1	89.9	30.51	34.72
1970	11.2	88.8	47.14	30.96
1971	11.8	88.2	19.89	14.02
1972	12.8	87.2	16.57	5.59
1973	13.7	86.3	16.96	8.38
1974	15.4	84.6	12.77	−1.32
1975	16.7	83.3	25.30	13.71
1976	19.5	80.5	20.20	−1.11
1977	20.7	79.1	22.42	12.70
1978	20.3	79.7	10.18	14.44
1979	20.2	79.8	8.53	8.88
1980	22.9	77.1	23.72	5.61
1981	24.2	75.8	10.22	2.53
1982	24.7	75.3	10.23	7.05
1983	25.9	74.1	16.67	9.39
1984	30.6	69.4	37.29	8.92
1985	35.5	64.5	40.53	12.94
1986	38.6	61.4	21.66	6.18
1987	42.0	58.0	27.84	11.30
1988	45.9	54.1	32.10	12.61
1989	48.2	51.8	14.06	3.86

年份	非国有企业工业产值占工业总产值的比重（%）	国有企业工业产值占工业总产值的比重（%）	非国有企业工业产值增长率（%）	国有企业工业产值增长率（%）
1990	50.5	49.5	12.91	2.96
1991	53.1	46.9	20.30	8.62

注：1980年后，非国有企业工业产值增长率均高于国有企业。1952—1957年、1980—1991年，非国有企业包括集体企业、城乡个体企业、各种联营企业、三资企业等。1958—1979年，非国有企业仅包括集体企业。

资料来源：《中国统计年鉴》，中国统计出版社1993年版。

附表3　投资率

年份	GNP（人民币）（亿元）	投资（人民币）（亿元）	固定资产投资（人民币）（亿元）	存货投资（人民币）（亿元）	投资率（%）
1980	4470.0	1182.85	910.85	272	26.5
1981	4773.0	1289.01	961.01	328	27.0
1982	5193.0	1497.40	1230.40	267	28.8
1983	5809.0	1726.06	1430.06	296	29.7
1984	6962.0	2175.87	1832.87	343	31.3
1985	8557.6	3288.19	2543.19	745	38.4
1986	9696.3	3767.62	3019.62	748	38.9
1987	11 301.0	4220.86	3640.86	580	37.3
1988	14 068.2	5367.54	4496.54	871	38.2
1989	15 993.3	5893.73	4137.73	1756	36.9
1990	17 695.3	6161.29	4449.29	1712	34.8
1991	20 236.3	7085.80	5508.80	1577	35.0
1992	24 036.2	9037.98	7854.98	1183	37.6
1980—1992平均					37.0

资料来源：《中国统计年鉴》，中国统计出版社1993年版。

中国经济成长的估计和经济改革的展望

年份	国家银行资金来源（人民币）（亿元）	城镇居民储蓄存款（人民币）（亿元）	城镇居民储蓄占银行资金来源的比重（%）	国家银行资金来源与农村信用社资金来源合计（人民币）（亿元）	城乡居民储蓄存款（人民币）（亿元）	城乡居民储蓄存款占银行与信用社资金来源的比重(%)
1979	2162.60	202.56	9.4	2378.50	281.0	11.8
1980	2624.26	282.49	10.8	2896.56	399.5	13.8
1981	3047.86	354.14	11.6	3367.46	523.7	15.6
1982	3415.24	447.33	13.1	3805.14	675.4	17.7
1983	3966.04	572.58	14.4	4453.44	892.5	20.0
1984	5079.51	776.62	15.3	5704.41	1214.7	21.3
1985	6430.87	1057.81	16.4	7155.77	1622.6	22.7
1986	8205.97	1471.45	17.9	9168.27	2237.6	24.4
1987	9976.17	2064.30	20.7	11 201.37	3073.3	27.4
1988	11 541.25	2659.16	23.0	12 941.05	3801.5	29.4
1989	13 617.90	3734.80	27.4	15 287.40	5146.9	33.7
1990	16 837.88	5192.58	30.8	18 982.78	7034.2	37.1
1991	20 613.90	6790.33	32.9	23 323.40	9110.3	39.1
1992	24 269.06	8678.08	35.8	27 746.76	11 545.4	41.6

数据来源：《中国统计年鉴》，中国统计出版社1993年版。

附表5　1990—2020年GDP预测值

项目 ＼ 年份	1990	2000	2010	2020
GDP增长率（%）	（1981—1990） 8.9	（1991—2000） 9.0	（2001—2010） 7.5	（2011—2020） 6.8
GDP（人民币，亿元）	17 681	41 857	86 269	166 559
人口（亿人）	11.433 3	13.009 6	14.657 8	15.254 8
人均GDP（人民币，元）	1546	3283	6311	10918

注：中国社会科学院经济预测研究课题组计算。

附表6　第一、二、三产业结构

项目 \ 年份		1990	2000	2010	2020
第一产业	增长率（%）	（1981—1990） 6.2	（1991—2000） 4.0	（2001—2010） 4.0	（2011—2020） 4.0
	绝对额（人民币，亿元）	5017	7426	10 992	16 271
	比重（%）	28.4	17.7	12.8	9.8
第二产业	增长率（%）	（1981—1990） 9.5	（1991—2000） 11.0	（2001—2010） 8.1	（2011—2020） 6.8
	绝对额（人民币，亿元）	7717	21 912	47 671	92 038
	比重（%）	43.6	52.6	55.2	55.2
第三产业	增长率（%）	（1981—1990） 10.9	（1991—2000） 9.7	（2001—2010） 8.2	（2011—2020） 7.8
	绝对额（人民币，亿元）	4947	12 519	27 606	58 250
	比重（%）	28.0	30.0	32.0	35.0

注：中国社会科学院经济预测研究课题组计算。

附表7　轻、重工业总产值增长率

年份	轻工业（%）	重工业（%）	年份	轻工业（%）	重工业（%）
1952	23.5	43.5	1960	−9.8	25.9
1953	26.7	36.9	1961	−21.6	−46.5
1954	14.3	19.8	1962	−8.4	−22.6
1955	0.0	14.5	1963	2.3	13.8
1956	19.7	39.7	1964	17.8	21.0
1957	5.7	18.4	1965	47.7	10.2
1958	33.7	78.8	1966	14.5	27.5
1959	22.0	48.1	1967	−7.1	−20.0

年份	轻工业（%）	重工业（%）	年份	轻工业（%）	重工业（%）
1968	−4.8	−5.1	1981	14.3	−4.5
1969	25.0	44.1	1982	5.8	9.9
1970	19.9	44.3	1983	9.3	13.1
1971	6.4	21.1	1984	16.1	16.5
1972	6.5	7.1	1985	22.7	20.2
1973	10.5	8.7	1986	13.1	10.2
1974	3.1	−1.2	1987	18.6	16.7
1975	13.2	17.2	1988	22.1	19.4
1976	3.6	1.6	1989	8.2	8.9
1977	14.5	14.7	1990	9.2	6.2
1978	10.9	15.6	1991	15.0	14.5
1979	10.0	8.0	1992	26.1	29.0
1980	18.9	1.9			

数据来源：《中国统计年鉴》，中国统计出版社1993年版。

附表8　1990—2020年GDP预测值换算为美元

项目	汇率	1990年	2000年	2010年	2020年
GDP（美元，亿元）	按1980年汇率（1美元=1.5元人民币）	11 787	27 905	57 513	111 039
	按1990年汇率（1美元=4.8元人民币）	3684	8720	17 973	34 700
人均GDP（美元，元）	按1980年汇率（1美元=1.5元人民币）	1013	2189	4207	7279
	按1990年汇率（1美元=4.8元人民币）	322	684	1315	2275

注：中国社会科学院经济预测研究课题组计算。

企业改革重在建立公司法人制度*

——《中华工商时报》记者专访

（1993年11月8日）

记者（才貌）： 您对十多年来国有企业的改革做何评价？

刘国光： 十几年来，我们对国有企业改革是十分重视的，国有企业改革始终处于我国经济体制改革的中心地位。沿着扩大企业经营自主权的方向，应该说国有企业的改革取得了一定的进展。但同时我们又不得不承认，迄今为止的改革措施，基本上是"扩权让利"思路的产物，还没有触动传统企业制度本身。政企不分、产权模糊、企业缺乏自主权、企业自我约束机制不健全、企业收入分配平均化等问题始终未能得到根本解决，以致企业活力仍显不足，企业行为缺乏规范，企业经济效益仍不理想。回顾十几年的企业改革历程，我们可以得出这样一个结论：不解决企业产权问题，不对企业制度创新，就不可能真正实现政企分开，企业经营机制也不可能发生根本性转变。

记者： 那么，怎样进行企业制度创新呢？

刘国光： 现在经济理论界逐渐形成了一种共识：进行企业制度创新的基本思路是建立规范的公司法人制度。公司法人制度是一种现代企业制度，我认为其最主要特征和进步意义在于：其一，产权明晰。实现出资人的终极所有权与企业的法人财产权分离，使企业成为真正的法人实体和市场竞争主体。其二，权责明

---

* 原载《中华工商时报》。

确。企业以其全部法人财产自主经营、自负盈亏，独立行使民事权利，承担民事责任，成为真正独立的商品生产者和经营者。其三，通过股东会、董事会、执行管理部门和监事会等公司治理机构的设置和运作，形成所有者、法人代表、经营者和职工集体之间相互制衡的内部约束机制。其四，产生了合理的资源配置机制，有利于社会资源的配置按照社会效益不断调整，在竞争中实现优胜劣汰。总的来看，规范的公司法人制度，有助于从根本上消除政企不分，理顺国有资产的产权关系，实现国有企业的机制转换，促进社会化大生产的发展。

记者：请您谈谈建立现代企业制度——公司法人制度的具体形式。

刘国光：现代企业制度的典型形式是有限责任公司和股份有限公司。有限责任公司的股东较少，操作较为方便，改革成本较低。所以我主张，目前多数国有大中型企业应先改组为有限责任公司，俟条件具备时再向股份有限公司过渡。由于股份有限公司的股票可以上市，对社会的影响大，所以要严格进行资格审定；从国外的经验来看，恐怕只有少数经营管理得好的大型企业才能采用这种形式，而多数企业只能采用有限责任公司的形式。由此看来，近一个时期不少企业都想改成股票上市的公司，是不妥当的。当前企业股份制改造的重点，应当是力促企业资产股权化，真正转换企业经营机制，而不应强调通过股份制改造来扩充企业资本。

记者：针对我国不同的行业和企业，请您谈谈进行股份制改造的具体设想。

刘国光：总的来看，国有企业可以采取存量折股、增量扩股以及合资合营等方式，改组为多个股东持股的公司；而国有股所占份额，可按不同产业、股权分布状况和金融市场情势，区别处理，灵活运作。具体而言，第一，对于涉及国家安全、尖端技术、特殊产品的企业，一般采用国有全资独股，实行公司化的经营管理方式；改组为国有全资的有限责任公司，不设股东会，由受托对企业国有资产进行经营管理和监督的有关机构派出代表对企业国有资产的保值增值进行监督。第二，对基础产业、支柱产业中的骨干企业，国有全资公司可以逐步转为国家控股公司，以吸收更多的社会资金投入重点产业；国家控股的具体比例应视企业在国民经济中的地位和股权的分散程度而定。第三，对一般竞争性行业的企业，国家可以不控股，只参股，并根据金融形势和财政状况，进行市场运作，以搞活国有股权，保证国有资产的保值增值。

这里我想说明的是，对于一时不具备公司制改组条件的企业，可继续执行《企业法》和《全民所有制工业企业转换经营机制条例》，并积极为公司制改组创造条件。对于一般小型国有企业，可以改组为股份合作制或承包、租赁经营或出售给集体、个人经营。

记者： 在您看来，建立现代企业制度应该注意什么问题？

刘国光： 我认为，国有企业改组为现代法人企业，必须强化国有资产的管理。要把政府的社会经济管理职能和国有资产所有者职能分开，建立专司国有资产所有权职能的管理机构，改变国有资产多头管理、实际无人负责的局面。现有的全国性行业总公司，要逐步改组为若干企业集团公司和国有资产经营公司。现在，国有资产流失严重，在改组过程中更要采取有效措施，严加监管，从各方面堵塞漏洞，确保国有资产不受侵犯。

中国式市场经济的伟大创造[*]

——上海《文汇报》记者专访

（1993年11月19日）

记者（周锦尉）： 您一直潜心研究中国经济体制改革中的理论问题，提出过不少有价值的观点和意见，这次十四届三中全会通过《关于建立社会主义市场经济体制若干问题的决定》（以下简称《决定》），您对它的意义如何估价？

刘国光： 改革的15年，是中国社会主义经济史上搞得最活跃、发展最快的时期。中国经济改革从一开始就是一种"市场取向的改革"，只是在不同阶段推进市场化的进度不同。从这10余年的进程看，大致是三步推进：1984年以前改革的主战场是农村，目标是把农民推向市场，让农业和乡镇企业实行市场化、自主经营，这是第一步。第二步，1984年展开城市经济改革以后，改革的辐射面扩大，但重点是非国有制经济市场化，大力发展个体、私人和三资企业，把集体和私有制企业推向市场，而这一步中以承包为特征的国有企业改革还属于传统制度内的改革。第三步，从1991年第四季度开始，提出把国有企业特别是大中型企业推向市场的方针，成为改革的主要议题。

关于社会主义能否搞市场经济，认识上一直有波折，邓小平同志1992年年初南方谈话和十四大报告总结了改革的经验，提出了中国经济体制改革的方向和目标，是建立和完善社会主义市

---

* 原载《文汇报》。

场经济体制，这就消除了在计划与市场关系上的很多模糊和错误认识，打消了人们的疑虑。可以说，十四大明确了改革的目标，而要进一步将改革目标具体化，还要进行实践与探索。十四大后一年多的实践，我们在经济生活中加强了宏观控制，整顿了金融秩序，遏制了某些经济过热现象，取得初步的成果。然而，要解决经济生活中深层次矛盾，还要靠深化改革。在认识上，社会主义市场经济体制的基本框架究竟怎样，改革的步骤如何安排，市场经济的宏观、微观层面的改革如何整体配合、积极推进等，对深化改革的这么多问题都需要有明确的思路。现在三中全会文件在这方面有了很大的进步，体现了全党认识的提高，文件分析了改革的新形势和任务，把十四大确定的建立社会主义市场经济体制的目标和原则具体化、系统化，勾画了中国市场经济的框架，有了指导性很强的总体设想。三中全会确定的这个框架有许多部分，其中的核心部分是现代企业制度的创建、市场体系的培育、政府职能的转换、宏观调控的建立，还有分配与保障体系的构建。当然，其他方面也很重要，我是从市场经济本身构造来说的，这几个是核心问题。

记者：世界上已有许多现代市场经济模式，有英美式、德国式、北欧式、东亚式等，中国现在发展市场经济，它有些什么特点呢？

刘国光：我国是社会主义市场经济体制，是人类的一种新的创造，是前无古人的。因为过去要么是社会主义的计划体制，要么是资本主义的市场经济体制，没有社会主义的市场经济体制。我们这个体制，我想主要有三个特点：一是市场经济与公有制结合在一起，并以公有制为主体。对这个"公有制为主体"，应有新的理解，即这个主体不单是指数量，而是指质量，公有制为主体，也并不意味着国有制为主体，公有制的主体地位和国有制的主导地位应是在竞争中形成的，而且在企业产权形式上，单一国有制企业的形式要逐步变化。各种所有制性质的资产在一个企业单位里互相融合的形式将大大发展，财产混合所有经济单位将越来越多。当然，从总体上说，公有制财产要保持适当比重，国有经济对战略部门、要害部门、企业要控制或控股。总之，公有制企业要在质量、效益上取胜。这是第一个特点。

二是与公有制为主体相联系的，在收入分配上要以按劳分配为主，效率优先，兼顾公平，一部分人先富，达到共同富裕，这与资本主义市场经济也不同。

三是在运行机制上，宏观管理的力度要比其他国家强一些。现在已不是19世纪，以"看不见的手"来调节经济，任何现代市场经济国家都有不同程度的宏观调控，因为单靠市场机制调节有许多缺陷，生产容易发生波动，比例会失调，贫富会分化，等等。宏观调控是现代市场经济不可缺少的一部分。我们更多地强调这一点，因为：其一，我们是公有制为主体的社会主义国家，建立市场经济体制本身需要国家来参与，自发发展，就会出现无序现象，乱集资，乱搞股票市场，乱搞开发区，等等，都不利于经济健康发展。其二，经济落后的国家要争取在短时期内赶上发达国家，没有国家的产业政策引导、市场秩序的治理等也不行。东亚模式的国家宏观调控较强一些，我国的宏观调控应比东亚模式国家更强一些。与资本主义市场经济相比，第一、第二个特点有制度性的质的不同，第三个特点不是质的问题，而是运行机制上的差异。

记者：这次三中全会决定对现代企业制度专门有一节的论述。对改革的这一核心问题，能否谈谈您的见解？

刘国光：现代企业制度是社会大生产和现代市场经济发展的产物，是人类文明的成果。它第一个特点是产权关系明晰。这表现在出资人的所有权同企业法人财产权分离，出资人包括国家在内，投入企业的资本归其所有，这里所有权体现为股权。企业拥

刘国光

经济论著全集

第
11
卷

有出资人资本总额形成的全部法人财产，在此基础上独立行使民事权利，承担民事责任，成为真正的而不是名义上的法人，成为市场主体。

第二个特点是权责明确。从企业角度说，企业用全部法人财产来自主经营，落实这方面的权力，不受外界的干扰，也落实了自负盈亏的责任，同时负有对出资人的资产保值、增值的责任。从所有者角度说，出资人按其投入企业的资本额，负有限的责任。比如，当企业破产时，对企业承担的债务负有限的责任。以前国家对企业的责任是无限的，是一个"无底洞"。同时，出资人根据投入的资产额来享有它的所有权，包括资产的收益权，企业合并、产品方向等重大问题的决策权，企业领导、经理人员的选择权。国家也按照其在企业的投资数额来享有所有者的各种权益。

第三个特点是有一套治理结构。也就是通过股东会、董事会、监事会、执行机构（经理部门）这样一整套组织形式，建立一种调节所有者、法人代表（董事长）、执行者（经理以及职工）之间关系的组织体系。这是现代企业一个很重要的内容。

记者： 您描绘的是股份制企业的组织结构，其他类型企业制度的状况如何构建？

刘国光： 有的可以搞国家独资，那就没有股东会，董事会可以与监事会合并。不同类型的企业可以灵活设置其治理结构。但形成公司制股份制的治理结构是企业制度创新的很重要的一个方向。这种治理结构把经营者与所有者的权益分开，到企业内部又把它们有机地结合为相互制约的统一体。这叫作现代意义的所有权、经营权的分离。

第四个特点是这种企业制度是集资的好形式，有利于资本社会化，促进社会化大生产。不过，现在一些企业和地方，一搞股份公司就想股票上市，它们的目的只是集资，有些上市公司上市以后机制还是老的，这就不符合现代企业的要求。实践中还应将上市公司规范化。

记者： 您谈了现代企业制度的主要特点，又将企业公司化、股份化作为改革的一个方向，那么，从现在实际出发，是否有些操作性的设想？

刘国光： 企业公司化不是一蹴而就，需要有一个过程。开始，国有企业可以多搞些独股，涉及国家安全的军工企业、生产科技尖端产品和制造货币等特殊商品的企业、烟酒专卖事业，都可以以国家独股来经营。还有基础产业、支柱产业部门中的骨干企业，可以以国家控股来经营，控股的份额应该按照不同产业、不同部门的情况而定，按照股权分散的程度来定。

记者： 按照股权分散的程度而定怎么理解？

刘国光： 就是股权越分散，国家股占的份额可以越少一点，同样可以很好地控股。这样做会不会削弱国有经济的主导地位？恰恰相反，因为吸收了社会资金，国有经济支配的力量更大了。有的占有20%~30%的股份，就可以控制100%的股份。这是很重要的观点。还有一类是一般的竞争性企业，国家可以参股，根据国家财政情况和金融市场行情，按市场规则去运作、流动；至于小型工商企业，国家不需要参与，可以搞承包经营、租赁经营或卖给私人或集体。

记者： 国有企业公司化、股份化过程中，除国家股部分，还有一部分要出售给法人或社会的"散户"的股份，有人说会削弱国有经济，对此您怎么看待？

刘国光： 我们不能简单地看待，似乎这样做有损于国有资产，甚至以为是私有化。我认为，这是国有资产的变换形态，股权转换成货币资金，价值还在国家手中。当然，国有企业在实行公司制进行国有资产评估时，要认真清产核资，防止对国有资产估价不足，出现国有资产流失现象。现在看来，在旧体制下，国有资产不流动，对其保值增值没有好处。资产作为生产要素，改变形态，流动起来，就有利于保值增值，把经济搞活。国有资产方面还有很多问题，如国家怎么管理好国有资产，要实行"政资分开"，即政府作为政权职能和作为国有资产所有者职能的分开；要建立专门的国有资产管理、营运的体系，这个体系本身还没有成熟的经验，要探索。

记者： 十四届三中全会的《决定》标志着深化改革的一个新阶段，《决定》除提出企业主体和市场体系层面的重要改革措施以外，在宏观层面的改革方面也将有不少作为，请您谈谈其中的新思路、新步骤。

刘国光： 现在宏观调控中财政金融地位越来越高了，特别是金融。因为现在资金来源已从国家财政拨款型为主，转变为社会融资型为主。改革放权让利以来，收入分配向企业、个人倾斜，带来社会资金、个人储蓄数额越来越大，这种情况下，金融的作用也变得越来越大了。

记者： 20世纪80年代改革过程中，金融领域几乎是改革未涉及的"处女地"，现在，金融体制改革有哪些重要的设想？

刘国光： 金融体制的改革有两方面：一是中国人民银行要真正成为中央银行，实行管理货币、稳定经济的职能，不开展一般的经营性业务。二是专业银行变成商业银行，建立政策性银行，把政策性融资和商业性融资分开。政策性融资由长期开发信托银行管，还有农业银行、进出口银行，而商业银行要企业化，承担风险责任。另外，银行之外的非银行金融机构也要发展。

记者： 您对正在蓬勃发展的证券市场如何估价？

刘国光： 金融市场无非一是货币市场，一是资本市场，银行短期拆借就是货币市场，证券市场是长期资本市场。这些年证券市场发展势头不小。我认为，证券市场既要积极发展，又要逐步走向规范。中国企业融资相当长一段时间主要通过银行的间接融资，通过证券市场的直接融资只能作为补充。现在搞股份制、股票市场，有些企业目的只是为集资，投资者想获暴利，这种心理状况不正常。公司化、股份化有利于企业机制的转换，有利于把市场的资金搞活。当然，证券市场的直接融资有一个好处，可以更好地监督企业经济效益，不吃"大锅饭"。而间接融资容易变成呆账、死账，企业撒手不管，这是老体制的反映。所以，金融改革中，对间接融资部分也要改，要通过银行体制、国有企业体制的改革，使债权、债务"硬化"。从这个意义上说，股份制、股票市场对市场经济新体制建设的推进，作用是不小的。

记者：金融手段是宏观调控的重要手段，现在运用这个手段与过去计划体制下有什么不同？

刘国光：利率、汇率逐步市场化是市场经济体制的要求，也就是今后应多用利率、汇率的浮动来调节经济。过去不大用这个手段。认为吃"大锅饭"的企业，对利率高低无所谓，对其变动反应不灵；又担心利率一提高，企业成本提高，会承受不了。其实，利率变化，对非国有企业和转制较好的国有企业是起作用的，特别是对居民储户也是起作用的。利率一调高，储蓄额就明显上升，低了，人家就不存了。过去我国是以低利率支持低效率，利率不动，物价上涨，变成负利率，国家非但不能从国有企业获利，为了扶植它们，实际上还得贴钱。而且，低利率支持低效率的一部分钱是以储户存款的贬值来支撑的，这对社会是不公平的。这是旧体制的弊端之一。事实证明，利率要随市场对资金的需求变化而变化。至于汇率，已决定取消官价，走向有管理的浮动，并为逐步走向可自由兑换、与国际接轨做准备。

记者：《决定》已提到税制改革，这引起各地和各方人士的关注，为何中央与一些省市的财政包干年限还未到，就实行新的方法呢？

刘国光：财税体制改革明年（1994年）最重要的步骤是推出

分税制。早几年，我国实行财政包干的体制，这个体制不管是企业对国家包干，还是地方对中央包干，都有一个明显的毛病，即把国家、中央一头"包"死了，成为"死面"，而活的一面在企业，在地方。长此下去，随着经济的发展，国家却反常地越来越困难，宏观调控的能力越来越削弱，财政占国民收入的比例和中央财政占整个财政收入的比例一直下降，前者已降到20%以下，后者下降到30%~40%。分税制就是按税种划分中央和地方的财政收入，中央收哪几种税，地方收哪几种税，还有一部分共享税。实行市场经济的国家都是这样的。实行分税制，目的是保证中央能拿到财政收入的大头，拿来可以增加宏观调控能力，返回一部分到地方，尤其要支持应该支持的地方建设。至于国家与企业的承包关系要逐步地转变为公司制。当然，承包制作为改革过程中出现的一种方式，也起到它的历史的积极作用，调动了地方、企业的积极性，促进了经济的发展。

记者：您对上海改革、浦东开发一直保持高度的热情，在建立市场经济体制的事业中，您对上海的前景如何看待？

刘国光：上海发展的势头很猛，很好。尤其是邓小平同志1992年年初南方谈话以后，浦东、浦西的建设都很快，外资进来的数额也十分可观，上海人民干劲很足。作为经济理论工作者，关心上海改革开放和经济发展，对此是十分高兴的。我想，新一轮的经济体制改革重点在国有企业的制度创新，在金融体制、财税体制改革等，这些恰恰是上海深化改革的主战场。上海的国有企业集中，金融业和金融人才相对较发展，在生产要素市场培育、在法制建设中，上海又有自己的优势，因此，把上海建成一个国际经济、金融、贸易中心，应该是充满信心的。我国的社会主义市场经济体制预测在20世纪末初步建成，到2020年达到成熟，上海人民一定能在这场伟大的改革中做出自己的贡献。

中国式市场经济的伟大创造

略论建立现代企业制度*

（1993年11月22日）

十四届三中全会制定了社会主义市场经济体制的总体框架。这个框架的一个十分重要的梁柱和支点，就是建立现代企业制度，本文就这个问题谈点个人的学习认识。

建立社会主义市场经济体制，首先要有健全的市场活动主体。在多种类型的市场主体中，最基本、最重要的是企业。十多年来，国有企业的改革始终处于我国经济体制改革的中心地位。这一改革主要沿着扩大企业自主权的方向，取得了一定的进展。《全民所有制工业企业转换经营机制条例》的实施，进一步促进了企业自主权的落实，为企业进入市场奠定了基础。

但是，迄今为止，国有企业的改革措施，基本上是"放权让利"思路的产物，没有触及计划经济体制下传统企业制度本身的改造。长期困扰国有企业的政企不分、产权不清、企业自主权不落实、自我约束机制不健全的问题，始终未能得到根本解决，以致企业活力仍显不足，企业行为难以规范，经济效益不够理想。事实证明，进一步深化企业改革，必须解决深层次矛盾，由放权让利为主要内容的政策调整转为以明晰产权关系为主要内容的企业制度创新，探索国有经济与市场经济结合的有效途径。

对国有企业进行制度创新的改革思路，近年来我国经济界和理论界逐渐形成了一种共识，就是组建以公司法人制度为主要形

* 原载《人民日报》。

式的新型企业制度。公司法人制度是一种现代企业制度，它是市场经济和社会化大生产长期发展的一种文明成果，属于人类的共同财富。它的主要特征和进步意义在于：第一，产权关系清晰。它有效地实现出资者的所有权与企业法人财产权的分离，使企业在出资人投资形成的公司法人财产的基础上，成为行使民事权利和承担民事责任的法人实体和市场竞争主体，而国家通过掌握出资者的所有权，可以保证所投资金的公有制性质。第二，权利责任明确。企业有了法人财产，既落实了自主经营的权力，又增强了自负盈亏和对出资者承担资产保值增值的责任。出资人一方面以其投入企业的资本额，享有所有者的权利，包括资产收益、重大决策和选择企业经营者等，但不直接干预企业的经营活动；另一方面，按投入资本额对企业破产时的债务负有限责任。第三，通过股东会、董事会、执行部门和监事会等公司治理机构的设置和运作，形成调节所有者、法人代表、经营者和职工集体之间关系的制衡和约束机制。第四，便于筹集资金，为扩大生产规模、实行资本社会化创造了一种好形式。将国有企业改造为现代法人公司，就为割断政企不分的脐带、理顺国有资产的产权关系、实现国有企业的机制转换，奠定了基础，并能扩大集资范围，促进社会化大生产的发展。

现代企业按照投资者的构成，可以有多种组织形式，基本形态有：独资企业、合伙企业、合作社企业、公司制企业。规范的公司制企业有利于政企分开，转换企业经营机制，是国有企业改造为现代企业的有效方式。按照债务责任和是否分为等额股份，公司制企业又可以分为无限责任公司、有限责任公司、股份有限公司等形式。无限责任公司要求出资者对企业亏损和债务负无限责任，不宜作为国有企业改革的形式。我国国有大中型企业具备条件的，可依法组建为有限责任公司和股份有限公司。有限责任公司具有公司制企业的一般优点，又有筹资少、股东少、操

略论建立现代企业制度

作较为方便、改革成本较低等特点，在国有企业实行公司制改革的初期，对于符合产业政策、经济效益较好的企业，宜先依法改组为独股或多股有限责任公司，有的可以依法改组为吸收企业内部职工人股的股份有限公司。上市的股份有限公司，涉及社会投资者的公众利益，必须要求更严，只有少数效益高而发展稳定的企业，经过严格的资格审定，方能依法组建。在股份制试点过程中，有不少地方和企业认为公司化改革的基本内容，就是产权股份化和股票上市，把它看作筹集资金、创造新企业的捷径；一些已经上市的公司，其经营机制依然如故；这是不符合现代企业制度的要求的。其实，公司制改造的首要目的在于机制转换而不在于筹集资金。根据国际经验，我国企业的融资方式在相当长的时期中，仍应通过银行的间接融资为主，通过证券市场的直接融资为辅。所以，股票上市的股份有限公司可以积极试验，但不应成为当前我国公司制改造的重点。

为了实现公司治理结构和运行机制的规范化，多个股东的股权多元化是必要的。这可以通过国有企业资产存量折股、增量扩股、股权销售转让以及合资合营等方式来进行。但是国际经验也证明，公司股权的过于分散化，不利于企业资产的长期发展利益，不利于对企业经营进行有效的监督。同时，在股权多元化过程中，我们还要保持国有经济的主导地位。有些同志担心，国有企业改组为股权多元化的公司，必然削弱国有经济的主导地位，甚至有导向私有化的危险。其实，通过这种方式，可以广泛吸收社会资金投入国家需要发展的产业，以补国家资金之不足，只要国家在公司资本总额中保持控股地位，就不但不会削弱，而是会更加增强国有经济的主导作用，扩大其影响范围。当然，国家并不需要在所有行业、企业中进行控股。国有股在公司资本总额中所占份额，可按不同产业区别处理。涉及国家安全、尖端技术、生产某些特殊产品的企业，应由国家全资独股，同时实行公司化的经营管理方式。对基础产业、支柱产业中的骨干企业，国有全资企业可以逐步转为国家控股的企业。国家控股的具体比例，可视股权分散程度而定。非国有的法人和自然人在企业中的持股越是分散，国有股的控股比例越是可以少些。对于一般行业中的竞争性企业，国家也可以不控股，只参股。国有资产运营单位应根据国家财政状况、金融市场形势，并配合国家宏观调控政策，对国有股权进行市场运作，以搞活国有资产，使其保值增值。

国有企业改组为现代法人企业，必须加强企业中国有资产的管理。为此，要把国家作为国有资产所有者职能同作为社会经济管理者的政权职能分开，即实行政资分开。政府的两种身份各有其不同的目的，政资不分使政府向企业发出的指令信号往往发生矛盾和错乱，而且这些信号的行政指令性又往往使企业难以拒行。所以，政资不分与政企不分是互为表里的，不解决政资不分的问题，也就难以实现政企分开。要建立和加强专司国有资产所有权管理职能的权威机构，改变过去国有资产多头管理、实际无人负责的局面。要积极探索加强国有资产管理、运营和合理流动的形式和途径。我以为国有资产的管理和运营也宜分开，国有资产管理部门执行对国有资产的行政性管理职能；同时可以考虑由国有资产管理部门授权或委托一些大型企业集团中的母公司、投资公司及一些具有投资控股能力的大企业，使之成为控股公司，行使一定范围国有资产的运营职能；还可以建立一批国有资产经营公司，主要是面对中小型企业，经营价值形态的国有资产。目前作为过渡，国家可以委托一些专业经济部门设置国有资产监管机构，对所属企业国有资产的保值增值进行监管，随着专业经济部门的裁撤，这些监管机构将来也应逐步转为国有资产运营机构。现有的全国性行业总公司，应按照现代企业制度的要求，逐步改组为若干个具有控股公司性质的企业集团公司和国有资产经营公司。目前，国有资产流失严重，在公司制改组中，更要采取有效措施，防止低价折股、低价出售，甚至无偿转给个人。要从各方面堵塞漏洞，确保国有资产及其权益不受侵犯。

把国有企业改造为公司制的现代法人企业，是一个十分复杂艰巨的过程。理顺产权关系固然是国有企业改革的一个关键环节，但目前困扰国有企业还有许多别的问题，是不能光靠理顺产权关系来解决的，而且这许多问题不解决，理顺产权关系也难以顺利进行。这些问题有：国有企业税负沉重，乱集资、乱摊派、乱收费严重，企业退休人员和富余人员负担越来越大，以及企业办各种社会福利事业的包袱；等等。这些问题要通过相应的政策措施和改革措施来解决，为公司制改造提供一个较好的外部环境。公司制改造过程本身，将通过一些专门基金制度的设置，有利于企业办社会等问题的解决。

十四届三中全会的决定，将推动我国以市场为取向的经济体制改革在宏观层次和微观层次上全面深入开展。当前，包括财税体制、金融体制、投资和计划体制改革在内的宏观调控体系改革的步伐正在加快。这就要求微观经济基础的改革也要跟上，特别要适当加快对国有企业进行公司制改组的步伐。为了给公司制改组提供规范，《企业法》的制定刻不容缓。对于一时不具备公司制改组条件的大中型企业，可继续执行《企业法》和《全民所有制工业企业转换经营机制条例》，并积极为公司制改组创造条件。对于一般小型国有企业，可以根据不同情况实行承包经营、租赁经营或改组为股份合作制企业，有些也可以出售给集体或个人经营。国有小型企业产权和大中型企业股权的出售转让，应视为国有资产的一种形态转化，出售、出让所得收入，应按产业政策，投向亟须发展的产业部门、企业。应健全管理制度，严防转让过程中国有资产的流失。

刘国光

经济论著全集

第
11
卷

当前中国经济走势*

（1993年11月23日）

　　中国经济经过1989—1990年的调整，于1992年重新进入高速增长阶段。自1992年下半年至1993年上半年，对我国经济高速增长走势的判断，曾不断发生争论，大体上有两种看法。一种认为中国经济已经重新出现过热或者已经出现过热的苗头，需要在宏观政策上适时进行微调、降温。这是经济理论界多数人和中央经济部门一些人员的看法。另一种看法则反对提"经济过热"，认为这种提法是给刚刚兴起的经济发展好势头泼冷水。这种看法是不少地方人士的看法。他们不承认他们所在的地区发生经济过热，而且还强调发展得不够。因此，当1992年中共十四大闭幕后和1993年3月全国人大八届一次会议闭幕后，中央政府两次召开各省市负责人座谈会，通报全国经济情况，向他们提醒要注意防止过热，以避免出现过大的经济损失时，不少地方领导多未予以重视，甚至回去也不向下传达，而是继续其扩张经济的劲头。这样，1993年上半年在取得高速增长成绩的同时，经济生活中出现了不少问题。其中主要问题，一是固定资产投资规模猛增。1993年上半年全社会固定资产投资规模比1992年同期增长61%，其中国有单位增长70.7%。新开工项目过多，达22 000多个。在建规模过大，比1992年同期增长35%。一些地方在发行股票、债券、办

---

*　1993年11月23日在东京由日本、亚洲经济研究所组织的公开报告会上的
　　讲演（摘要）。

开发区和发展房地产业中出现了类似泡沫经济的过热现象。二是结构性矛盾更加突出，能源原材料生产供应滞后于经济增长，基础设施、基础产业的支撑能力不足，特别是铁路运输十分紧张，成为卡脖子的"瓶颈"。三是1993年上半年货币投放继续增加很多，金融秩序混乱，进一步推动了物价上涨。零售物价水平1993年上半年比1992年同期上升了10.2%，35个大中城市居民生活费用价格指数达17.4%，其中1993年6月份比1992同期上升21.6%。几年积累起来的潜在通货膨胀压力，开始释放并显现出来，并开始触动居民的通胀预期和保值行为，曾经出现抢购黄金、外汇等现象。宏观经济形势绷得很紧。这种情况不利于经济的正常运行，严重影响了正常秩序。针对这种形势，中国政府于1993年6月下旬发布了6号文件，采取了一系列加强宏观调控的政策和措施（即"十六条"）。其基本精神是，强调这次加强宏观调控并不是全面紧缩，而是进行结构调整，从整顿金融秩序入手，制止违章拆借、非法集资、银行滥设金融机构和经济实体以及提高存贷款利率等，扭转金融混乱局面，调整资金投向，从房地产、开发区等热点转到重点生产建设方面来。同时强调这次加强宏观调控，要与深化改革、建立社会主义市场经济新体制相结合，主要运用经济手段、经济政策和经济立法，当然也不放弃采取必要的行政手段。

经过几个月的努力，政府加强宏观调控的政策措施已经开始取得积极成效。主要表现如下。

1. 经济增长的过高速度开始回落。与1992年同期相比，1993年6月工业增长速度曾达到30.2%；7月增幅开始下降，为25.1%；8月为23.4%；9月为19.1%，出现了自1992年7月起持续14个月的第一次回落到20%以下；10月进一步回落到16.4%。

2. 固定资产投资增长的强劲势头也开始回落。国有单位的投资，1993年上半年比1992年同期增长70.7%，第三季度末增幅回落到增长61.7%，10月回落到增长58.4%。新开工项目也大大减少。房地产热、开发区热、证券热也逐步降温。

3. 金融形势好转，银行违章拆借得到制止，社会乱集资得到控制，居民储蓄迅速上升，货币投放有所放缓，生产资料价格由急速上涨转向缓和，外汇市场趋于稳定，汇率由6月的11元人民币兑换1美元降到并稳定在8.5~8.8元人民币兑换1美元。

纵观1993年中国经济的运行走势，上半年过高的经济增长于第三季度开始缓缓回落，但仍保持较高的速度，总体经济形势在向好的方向发展。

目前，中国经济在加强宏观调控的过程中遇到的主要问题，有两个方面：一方面，经济生活中又出现资金趋于紧张的问题，各地要求金融松动的呼声渐渐高涨；另一方面，通货膨胀的影响仍在继续，零售物价指数居高不下，35个大中城市生活费用价格指数10月比1992年同期升高21%，比9月还提高了0.4个百分点。这两个难题是今后宏观调控所面临并要解决的主要问题。

这一轮经济周期的复苏与扩张，是从1990年6月开始的，到1993年7月止，历时37个月之久，是我国近几年经济周期波动中见到的最长的上升期。看来，目前这一轮周期可能已过了峰顶拐点，1993年下半年到1994年应当进入周期的收缩阶段。由于这几个月来宏观调控措施谨慎，迄今未出现过常见的大起之后的大落，而保持了经济增长速度在缓缓下降中仍处于相当高的水平。预计1993年全年GDP增长速度在13%左右，与1992年持平，工业生产仍将超过20%，固定资产投资率将达37%左右，社会商品零售物价上涨13%左右。

1994年中国经济发展的基本走势如何，从经济环境来看，既有支撑经济保持较快增长的因素，也有抑制经济增长、不利于经济稳定的因素。

促使经济继续快速增长的因素有以下几点：

1. 1992年年初邓小平南方谈话以来，全国上下抓机遇、求发展的热情继续高涨，经济内在扩张的冲力较大。

2. 经过近两年来经济持续增长，主要产品的生产能力和重要基础设施的支持能力颇有提高。1993年下半年随着各项加强宏观调控措施逐步显现其效应，能源、原材料、交通运输等"瓶颈"的供求环境逐步趋于宽松。

3. 中共十四届三中全会后市场取向改革的全面推进，将为1994年经济增长注入新的活力。

4. 西方主要发达国家出现复苏迹象，世界经济形势将好于1993年，有利于我国的经济增长。

制约的因素有：

1. 目前物价涨幅仍高，通胀压力仍大，为压抑通胀不得不牺牲一定的增长速度。

2. 因金融收缩、资金紧张、三角债重新抬头等原因，企业生产经营困难增多，叫喊"放松金融"的呼声将上扬。

3. 基础设施不足，仍然是制约因素。

4. 农业基础薄弱，农民收入增长缓慢，影响农产品供应。

按照三中全会决定精神，1994年将全面推进财税、金融、投资、外贸外汇等方面的改革，这些大动作的改革正值经济周期的开始收缩阶段，难度较大。所以，1993年第四季度剩余时间和1994年上半年将是一个关键时期，这段时期宏观调控政策的取向与力度是否正确妥当，关系很大，将影响1994年及"八五"后期中国经济的走势。

目前宏观政策的取向主要存在三种可能：

第一种可能是，在总量控制尚未到位，但在各地方和企业一片叫紧叫苦声中，因担心经济严重滑坡而匆匆放松银根，导致经济增长速度的过早反弹，结果使通货膨胀严重化并使"瓶颈"制约的矛盾进一步加剧，最后势必被迫采用急刹车的办法，带来重大损失。

第二种可能是，为了缓解目前通货膨胀、物价上涨的压力，继续加大对总量控制的力度，以致紧缩过度，造成经济增长失速滑坡，跌入低谷。

上述第一种情况，1986—1989年期间曾经发生过，当时提出要"软着陆"，但每次都是未及着陆又重新起飞，最后结果是1988年夏秋季跌了下来。第二种情况因紧缩过度导致某些方面的失速和疲软，在1990年发生过。这两种情况，都应当竭力避免。所以，目前第三种可能是，1993年年底到1994年上半年，要大体保持现有的适当偏紧的宏观调控方向和力度，强调结构调整，同时按三中全会部署进一步深化体制改革。这样尽管短期内可能收效不明显，企业生产经营环境仍然偏紧，通胀物价的压力也可能延长一段时间，但综合考虑各方面因素，这种办法可以兼顾增长、稳定与改革，是代价较小、长远收效较好的出路。

按此思路做出的测算，1994年中国经济增长率应控制在10%左右，零售物价上涨率以控制在10%以内为宜，这样既可以比较充分地利用现有资源，保持经济仍然有一个较高的增长势头，又可以避免出现过度通货膨胀的危险，为经济改革和结构调整措施的顺利出台创造一个比较适宜的环境。这是1994年经济发展的一个比较好的选择。能否做到，还要取决于宏观调控的决心、措施和艺术。

旧体制驾驭不了"高速车"[*]

——《中国经济体制改革》杂志记者专访
（1993年11月）

宏观调控前景看好　通货膨胀值得警觉

为解决经济生活中原有的问题和新发生的问题，中央采取的一系列宏观调控措施，经过几个月的努力很快初见成效。过高的工业生产速度于7月、8月、9月三个月连续回落，9月份已降到19.1%。市场旺中趋稳，金融形势有所好转，重点建设资金到位率由6月底的19%增加到70%；农产品收购没有出现打"白条"现象。居民储蓄回升，财政收入增长加快，出口有所增长。这些成效，使一些人的担心逐渐消除。宏观调控不是全面紧缩，而是结构调整的现实，已为越来越多的人理解。

此次的宏观调控，人们称之为"软着陆"，即主要用经济手段，有步骤地把超过国力的过大投资规模压缩下来，整顿混乱的金融秩序，使严重的通货膨胀得到抑制，解决经济高速增长过程中的矛盾和问题，避免因"急刹车"而造成大的经济损失。刘国光认为，有效的宏观调控是建立社会主义市场经济体制过程中所必需的。市场化本身不是自由放任。没有有效的宏观调控，就没有成熟的市场经济。在正常的市场经济下，一些市场有缺陷的方

---

* 本文系《中国经济体制改革》杂志记者秦少相专访，发表于该杂志1993年第11期。

面，政府还是要干预，更何况我们处在体制轨转时期，必然发生一些意想不到的问题。现在看来，在转轨过程中，有许多真空，这是市场经济发展初期的原始积累阶段所没有的，因为当初没有从计划经济向市场经济转轨问题。现在如果放任自流，让市场自发作用，问题将更为严重。宏观调控的主要目的是用经济手段解决经济高速增长过程中的矛盾和问题，从而为改革创造一个好的环境。

宏观调控措施能否完全到位，能否保证"软着陆"成功，目前许多人对此尚存几分疑虑。关于宏观调控的前景，第一种前景是，宏观调控各项措施及时落实到位，操作上松紧适度，时机上把握得当，那么，经济可保持一定的活力和适当的增长速度，又可避免通货膨胀加剧的严重后果。这样，1993年全年的GNP增长将达13%~13.5%，1994年GNP增长将降为10%左右，通货膨胀将被控制在两位数以内。第二种前景是，因为怕物价上涨太快，继续紧缩，使得经济萎缩，结构调整无法实现。这种结果使得一些重大的改革措施将因环境偏紧而无法实施。第三种前景是，为资金紧缺现象迷惑而过多地放松，使得初见成效的宏观调控半途而废，引发更严重的经济过热和通货膨胀。后两种结果必须避免发生。此次宏观调控由于发现问题比较早，采取措施比较及时而有效，现在所采取的一系列措施能够达到第一种预想的效果。但从目前情况看，解决通货膨胀问题的进展可能会因支持生产和保持一定经济增长速度而向后推移。

如果不出现突发性情况，就不会再出现1988年那样的抢购现象，但对通货膨胀的危险性不可小视。去年（1992年）零售物价指数上涨5.4%，但35个大中城市上涨10.9%。1993年货币投放增加，进一步推动了物价上涨，6月份35个大中城市零售物价指数上升超过20%，近几年积累的通货膨胀压力开始显现。经验证明，通货膨胀超过两位数如不采取措施制止将会加剧；超过

旧体制驾驭不了「高速车」

20%，社会各界都会设法救自己。宏观调控有个艺术问题，搞得好，既有一定速度，又有比较平稳的通货膨胀。他说，只要固定收入者实际收入增长率快于通货膨胀率，实际储蓄利率为正，保证劳动积累不至于因通货膨胀而化为乌有，在这种情况下不反对利用缓和的通货膨胀刺激经济增长。但决不能用负利率来支持低效率企业的发展。

在体制转轨时期，有效的宏观调控可以为改革创造良好的环境。但值得注意的是，应尽可能多地用改革的办法、经济的手段进行宏观调控。凡是市场机制和间接调控手段可以解决的问题，就不要用行政手段进行干预。实践证明，旧体制实现不了经济持续快速发展，也解决不了快速运行中出现的矛盾和问题。我们要学会在经济发展比较快、经济关系绷得比较紧的状态下深化改革的本领，决不能停下发展来搞改革。

宏观调控继续推进　深化改革是根本出路

目前宏观调控所取得的进展离中央的要求和社会各界的期望仍有差距，特别是在确保农业生产、提高农民收入、确保效益好的大中型企业和外贸出口创汇流动资金、集中资金保重点基础工程建设等方面，仍有大量的工作要做。这些矛盾和问题从本质上说是由于传统体制的弊端没有完全克服和新体制没有形成造成的。因此，解决这些矛盾和问题的根本出路在于深化改革，建立社会主义市场经济体制。

进入20世纪90年代，在前10多年市场取向改革的基础上，改革发生了质的变化，改革的任务是实现整个经济体制全面性、根本性转轨，建立社会主义市场经济新体制。改革需要在微观层次和宏观层次，在经济生活的全部领域向纵深推进。因此，为了解决目前经济生活中的深层次矛盾和问题，完善和加强宏观调控，应不失时机地推进金融体制、财政税收体制、外贸外汇体制、投资体制、社会保障制度、公务员制度等重大改革。

金融体制改革的重点是强化中央银行的金融调控职能，把中国人民银行办成真正的中央银行；建立政策性银行，实现政策性金融与商业性金融的分离，把专业银行办成真正的商业银行。财税体制改革的方向是推行分税制，理顺中央和地方的分配关系，并改革国家与国有企业利益分配制度。投资体制改革，是要把建设项目划分为竞争性行业项目、基础性产业项目和公益性事业项目，并重新确定投资来源和改变融资方式；还要推行项目业主责任制，改革项目立项办法和审批程序。外贸体制改革的重点是采取多种措施，向关贸总协定规范靠拢。

改革是一项复杂的系统工程，上述改革也不可能一蹴而就，许多改革目标的实现不是一个简单的过程，而且许多改革的具体实施尚需要周密研究和制定具体措施。在为建立新体制而进行的各种改革中，最难和最重要的是国有企业的改革和经营机制的转换，这也将是一个长期的过程。企业改革仍须经过试点而逐步推进，一下子推广公司制实现现代企业制度做不到，而且在公司化过程中有许多现实问题尚待研究解决。为了将国有企业改革继续向前推进，制定规范公司准则和公司行为的《公司法》已刻不容缓，这是建立社会主义市场经济体制的一大基本建设。

旧体制驾驭不了『高速车』

关于金融体制改革的几个问题*

（1993年11月）

近几个月，针对我国经济运行尤其是金融领域存在的突出问题和矛盾，中央采取了以整顿金融秩序为突破口的加强宏观调控的一系列措施。现在看来，这些措施初见成效，表现在过热的经济开始降温，过乱的金融秩序开始得到整治。但是，要从根本上扭转金融秩序混乱、金融纪律松弛的状况，还必须全面推进经济体制改革，特别是要深入进行金融体制改革。

一、金融体制改革在整个经济体制改革中占据十分重要的地位

我国经过十多年的改革开放，国民经济获得了迅速发展，经济体制也发生了深刻的变化，其显著标志之一就是金融在国民经济总体运行中的地位越来越重要，作用越来越显著。一方面，随着我国国民收入分配结构、国民储蓄结构以及投融资结构的变化，随着经济商品化、货币化和信用化程度的不断加深，金融部门已成为聚集、融通和分配社会资金的主渠道，成为社会建设资金的最主要供应者。现在，全社会固定资产投资的资金中来自金融部门的资金已占相当比例，企业流动资金的90%以上依靠金融部门。这些年，银行每年贷款的增长绝对数已大大超过当年财政

---

* 写作时由何德旭协助提供素材。原载《财贸经济》1993年第11期。

的经济建设支出，金融部门为支持国民经济发展做出了突出贡献。另一方面，金融逐渐成为调节货币、资金（价值）运动的主要手段，成为我国宏观经济的最重要的调控枢纽。国家通过实施货币信贷政策，运用贷款规模、再贷款、存款准备金、利率、汇率等直接和间接调控手段，对社会总需求进行调节，努力保持通货稳定，促进国民经济协调发展。一项研究表明，我国近若干年来的经济波动，几乎都是财政金融政策调节的结果，而其中金融政策又比财政政策起了更为重要的作用。可以说，经过十多年的改革，传统体制下金融部门作为计划的核算部门和财政的出纳部门的地位已有了根本的改观，金融政策及其宏观调控的影响越来越举足轻重。

关于金融体制改革的几个问题

正因为通过改革，金融在国民经济中地位的重要性逐步增大，所以，金融体制改革在整个经济体制改革中的重要地位越来越引起人们的高度重视和广泛关注。而金融体制改革在许多重要方面举步维艰，已成为宏观管理改革和整个经济改革前进的一大羁绊，金融体制改革的进程直接影响和制约着整个经济体制改革的进程。

的确，14年来，随着经济改革的深入和对外开放的扩大，金融体制改革取得了不小的成绩，我国目前的金融体制同传统体制相比已发生了比较明显的变化：基本形成了一个以中国人民银行为领导、国家银行为主体、多种金融机构并存和分工协作的金融体系；初步建立了金融宏观调控体系，综合运用经济、行政、法律手段进行金融管理；以资金拆借市场和国债市场为主体的金融市场初步形成；金融对外开放不断扩大。但是，由于金融涉及面广，改革的难度大，所以金融体制改革的进展还较迟缓，改革应该触及的一些深层次、带根本性的问题基本上还未取得突破，金融体制还不能适应社会主义市场经济发展的需要。这主要表现在：中国人民银行还没有成为真正的中央银行，金融宏观调控乏力；专业银行既经营一般商业性业务，又经营政策性业务，难以成为一个真正的金融企业；整个银行体系缺乏竞争，缺乏活力；金融市场缺乏规范，市场分割、市场封锁现象严重，缺乏有效的监督和管理；还有包括利率在内的金融调控手段的行政色彩仍然浓厚；等等。这些问题既影响了国家宏观经济政策的贯彻，也妨碍了经济改革的进一步深化和国民经济的健康发展。

因此，加快金融体制改革的步伐，加大金融体制改革的力度，以推动整个经济体制改革向纵深发展，已成为当前迫切需要解决的问题。那么，金融体制改革向什么方向深化呢？从适应社会主义市场经济的需要以及解决我国金融领域的深层次问题出发，我国金融体制改革的基本目标应是：第一，强化中国人民银行的基本职能，建立强有力的独立执行货币政策的中央银行调控体系。第二，分离政策性金融与商业性金融，建立以国有商业银行为主体、多种金融机构并存的金融组织体系。第三，规范金融市场运行，建立统一开放、有序竞争、严格管理的金融市场体系。第四，理顺各种利率关系，建立以中央银行利率为基础的资金价格体系。

二、强化中国人民银行的基本职能，建立强有力的独立执行货币政策的中央银行调控体系

中国人民银行作为我国的中央银行，应该同世界各国的中央银行一样，忠实地履行其基本职能：一方面，独立地制定和执行（实施）货币政策，运用各种手段，控制货币供给，调节货币需求，防止通货膨胀，保持货币以及整个宏观经济的稳定；另一方面，对金融机构实行严格的管理和监督，以政策和法规规范各种金融行为，保证金融机构的健康、安全运行。

在我国，虽然中国人民银行在名义上从1984年起就专门行使

刘国光
经济论著全集

第
11
卷

中央银行职能，可时至今日，中国人民银行与真正中央银行的标准和要求还相距甚远。这突出表现在：第一，中国人民银行仍从事具体的金融业务，如办理经济技术开发、老少边穷、扶贫、黄金生产量等专项贷款，经常使其陷入繁琐的一般货币信贷事务中，妨碍其基本职能的完成。第二，由于财政对中国人民银行还考核盈利指标，实行利润留成制，所以中国人民银行及其分支机构都具有强烈的利益冲动，如创办各种类型的经营性公司，与"民"争利，失去了超然地位。第三，中国人民银行从上到下受行政干预太多，缺乏应有的独立性，如中央财政经常向中国人民银行透支和借款，特别是各级地方政府对中国人民银行分支机构的强大影响和干预（即所谓"中央银行行为地方化"），都严重影响了中国人民银行职能的完成。第四，中国人民银行的宏观调控机制不完善，缺乏行之有效的调控工具。第五，中国人民银行制定和执行货币政策的独立性也不够，"发展经济、稳定货币"的双重目标经常使中国人民银行被动地适应"经济发展"的需要而不能达到"稳定货币"的目标（如十多年来我国几度出现的通货膨胀）。第六，中国人民银行对全国金融的运行缺乏有效的监管，这也是造成当前金融秩序混乱、金融纪律松弛的重要原因。

因此，我国金融体制改革的首要目标和任务，就是要使中国人民银行成为真正的、名副其实的中央银行，在此基础上建立一个强有力的独立执行货币政策的中央银行调控体系。从这一要求出发，目前必须妥善解决以下几方面的问题：

1. 制定法规，明确规定中国人民银行的职责，规范其行为。中国人民银行作为国家管理金融的权力机关，其最重要的任务是执行国家的金融政策，掌管货币发行，调节货币流通，保证全国统一货币政策的贯彻、实现。中国人民银行作为银行的银行或"最后贷款人"，一般只对全国性商业银行总行融通资金，不应再办理具体的、带有经营性质的金融业务。中国人民银行省（或市、自治区）以下分支行目前作为总行的派出机构，不再具体办理发放贷款、调剂规模等业务，而将工作的重点转移到加强金融监督管理、金融调查统计研究、经理国库、联行清算及外汇管理等方面。

2. 理顺财政与银行的关系，割断财政赤字与货币发行之间的联系，建立起中国人民银行与财政之间相互协调、相互制衡的宏观机制。改革以来，财政、金融体制不顺，财政、银行职能混淆的现象十分严重。最突出的表现就是已引起人们注意的"信贷资金被迫财政化"（如财政向中国人民银行巨额透支和借款，财政应拨未拨、应补未补等而由银行承担，以及银行发放所谓"安定团结贷款"等）和"财政资金主动信贷化"（如财政部门利用其掌握的预算内闲歇资金和预算外资金，设立财政信用机构，创办各种开发公司，或者直接向一些地方性公司投资入股，或者直接参与证券买卖、房地产开发、信托、租赁等金融活动），其危害是相当严重的。理顺财政与中国人民银行关系的重要之举，在于通过立法规定财政禁止向中国人民银行借款和透支，财政预算先支后收的头寸短缺靠发行短期国债来解决，财政赤字则必须通过发行中长期国债来弥补。与之同时，中国人民银行应加强对基础货币的调控，并保持资产的高度流动性，根据经济发展对货币供应的合理需要，利用市场机制灵活吞吐基础货币。在银行与财政的关系上，还有一点要提及，那就是要尽快取消中国人民银行及其分支机构的利润留成制度和税收上缴制度，建立中国人民银行独立的财务预算管理制度，中国人民银行实现利润全部上缴中央财政，亏损则由中央财政予以拨补。

3. 强化中央银行的独立性。中央银行的独立性问题也就是中央银行与政府的关系问题。当今世界，由于各国经济发展以及中央银行历史演变的不同，各国中央银行行使职权的独立性也不尽相同。美国、德国、瑞典等国的中央银行具有很大的独立性，不

刘国光 经济论著全集 第 11 卷

对政府负责，而对议会负责，其主要领导人均不参加内阁，其政策一般也不受政府的干预。英国、日本、法国等国的中央银行隶属于政府，但在制定和执行金融政策上仍具有较大独立性，它们一般是在中央银行内部设立一个较超脱的决策机构，如英格兰银行董事会、日本银行政策委员会、法兰西银行国家信贷委员会。为什么中央银行应有较大的独立性呢？主要是因为政府一般存在较严重的短期行为，往往过分注意短期的经济增长，胜于注意货币的稳定；如果中央银行具有较大的独立性，就有可能避免这种片面性，有效地执行货币政策，保证货币和物价稳定，为经济的长期稳定增长创造条件。事实也基本如此，大凡中央银行独立性较大的国家，也是币值较稳定、经济较发达的国家。中国人民银行作为我国的中央银行，也应具有较大的独立性。政府应保证中国人民银行有权有责，独立实施货币政策，自主调节货币流通，保证人民币的基本稳定。根据我国目前的情况，中国人民银行在国务院领导下独立执行货币政策，这对于加强中央银行的宏观调控，更好更快地发展我国的经济是有好处的。随着我国市场经济的发展，以及中央银行自身素质的完善和提高，将来是否需要调整或改变中国人民银行的隶属关系，还要总结实践经验，根据具体情况来决定。另外，为了避免中国人民银行分支机构受地方政府的干预，可以探索、尝试中国人民银行分支机构按中心城市即跨行政区设置的路子，为中央银行统一货币政策的贯彻创造条件。

4. 完善中国人民银行的调控机制。中央银行货币政策的最终目标是保持货币的稳定，以此促进经济发展。同时，随着市场经济由低级到高级、由不发达到发达的发展演变，中央银行的调控方式也应由以直接调控为主向以间接调控为主转换。在目前条件下，应该创造条件，积极尝试、改革和完善中国人民银行进行间接调控的手段和方法，包括逐步实行利率市场化，逐步实行多档次的存款准备金制度，扩大再贴现业务，试办公开市场业务，等等。与之相应，还要加快中国人民银行调研信息系统的建设，完善中国人民银行对货币供应量乃至整个宏观经济的统计、分析、预测制度，建立完善的货币政策预警体系，为制定货币政策提供科学依据。

5. 强化中国人民银行对货币政策执行、金融市场运作及金融机构行为的监管，以建立正常的金融秩序。这首先需要抓紧制定和完善金融法规，包括制定《中央银行法》《商业银行法》《票据法》《保险法》等，使金融运行有章可循，中国人民银行进行监管也有法可依。同时，中国人民银行要加强稽核监督力量，提高稽核监督水平，对银行和非银行金融机构严加监管，保证我国金融活动健康、有序，使我国金融管理走上法治的轨道。

有必要指出，在我国由计划经济向市场经济转轨的过程中，中国人民银行调控体系的健全及调控机制的完善，也是一个渐进的、逐步的过程，不能操之过急。并且在这一过程中，金融活动和行为都可能还带有很明显的"转轨"色彩。比如，在一些间接的金融调控手段还无条件付诸实施并发挥作用的条件下，传统的直接的金融调控手段（如目前采用的贷款限额管理）就还要保留使用一段时间。总之，转换中国人民银行的职能，建立新的中央银行调控体系，一定要从我国所处的现实条件和环境出发，避免造成宏观金融调控的"真空"和漏洞，从而导致宏观失控。

三、分离政策性金融与商业性金融，建立以国有商业银行为主体、多种金融机构并存的金融组织体系

经过十多年的改革，我国金融组织体系发生了很大变化，传统的、以"大一统"为主要特征的银行体系，已演变为目前的四

大专业银行、近10家地区性的商业银行、若干家保险公司、信托投资公司、证券公司、财务公司以及农村和城市信用社等多种金融机构并存的金融组织体系。

就目前的金融组织体系状况而言，仍不完善、不健全，还存在许多问题，主要有：

1. 专业银行"一身二任"，既办理政策性业务，又经营商业性业务。专业银行身兼两类业务，必然导致其性质、职能、责任模糊和行为混乱。当要求它执行政策性业务时，它往往强调自己是"商业银行"，强调自主和利益导向；当要求它作为"商业银行"而自谋资金平衡时，它又往往强调自己是政策性银行，结果是政策优惠与金融企业权力两边沾，而政策性银行的义务与金融企业的责任都不能好好承担。事实上，由于两类业务捆在一起，专业银行经常受到上级和地方政府的控制，更难于成为自主经营、自负盈亏、自担风险、自我约束的经济实体。这种体制既不利于中央银行宏观调控（如专业银行经常在地方政府的行政干预和自身利益的驱使下，把收购农副产品货款等政策性资金挪用于发展地方工业，而将信贷硬缺口甩给中央银行，迫使中央银行扩大货币发行），也不利于国家产业政策的顺利实施（专业银行出于自身利益的考虑，经常使利低险大的政策性贷款不能及时足额到位或挪作他用，从而影响国家产业政策的顺利实施）。政策性贷款一般是政府指定发放的，实际上是资金大锅饭，用好用坏、亏多亏少都无责任，所以专业银行一般不重视对政策性贷款的管理，用款单位在使用贷款时也缺乏应有的责任感，致使政策性贷款使用效益十分低下。

2. 专业银行之间缺乏竞争，缺乏生机与活力。四大专业银行间的业务分工成了各自的专业优势，行业垄断使各专业银行在并不需要特殊的经营与服务努力的条件下就能够取得相当的垄断利润，极大地削弱了专业银行经营的积极性和创造性；同时，行业垄断也导致资金画地为牢，金融市场分割，既窒息了金融体系的活力与效率，又降低了中央银行宏观调控的有效性。

3. 不仅在分工的领域中有专业银行进行垄断，而且在整个金融体系中，也由国有专业银行实行高度垄断。目前，四大国有专业银行从业人员占全国金融从业人员的90%，营业网点占98%，金融资产占84%，垄断了全社会存贷业务的75%。其他银行和非银行的金融机构根本无法与四大国有专业银行进行竞争，从而使我国金融业的效率、服务质量下降。

要解决上述问题，必须对现有金融组织体系进行改革，使之逐渐完善，包括：尽快组建政策性银行；转换专业银行的经营机制，使其成为真正的商业银行，稳步发展非银行和非国有的金融机构。

1. 尽快组建政策性银行。组建政策性银行，是分离政策性金融与商业性金融，解决国家专业银行身兼两类业务问题的关键。它对于割断政策性贷款与基础货币的直接联系，保证中国人民银行调控基础货币的主动性，对于理顺财政与中国人民银行的关系，对于切实转换专业银行的经营机制，使其成为真正的商业银行，对于构建适应社会主义市场经济需要的金融体系和金融体制，都有着不可低估的作用。它是深化金融体制改革的一个重要环节。

政策性银行是专门办理政策性贷款的金融机构，因此，所有的政策性贷款都应纳入其业务范围。目前国有银行承担的主要的政策性贷款有：一是国家对投资开发基础产业、基础设施的重点建设投资贷款；二是国家为了稳定农业生产，指定银行发放的粮棉油储备、农副产品合同收购及农业开发等贷款；三是为我国大型成套设备进出口提供买方信贷和卖方信贷；四是国家为了扶持、促进某些地区经济的开发、发展，指定银行发放的一些重要专项贷款，如科技开发贷款、老少边穷贷款、扶贫贴息贷款等。

刘国光

经济论著全集

第11卷

这些业务都应由拟议组建的政策性银行（国家长期开发信用银行、中国农业银行、中国进出口信贷银行等）来承担。

办好政策性银行的一个关键是加强对政策性贷款的管理和监督，尽可能提高政策性贷款的使用效益。一方面，要划清政策性贷款中的责任范围，银行和贷款使用者都要承担贷款的风险和责任，对用款单位挤占、挪用、拖欠政策性贷款，对银行失误造成的贷款损失都要进行必要的惩罚，以确保政策性贷款按国家规定的投向、投量、利率发放和使用，并保证按期、完整收回，避免目前存在的政策性贷款责任不落实、风险和损失完全由国家承担的状况。另一方面，要健全政策性贷款的监控体系和监督机制，政策性银行要定期向中国人民银行和财政部等有关部门报送贷款收放和使用情况，中国人民银行及有关部门也要对政策性银行的经营方针及国有资本的保值增值情况进行稽核、监督、检查。总之，政策性银行不参与商业性金融机构竞争，但仍要加强经营管理，以确保国有资本的保值或增值。

建立政策性银行是一件十分复杂而又艰巨的工作，需要我们周密设计，精心组织，谨慎实施。

2. 将国家专业银行改造成真正的商业银行。组建政策性银行的重要目的之一就是要卸掉专业银行的政策性金融职能，让其专心经营商业性金融业务，按照现代商业银行的经营机制运行。

现代商业银行是同发达的市场经济相联系的一种银行模式。尽管世界各国商业银行的发展没有统一的模式，但客观上存在着国际通行的商业银行的共同特征：第一，以现代法人公司为基本的企业组织形式，以股东权益最大化即以利润最优、风险最小为基本经营目标；第二，商业银行的业务以经营工商业存放款为主，以短期信贷为主，但越来越趋向全能化、综合化，因而被称为"金融百货公司"；第三，商业银行主要通过办理可用支票提取的活期存款业务，来提供交换和支付媒介，因而具有创造货币、扩张信用的能力和机制。

实现由专业银行到国有商业银行的转换，必须根据我国具体国情条件，借鉴国外商业银行的成功经验。为此，必须做到：

（1）对国家专业银行适当分割。我国某些银行规模过大，改成商业银行后仍将维持行业垄断。为了克服二级银行的行业垄断，可以考虑某些专业银行适当分割，划分为几个单独核算的自负盈亏的区域性商业银行。专业银行改组为商业银行后，要打破专业分工的限制，允许业务交叉，鼓励公平、正当的竞争。

（2）明确产权关系。我国专业银行现存的弊端，在很大程度上与产权不清有关。明确产权关系可以有几种选择，但从国内外商业银行运行的状况来看，股份制可能是一种比较理想的选择。商业银行实行股份制，有利于实现政企分开，有利于加强产权约束，从而把银行办成自主经营、自求平衡、自担风险、自负盈亏的金融企业。

（3）严格规范商业银行的业务。当今世界，银行业正朝着综合化、全能化和国际化的方向发展。但考虑到我国银行业的管理水平和金融市场的发育状况，目前商业银行以不经营保险业、信托业和证券业等业务为宜，以限制证券、信托等经营风险对银行业务的影响，保持证券市场和国民经济的稳定发展。

（4）在商业银行自身实行资产负债比例管理的同时，中央银行还要加强对商业银行的监管，防止商业银行管理不善引起金融风潮，也防止商业银行信贷扩张过速而加剧通货膨胀。

除国有商业银行外，我国商业银行体系还包括已建立的交通银行以及中信实业银行、蛇口招商银行、深圳发展银行、福建兴业银行、广东发展银行、光大银行、华夏银行、上海浦东发展银行以及即将组建的中国农村合作银行（由原农业银行的经营性业务分离，与农村信用社股份联合组建的银行）、城市合作银行（在城市信用社的基础上试办的银行）。这些商业银行突破了国有国营的体制，采取股份制或依附于企业集团的全资附属形式；也突破了专业银行按行政区划设置机构的框框，而突出了经济区域性；在业务经营上，突破了专业银行"大锅饭"的经营方式，实行国际通行的综合经营、资产负债比例管理，因而成为我国金融体系中具有较大生机和活力的"新家族"。但从整体来看，这类机构的"势力"还很弱小。因此，在完善这类机构的同时，应鼓励开办更多的区域性商业银行，并逐步放开非国有的民间金融机构的发展。

另外，还要根据对等互惠的原则，大胆、积极地引进外资银行，但引进的规模和步骤要与国内的金融管理水平和法律环境等相适应，同时还要加强对外资银行业务的经营管理。

3. 稳步发展非银行金融机构。构造适应市场经济需要的、充分竞争和充满活力的金融组织体系，除了成立政策性银行，把国家专业银行变成商业银行以外，还必须同时发展非银行金融机构，以真正形成多种金融机构并存的局面。发展非银行金融机构最主要的原因有两点：一是适应不同经济主体的多方面的储蓄与投资的需要；二是作为商业银行的竞争对手，有助于增强商业银行的压力，调动商业银行的主动性、积极性和创造性，从而提高整个金融体系的运转效率。

改革十多年来，我国在发展非银行金融机构方面进行了积极的探索和尝试，重新组建或发展了一大批非银行金融机构，如保险公司、信托投资公司、证券公司、金融租赁公司、企业集团财务公司等。但是，也还存着一些不可忽视的问题：一是同银行相比，数量和规模还很有限；二是种类还不够齐全；三是受传统经济模式的影响，不少非银行金融机构仍残存和沿袭着国家大银行的经营方法，缺乏灵活性和自主性。

发展非银行金融机构面临三方面的任务：一是完善。要按照社会主义市场经济的要求，加快现有非银行金融机构的转换；通过深化改革，转变其经营思想、运作方式和管理机制，使其逐步走上自主经营、自负盈亏、自担风险、自我发展的轨道；同时，各级政府和金融管理部门要简政放权，给予非银行金融机构应有的各项自主权，为其全面推行资产负债比例管理或资产风险管理创造条件。二是发展。此即在现有基础上，创新、发展规范化、多样化的非银行金融机构，借鉴国外经验，增加我国非银行金融机构种类和数量。三是加强监管。中央银行要在资本金、业务范围、运作方式等方面加强对非银行金融机构的监督和管理，防止其扰乱和破坏金融运行秩序。

四、规范金融市场运行，建立统一开放、有序竞争、严格管理的金融市场

金融市场是实现货币借贷、办理各种票据和有价证券买卖的市场。按照金融工具上所约定的期限，金融市场可分为货币市场（又称短期资金市场）和资本市场（也称长期金融市场）。货币市场是经营一年以内货币资金融通的金融市场，它包括银行的短期存贷款市场、商业票据承兑贴现市场、短期国债市场、同业拆借市场等。资本市场则是经营一年以上资金借贷和证券业务的金融市场，它包括中长期存贷款市场、债券市场和股票市场，后两者也合称证券市场。

建立一个统一开放、有序竞争、严格管理的金融市场，对于发展社会主义市场经济具有重要意义。作为市场体系重要组成部分的金融市场，其基本功能就是实现资金灵活地从长余向短缺、从低效向高效的转移：一方面通过各种渠道、各种方式进行动员、筹集资金，使资金的供给达到最大的数量；另一方面通过市场的优选机制，使资金进行最优的配置。因此，金融市场不仅是提高资金使用效能进而提高社会经济效益的有效途径，而且是实

现社会资源优化配置和产业结构合理调整的必要手段。

经过十多年的改革，我国金融市场得到了初步发育。这主要表现在：第一，货币市场（包括同业拆借市场、票据承兑贴现市场等）和资本市场（包括股票市场、债券市场等）都得到了程度不同的发育。第二，市场中介机构（如证券公司、证券交易所、证券交易报价系统等）正逐渐由单一化向体系化方向发展。第三，市场主体呈现多元化特征：政府、企业、个人、银行及非银行金融机构等都已进入市场，成为金融市场上的资金供给者和需求者。第四，市场管理正逐步进入了依据法律、规章进行规范化管理的轨道。

同时，我们也应看到，无论是货币市场，还是资本市场，其整体水平还是相当低的，都还存在着相当严重和突出的问题。比如，在同业拆借市场上，至今尚未形成一个全国性的、跨各银行系统的、信息反馈灵敏的同业拆借行情中心，使得全国资金拆借渠道变窄，加之信息不畅通，拆借成本增加；超过人民银行规定同业拆借资金的期限、用途和利率上限以及超过拆入资金占各项存款或资本金比例拆借资金；以拆借名义转移信贷资金，绕过信贷规模发放贷款，或将拆借资金用于弥补企业流动资金不足或固定资产投资的缺口。长期资金与短期资金不分，大量资金从货币市场流向资本市场、房地产市场，短期资金长期运用的现象极为普遍，扰乱了金融市场的秩序。又如，在股票市场上，存在着不经政府有关部门批准擅自发行股票或滥发股票，股市自律性差、虚假欺诈、内幕交易、股市投机盛行，法人股市场与个人股市场分割，A股市场与B股市场分割等问题。再如，金融市场的价格形成、金融工具的利率结构也存在着行政化的扭曲现象，从而妨碍各种金融工具的合理流动和宏观调控等问题。

随着我国社会主义市场经济的建立和发展，亟须建立全国统一的、开放的、竞争的、有序的金融市场。首先要在各地区逐渐形成的同业拆借市场的基础上，尽快建立全国统一的同业资金拆借市场体系，加强全国同业资金拆借的监控，使同业资金拆借走上法制化、规范化和科学化的轨道，消除资金拆借秩序混乱的现象。在完善货币市场方面，要明确界定和规范进入市场的主体及其行为，切断货币市场与资本市场的直接联系，防止短期资金的长期运用，使货币市场成为中央银行运用货币政策工具、调控基础货币和货币供应量的主要场所。要完善证券市场，包括完善国债市场，规范债券市场，特别是健全股票市场。要在企业股份制改造的基础上规范股票的发行与流通。创造条件统一法人股与个人股市场、A股市场与B股市场。源于地区或部门保护而出现的资金地区封锁和部门割据等现象都应尽快改变，让资金、证券自由流动，以充分发挥金融市场的整体功效。特别要加强法制建设，健全金融市场管理。国家要按照金融市场运行的内在要求，对金融市场进入条件、市场主体的行为等通过法律、规章的形式提出规范性的准则，对资金交易活动进行控制、引导、协调和监督，以影响金融市场信用成本、信用分配和构成，从而平衡金融市场的供给与需求，减少市场波动，稳定金融秩序，避免因金融市场行为紊乱对整个经济产生不良影响。

如前所述，目前发展金融市场中的两个障碍是，资金价格利率的形成依然存在着行政化和结构扭曲的严重现象。特别是利率双轨制（指中央银行及各专业银行实行低利率与货币、资本市场上实行通行的高利率）已经成为当前我国金融乃至经济生活中诸多问题（如资金短缺却大量体外循环、金融宏观失控、金融秩序混乱甚至滋生腐败）的根源。过热的股市、狂升的房地产价格以及人民币汇率下降等都与利率双轨制息息相关。总的来说，对利率手段的启用和利率市场化的改革是迟滞犹豫的。有两条看来互相矛盾的考虑或顾虑：一是认为现在企业仍然吃国家资金的"大锅饭"，对利率高低反应不灵敏；二是认为提高利率，企业承受不了。可是，第一，尽管当前国有经济部门对利率变动的反应仍不灵敏，但毕竟我国已经有一块相当大并迅速增大的对利率反应较为灵敏的非国有经济。特别是城乡个人储蓄对利率反应十分灵敏，这已为近几年储蓄升降变动所证实。第二，我国资金短缺，资金的官定价格——银行利率水平较低，即使稍提一点仍然偏低，如果企业连这样的利率也承受不住，那便是以低利率来支持低效率，并且是以损害储蓄者的利益为代价的。这种既违背效率原则又违背公平原则的低利率政策是不能长久执行下去的。要改变银行官定利率偏低和利率体系扭曲的状况，必须把双轨利率逐步向市场利率并轨，理顺利率关系。各类利率要反映期限、成本、风险的区别，保持合理的利差，逐步形成以中央银行参照市场利率适时调整基准利率为基础的、充分体现市场经济特点及要求的利率体系。

中国经济体制改革的新突破*

（1993年11月）

中共十四届三中全会《关于建立社会主义市场经济体制若干问题的决定》（以下简称《决定》），是继十四大提出社会主义市场经济作为体制改革的目标后，把中国经济体制改革的理论又向前推进了一大步。三中全会《决定》的新贡献和新论点，主要如下。

1. 将十四大提出的改革目标加以具体化，对社会主义市场经济体制勾画了一个基本框架，阐述了建立新体制的重大原则、方针和任务。

2. 对国有大中型企业改革，提出了建立以公司法人制度为主要形式的现代企业制度，实现出资人的所有权与企业法人财产权的分离。

3. 对政府职能转换和国有资产管理，提出了"把政府的社会经济管理职能和国有资产所有者职能分开，积极探索国有资产管理和经营的合理形式和途径"。

4. 在市场体系方面，提出着重培育和发展包括资本、劳动力、房地产、技术、信息等在内的生产要素市场；首次确认了"劳动力市场"概念。

5. 在宏观经济管理体制领域，提出了近期要在财税、金融、投资和计划体制的改革方面迈出重大步伐，建立计划、金融、财

　　* 原载《市长参考》1994年第1期。

政之间相互配合和制约的机制，加强对经济运行的综合协调。

6. 财税体制改革的重点是把现行的地方财政包干制改为在合理划分中央与地方事权基础上的分税制，推行以增值税为主体的流转税制度，统一企业所得税和个人所得税，规范税率，扩大税基。

7. 金融体制改革的重点是：把中国人民银行办成真正的中央银行，建立政策性银行，把现有的国家专业银行改组为真正的商业银行。

8. 在个人收入分配制度方面，明确提出"效率优先、兼顾公平"的原则，进一步否定了"大锅饭""铁饭碗"、平均主义的分配制度，比过去几年"兼顾效率与公平"的提法又进了一步。

9. 在对外经济关系方面，《决定》提出，要"进一步开放国内市场""创造条件对外商投资企业实行国民待遇"。特别是要改革外汇管理体制，"建立以市场为基础的有管理的浮动汇率制度和统一规范的外汇市场。逐步使人民币成为可兑换的货币"。

10. 在推进农村工业化、城市化方面，《决定》提出，要引导乡镇企业适当集中，充分利用和改造现有小城镇，建设新的城镇。《决定》还提出要改革小城镇的户籍管理制度。户籍制度改革的启动，对城乡经济一体化的发展将有深远的影响。

三中全会《决定》在社会保障制度、科技教育制度等方面，也都有重要阐述，不一一列举了。总之，十四届三中全会《决定》可以说是建设有中国特色社会主义道路，特别是中国经济体制改革进程中的又一座里程碑。它对于加快和深化经济体制改革，建立社会主义市场经济体制的伟大事业，具有重大的历史意义，并将发挥重大的现实指导作用。

关于现代企业制度的几点思考*

——在现代企业制度理论与实践研讨会上的发言

（1993年11月30日）

　　大家知道，1988年曾经颁布了《全民所有制工业企业法》（以下简称《企业法》），1992年又制定了《全民所有制工业企业转换经营机制条例》（以下简称《条例》）。从实际情况看，《企业法》和《条例》所提出的关于国有工业企业实现自主经营、自负盈亏、自我约束和自我发展的各项目标和要求虽然得到了一些落实，但是没有完全达到，扩大企业自主权的政策措施还有很多方面没有落实。为什么现在又提出建立现代企业制度的任务呢？我认为，建立现代企业制度不仅仅是经济学家们的理论主张，更重要的是它反映了社会主义市场经济客观规律的要求。最近召开的中共中央十四届三中全会通过的《关于建立社会主义市场经济体制若干问题的决定》（以下简称《决定》），明确提出了建立现代企业制度的方针和任务。建立现代企业制度，是十四届三中全会制定的社会主义市场经济体制总体框架的一个十分重要的梁柱和支点。因为在多种类型的市场主体中，最基本、最重要的是企业。十多年来，国有企业的改革始终处于我国经济体制改革的中心地位。这一改革过去主要是沿着扩大企业自主权的方向，取得了一定的进展，企业得到了一定的活力，为企业进入市场开辟了道路。但是，迄今为止，国有企业的改革措施，基本上

　　*　原载《中国工业经济研究》1994年第1期。

还是"扩权让利"的思路，没有触及计划经济体制下传统企业制度本身的改造。长期困扰国有企业的政企不分、产权不清、企业自主权不落实、自我约束机制不健全的问题，始终未能得到根本性的解决，以致企业活力不足，企业行为难以规范。事实证明，进一步深化企业改革，必须解决深层次的矛盾，从放权让利为主要内容的政策调整转变为以明晰产权关系为主要内容的企业制度创新。

对国有企业进行制度创新的改革思路，近几年来，我国经济界和经济理论界逐渐形成了一个共识，这就是用公司法人制度为主要形式的现代企业制度来改造国有企业，这一改革思路得到了十四届三中全会《决定》的确认。与此相应的若干重要理论观点，在《决定》中也得到了体现。比如过去理论界一些同志提出的"企业财产的终极所有权与法人所有权的分离"，在《决定》中表述为"出资者的所有权与企业法人财产权的分离"，用这一新的提法代替过去十二届三中全会以来使用的"所有权与经营权分离"的提法，这可以说是向前迈进了一大步。

公司法人制度的主要特征和进步意义，首先就在于产权关系明晰，能有效地实现出资者的所有权与企业法人财产权的分离，使企业在出资人投资形成的公司法人财产的基础上成为行使民事权利和承担民事责任的法人实体和市场竞争主体。而国家通过掌握出资者的所有权，可以保证国家所投资金的公有制的性质。

与产权关系清晰相联系的公司法人制度的第二个特征是权责利明确。企业有了法人财产，既落实了自主经营的权利，又增强了自负盈亏和对出资者承担资产保值增值的责任。出资者按其投入企业的资本额，享有所有者的权利，包括资产收益权、经营领导权，以及涉及资产问题的重大决策权，但不直接干预企业的经营活动；同时对企业的亏损和债务按其所投资金承担有限责任。

第三个特征是通过股东会、董事会、执行部门和监事会等公司治理机构的设置和运作，形成调节所有者、法人代表、经营者和职工集体之间关系的制衡和约束机制。

最后，现代公司法人制度还便于筹集资金，为扩大生产规模、实行资本社会化创造了一种好形式。将国有企业改造为现代法人公司，就为割断政企不分的脐带，理顺国有资产的产权关系，实现国有企业的机制转换，奠定了基础。

国有企业改组为现代法人企业，必须加强企业中国有资产的管理。在这方面，过去理论界提出"政府作为政权机关应负的社会经济管理职能和作为国有资产所有者的职能分开"，即"政资分开"的原则，这在三中全会《决定》中也得到了确认，具有十分重要的意义。因为政府的两重身份具有不同的任务和目的，政资不分往往会使政府向企业发出的信号发生矛盾和错乱，而且这些信号带有行政指令性，使企业难以拒绝执行。"政资不分"与"政企不分"是互为关联的，不解决政资不分的问题，就谈不上彻底解决政企不分的问题。《决定》中对国有资产的管理和运营的形式提出了要积极探索的任务，言简意赅，可以包含很多的内容，给改革者留下了很大的探索、回旋的空间。例如，国有资产是统一所有分级管理还是分级所有分级管理，国有资产的行政管理监督和经营运作是否分开，目前对国有资产保值增值如何监管等，诸如此类的问题都需要进一步探索。

为什么《决定》中没有再提"所有权同经营权的分离"？我个人体会有两个原因：一是光提企业的所有权与经营权分离，而不在产权关系上明确企业拥有出资人投资所形成的全部法人财产权，经营权也很难落实，不可能有效地自主经营和自负盈亏。二是现代企业制度中所有者与经营者的关系不是简单的一个外部分离的关系，在企业内部通过股东会、董事会、执行机构、监事会等机构的设置和运作，形成所有者、法人代表、经营者和职工集体之间相互制衡关系，把所有权与经营权的关系从单纯企业外部的简单分离伸延到企业内部相互统一、相互制衡的关系。所以，所有权与经营权分离的简单提法已不是很准确的了，在现代企业制度中已不再用这个提法了。当然，这是一个可以探讨的问题。

把国有企业改造为公司制的现代法人企业是一个十分复杂艰巨的过程。理顺产权关系固然是国有企业改革的一个关键环节，但目前困扰国有企业的还有许多别的问题。例如，税负沉重、"三乱"负担、退休人员负担、多余人员不能裁减、企业办社会的包袱、历史债务等，如果这些问题不解决，现代企业制度也搞不起来。所以，不能只靠理顺产权关系来解决，还需要有一系列的配套改革措施为公司制的改造创造一个良好的环境。

当前包括财政税收体制、银行金融体制、投资体制等在内的宏观调控体系改革的步伐正在加快，这就要求微观经济组织的改革也要跟上，特别要加快对国有企业进行公司制改组的步伐，正如《决定》所说，建立公司制决不是简单更换名称，也不是单纯为了集资，而是重在机制转换，严格按照公司的规范逐步推行，已经建立的公司也要按规范逐步完善。为了使公司制改组标准规范，建议人大常委会加快《公司法》的制定，这件事不能再拖了，再拖就要贻误时机。对于一时还不具备公司制改组条件的大中型企业，可继续执行《企业法》和《条例》，并积极为公司制改组创造条件；对于一般小型国有企业，《决定》上规定了可以根据不同情况实行承包经营、租赁经营，或者改组为股份合作制企业，有些也可以允许出售给集体或个人经营。有些同志担心把国有小企业出售或把国有大企业的股权转让出售，会不会带来私有化的问题。这种担心是多余的，这实质上是国有资产的一种价值形态转换，资产并没有流失。出售国有资产和转让国有股权的收入，应按产业政策投向国家更重要的产业部门或企业。当然，应当健全管理制度，严防转让过程中国有资产的流失。

世界看好亚太　亚太看好中国
中国看好上海*

（1993年12月）

我国沿海地区兴起建设国际化大都市的研探热点，有其历史背景，这是我国加快改革开放和现代化建设步伐的需要，是我国加快城市化步伐和大城市发展的需要，是世界经济格局变化，特别是亚太经济崛起的需要。当前世界看好亚太，亚太看好中国经济圈。中国幅员最辽阔，人口最多，产业前景最诱人，市场潜力最雄厚，建设国际化大都市，其理至为明显。建设国际化的都市，中国看好上海，上海走向国际化大都市的最基本的独特优势有以下几点：

一是在历史上，上海曾经是远东的一个贸易、运输、金融和经济中心。它虽然属于半殖民地，带有畸形，但是积累了一定的经济基础，为全国其他城市所莫及。

二是在地理上，上海居于中国绵长海岸线之中，又处于长江入海口，沿江而上直达川滇，腹地宽广。黄金海岸与黄金水道使上海占尽风流。

三是在经济上，上海的产业发展阶段在全国是领先的，经济规模、工业总产值、国民生产总值等各项总指标据1991年统计在全国十大城市中仍居首位，经济效益如财税收入在全国各省市中

---

　　* 原载《经济预测》（季刊）1993年第4期。

始终首屈一指。相对来说，上海在全国仍是一个金融中心、贸易中心和科技密集区、人才密集区，其国际化程度也非其他城市所能企及。

四是建设国际化大都市还要有较高涵度的都市文化，以上海为代表的"海派"文化属于海洋文化，是民族文化和外来文化的交融。

邓小平同志在南方谈话中谈到，"上海在人才、技术和管理方面都有明显的优势、辐射面宽，回过头看，我的一个大失误就是搞四个经济特区时没有加上上海，要不然，现在长江三角洲，整个长江流域，及至全国改革开放的局面都会不一样"。语重心长，使我们得到很大的启发。人们认为，中国改革开放的重点已经北上东移，上海扮演了"龙头"的角色。这又从另一角度表明了上海走向国际化大都市，确实具备难能可贵的有利条件。

但另一方面，上海也有一些制约因素。例如，长期以来，上海的国有企业比重大，在所有制结构和运行机制上不如其他省区灵活；上海是老工业基地，不少企业的设备陈旧，更新改造任务繁重；上海是老城市，人口密度甲于全国，而基础设施和公用事业落后，除旧布新是艰难的；等等。还有人认为，就现状讲，上海的市场开拓不如广东，经济增长不如江苏，出口引资不如闽浙，基础设施不如大连，推行改革不如深圳，这不是没有根据的。这些都是上海建设国际化大都市的障碍所在，也是潜力所在，必须善于处理，促其转化。

迈向国际化大都市，必须制定明确的对策，我个人认为有以下几点应予以注意。第一，换脑筋，即上海人要站得高，看得远，从"上海人"转向"国际人"；第二，深化改革，与其他城市的改革相比，上海不应满足于一般的市场经济体制，而应以现代市场经济为模式，便于与国际相对接；第三，扩大开放，要有新突破、新创造；第四，建立城市圈，处理好上海与其他地区和城市的关系；第五，改革开放和精神文明建设要两手抓，两手硬，尽最大可能防止各种丑恶现象的滋生和蔓延；最后，建设国际化大都市是一项宏伟的系统工程，要有全面规划，经过几十年的奋斗逐步达到。

深化金融体制改革是当务之急*

——香港《经济导报》特约通讯员专访
（1993年12月）

记者（何煦）： 中共十一届三中全会以来，金融体制伴随着整个经济体制改革的进程，也在不断改革、不断完善。但给人们的总的感觉是，金融体制改革进展不是很大，成效并不明显，没有发生实质性变化。您怎样看待、评价十多年来的金融体制改革？

刘国光： 我认为，应该辩证、客观地评价十多年来的金融体制改革。

一方面，通过十多年的改革，我国金融体制同传统体制相比，已经发生了较明显的变化。比如，基本形成一个以中国人民银行为领导、国家银行为主体、多种金融机构并存和分工协作的金融体系；初步建立了金融宏观调控体系，综合运用经济、行政、法律手段进行金融管理；以资金拆借市场和国债市场为主体的金融市场初步形成；金融对外开放不断扩大；等等。金融在国民经济总体运行中的地位越来越重要，作用越来越显著。标志之一是，随着我国国民收入分配结构、国民储蓄结构以及投融资结构的变化，随着经济商品化、货币化和信用化程度的不断加深，金融部门已成为聚集、融通和分配社会资金的主渠道，成为社会建设资金的最主要供应者。标志之二是，金融逐渐成为调节货

---

*　原载香港《经济导报》1993年第47期。

币、资金（价值）运动的主要手段，成为我国宏观经济的最重要的调控枢纽。有一项研究表明，我国近若干年来的经济波动，几乎都是财政金融政策调节的结果，而其中金融政策又比财政政策发挥了更为重要的作用。可以说，经过十多年的改革，传统体制下金融部门作为计划的核算部门和财政的出纳部门的地位已有了根本的改观，金融政策及其宏观调控的影响越来越举足轻重。

但另一方面，我们也应该承认，十多年的金融体制改革的确还没有取得实质性进展，一些深层次、带根本性的问题基本上还未取得突破，金融体制还不能适应社会主义市场经济发展的需要。这主要表现在：中国人民银行还没有成为真正的中央银行，金融宏观调控乏力；专业银行既经营一般业务，又经营政策性业务，难以成为一个真正的商业银行；整个银行体系缺乏竞争，缺乏活力；金融市场缺乏规范，市场分割、市场封锁现象严重，缺乏有效的监督和管理；等等。

金融体制改革在许多重要方面举步维艰，不仅造成了金融领域的诸多问题，如前一时期发生的金融秩序混乱、金融行为扭曲、金融纪律松弛等，而且还成为宏观管理改革和整个经济体制改革深化的一大羁绊。

因此，从建立社会主义市场经济体制的现实要求出发，加快和深化金融体制改革已是当务之急，是摆在我们面前的紧迫而又艰巨的任务。

记者：关于金融体制改革的总体目标，《关于建立社会主义市场经济体制若干问题的决定》（以下简称《决定》），已做了明确的规定，现在的关键恐怕是制定具体方案，组织实施，向总体目标迈进。请您谈谈对加快和深化金融体制改革的一些具体设想好吗？

刘国光：应该说，通过这次全会，金融体制改革的方向已十分明确了，我们眼下的任务是采取切合实际的步骤，有计划、有步骤地实现总体目标。

如何进行呢？我想要选择一些过渡措施。比如，要使中国人民银行成为真正的中央银行，就必须明确规定中国人民银行的职责（其作为国家管理金融的权力机关和"银行的银行"，既要保持货币以及整个宏观经济的稳定，又要保证金融机构的健康、安全营运），并规范其行为；就必须建立起中国人民银行与财政之间相互协调、相互制衡的宏观调控机制，割断财政赤字与货币发行之间的联系；就必须强化中国人民银行的独立性和自主权（为了避免中国人民银行分支机构受地方政府的干预，还要尝试其分支机构按经济区设置的方式）；还必须抓紧制定和完善金融法规，强化中国人民银行对货币政策执行、金融市场运作及金融机构行为的监管。在此基础上，建立一个强有力的独立执行货币政策的中央银行调控体系。

再如，要组建政策性银行，必须把目前专业银行承担的政策性业务分离出来，由新建或改建的政策性银行承担；政策性银行的资金来源，可以是财政拨款，也可以是发行债券和邮政储蓄；办好政策性银行的一个关键是加强对政策性贷款的管理和监督，尽可能提高政策性贷款的使用效益，以确保国有资本的保值或增值。

还有，分离政策性金融和经营性金融、组建政策性银行以后，还要实现国有专业银行到商业银行的转变。而要实现这一转变，必须明确专业银行的产权关系，这一目的可以通过股份制的形式达到；专业银行在执行国家金融方针政策的前提下，以获取最大利润为经营目标；要打破专业分工的限制，允许业务交叉，并鼓励公平、正当的竞争；还要严格规范专业银行的业务（如银行业和证券业分离）；在专业银行自身实行资产负债比例管理和风险管理的同时，中央银行还要加强对专业银行的监管。与之同时，还应鼓励发展更多的区域性商业银行，并根据对等互惠的原则积极而有步骤地引进外资银行。

在完善和发展金融市场方面，有必要尽快组建全国资金融通中心，建立全国统一的同业资金拆借市场体系，使之走上法制化、规范化、科学化的轨道，消除资金拆借秩序混乱的现象；要明确界定和规范进入货币市场的主体及其行为，切断货币市场与资本市场的直接联系，严防短期资金的长期运用，并使货币市场成为中央银行运用货币政策工具进行宏观调控的主要场所；要在企业股份制改造的基础上，按照国际惯例来规范我国股票的发行与流通，并逐步改变股票市场分割（如法人股市场和个人股市场、A股市场与B股市场的分割等）的状况；要按照金融市场运行的内在要求，对金融市场进入条件、市场主体的行为等通过法律、规章的形式进行控制、引导、协调和监督；还要理顺各种利率关系，使利率充分体现期限、成本、风险的区别，充分体现和反映市场经济的特点及要求。

金融体制改革的内容还有很多，由于时间关系，我不可能谈得很全面和很具体，而且前面谈到的，也只是我的一些大致想法。

记者：在您看来，在加快和深化金融体制改革过程中，也就是在向总体目标逼近的进程中，应该注意一些什么问题？

刘国光：我想，应该注意这样几方面的问题：其一，加快和深化金融体制改革，既要有紧迫感，又不能操之过急。这二者并不矛盾，前者强调要不失时机，后者则注重积极、稳妥、谨慎、有步骤地推进。其二，要大胆地借鉴国外的成功经验，促进符合社会主义市场经济需要的金融体制的形成。经济发达国家中央银行进行宏观调控的手段和方式，商业银行的组织形态及经营方法，金融市场的运行规则及管理措施等，对我国新金融体制的建立都是有借鉴作用和参考价值的，我们应该注意吸收，当然不是全盘照搬。其三，要注意改革的配套衔接。改革作为一个极其复杂的系统工程，各子系统之间的联系异常紧密。金融体制改革并非金融部门自身的事情，它牵涉方方面面，尤其需要财政、计划、投资乃至企业制度等方面的配套改革。否则，金融体制改革将不可能深化。其四，金融体制改革是一项十分复杂而又艰巨的工作，必须周密设计，精心组织，谨慎实施。

最后，我还想说的是，实施这次金融体制改革是我们多年来努力追求的，现在目标已经设定，航道已经开通，我们只有齐心协力，奋力拼搏，不失时机地将这一具有重要里程碑意义的改革圆满地付诸实施，以加快建立社会主义市场经济新体制的步伐。

引进外资银行：中国金融业
对外开放的重要举措*

——《银行与企业》特约记者专访
（1993年12月）

记者（何德旭）： 十多年前，外国银行就开始进入中国。只是近两年，中国提出重返关贸总协定，引进外资银行的问题才引起人们的极大关注。请您先介绍一下这方面的情况。①

刘国光： 据我所知，向外国银行敞开国门，作为中国改革开放的重要决策，至今已有十余年的历史。1979年，日本长期信用银行驻北京代表处挂牌，开新中国成立后外国银行在中国设立金融机构之先河。随后，日本、美国、英国、法国、德国、加拿大、瑞典等国一些著名银行也纷至沓来，在中国开办代表处。起初，这些代表处只被允许进行一些非直接盈利的工作。不久，他们得到了在经济特区直接从事业务经营活动的许可权。于是，这些外资银行便开始涉足外币存放款、外贸结算等十多项业务，一大批外资银行的分行机构在特区开张营业。进入20世纪90年代，中国上海浦东的开放又为外资银行进入中国提供了新的契机；1992年6月，中国政府又将广州、福州、宁波、南京、青岛、天津、大连7个沿海城市辟为外资银行可以进入的领域。据最新统计，目前在中国开放的14个城市中，已有来自30余个国家和地区

---

* 原载《银行与企业》1993年第12期。

的金融机构设立了250多家代表处，外资银行分行、中外合资银行、外资独资银行等营业性金融机构90余家。

外资银行进入中国速度之快、幅度之大，都令世人瞩目，就连亚洲"四小龙"当初开放的进展程度也无与伦比。

前不久，中国政府向关贸总协定秘书处递交了修改后的服务贸易初步承诺开价单，其中对金融服务的初步承诺是：外国银行可以在中国利用以下四种形式的金融机构进行投资和提供服务：外资银行，外国银行分行，中外合资银行，中外合作银行。

由此看来，向外国银行敞开中国大门已是一种不可逆转的大趋势，这不仅是中国金融业对外开放的重要举措和中国"复关"的必然要求，而且是中国建立和发展社会主义市场经济、中国经济与世界经济接轨的重要途径。

记者： 对于大规模引进外资银行之举，现在仍有许多人难以接受，甚至忧心忡忡。他们认为这样会冲击国内金融业，妨碍民族经济与金融业的发展，谓之曰"狼来了"。对此，您有什么看法？

刘国光： 是不是"狼"来了，不能一概而论；"狼"来了，也未必不是一件好事，它至少可以形成一种外在的压力。对于这一问题，我想说明这样几层意思：

一方面，引进外资银行，将使中国国内各大银行面对较强的竞争对手，面临更为严峻的挑战，在诸多方面受到影响和冲击，这已确定无疑。我们知道，外资银行不仅有着丰富的国际金融竞争经验和技巧，而且具备自主、灵活、先进、高效的经营手段、管理机制和技术设备。因此，无论是在经营业务方面，还是在吸引人才方面，外资银行都占明显的优势。从中国近几年的实践来看，在外资银行已进入的地区和业务领域，如国际结算业务、外汇贷款业务等，中国国内银行都受到了程度不同的冲击，表现在业务量下降、客户流失、人才外流等。如果外资银行获准经营人民币业务，国内银行的处境可能更加艰难。这些都是不可回避的事实。从这个角度来说，我觉得有些人担心"狼"来了，还是有些道理的，不能算杞人忧天。

另一方面，我们应看到的是，引进外资银行所带来的并不完全是消极影响，它还有许多积极作用。比如，有利于国内银行学习外国银行先进的管理经验和最新业务技术，增强国内银行的服务实力，并从管理、服务、技术等方面提高国内金融业水平；有利于加强国内金融机构的竞争力，活跃金融市场，加快国内金融的现代化；还有利于发展新的融资方式和引进外资，加强中外经济技术合作，推动中国金融和世界金融的一体化。如此等等，不一而足。

再一方面，我们还应看到，作为一个国家经济运行的血脉，金融的确具有操纵国民经济的功能。也正因如此，即便是那些已经开放金融市场的国家，都对外资银行实行了严格有效的管理，如日本、韩国对外国银行的经营范围，就有严格的规定。澳大利亚、马来西亚对外国银行设立分支机构也有严格的限制。从中国目前的情况看，对外资银行在业务经营范围、地区经营范围上实行了有限制的逐步放开。1990年颁布的《上海外资金融机构、中外合资金融机构管理办法》对此都作了详细的规定。最近中国政府亮出的服务贸易总协定初步承诺的开价单进一步明确：外国金融机构提供服务时必须遵守《中华人民共和国经济特区有关外国银行和中外合资合作银行的管理规定》以及《上海外资金融机构、中央合资金融机构管理办法》，外国投资者应是在中国已有3年常驻办事处的金融机构，外国银行申请在华投资前的总资产应不少于100亿美元，并在本国有良好信誉，外国银行只能经营外汇业务。所以，从这一方面来说，我认为引进外资银行并没有什么值得担忧的，也并不可怕。

综合以上的几层意思，我的结论是：从总体上看，从长期来看，引进外资银行的利大于弊，对我国金融事业的改革和发展最终将起积极的作用。

记者：按照关贸总协定尤其是服务贸易总协定中金融服务贸易的有关规范，应该说中国金融业与国际惯例尚有不小的差距。请您具体谈谈这方面的问题。

刘国光：的确，处于改革与发展中的中国金融业，无论是在体系制度、管理机制方面，还是在服务方式和技术人员素质方面，都还存在着许多问题。从整个金融体制来看，中央银行宏观调控能力弱小，真正自主经营、自负盈亏的商业银行体制尚未建立起来，整个金融业仍然是被国家银行高度垄断，金融市场有效的、规范化的竞争远未形成；在资金管理体制方面，我国仍然沿用资金总量控制的办法，按照国家计划的盘子制定总的信贷额度，各专业银行要严格遵守规模控制，在很大程度上忽视了信贷资产的安全性、流动性和增值性；在利率管理体制方面，利率主要还是由计划或行政确定，市场利率机制还没有真正形成并发挥作用，各专业银行资产结构单一，资产负债管理技术落后，缺乏有效的利益激励机制和现代竞争意识，金融服务的效率和质量都很低；除此之外，还有金融立法落后、高级金融人才缺乏等方面的问题。这无疑与中国金融业开放的大趋势以及重返关贸总协定的要求不相适应，甚至相距很远。在这样一种金融背景下，中国国内银行在与外资银行的竞争中处于不利地位就是难免的了。

记者：从发展社会主义市场经济以及适应引进外资银行的要求出发，您认为中国金融业的当务之急是什么？

刘国光：引进外资银行已是大势所趋，不可逆转。在这一前提之下，我们的着眼点就不应是强化对外资银行进入中国金融市场的种种限制。事实上这是不明智，甚至不可能的。我们应该着重考虑的是，适应市场经济和对外开放的要求，加速中国的金融体制改革，并尽可能向国际规范化方向迈进，以期全面提高中国银行业的适应性和竞争实力。这其中尤其要注重研究发达国家、发展中国家以及中国自身在金融业对外开放中的经验和教训，并结合关贸总协定的有关规则，制定我国的对策。

在这方面，有许多工作要做。我想以下几方面是至关重要的：强化中央银行的职能，加快形成统一、有效的宏观调控机制，保证币值的稳定；改革中央银行对专业银行的资金管理办法，采用8%的国际惯例（即资本金加上储备金要占风险资产的8%），在专业银行中全面推行严格的资产负债比例管理和风险管理，强化专业银行自我约束能力，建立风险监控机制；加快转换国家专业银行的经营机制，使其逐步成为自主经营、自负盈亏的经济实体；改革利率管理体制，逐步实行利率市场化；适当发展多种所有制成分的金融机构，促进竞争；利用国际和国内两个途径，加速培养高水准的金融服务人才，尽快提高整个银行业的人员素质；广泛采用电子计算技术和现代通讯设备，加速金融工具现代化、电子化进程，提高服务效率；尽快建立和健全金融立法。

最后，我还想强调的是，在引进外资银行的规模和速度问题上，还是稳妥一些好，要与国内的金融管理水平和法律环境等相适应，不可一哄而上、遍地开花。

强国富民道路的开拓与发展*

——学习毛泽东经济思想

（1993年12月）

　　1840年鸦片战争的隆隆炮火打开了古老中国封闭的大门。这炮火使我们的国家和民族沦入屈辱、痛苦、贫困的悲惨境地；同时，也使中国人觉醒和奋起。自那时起，一批批仁人志士为寻求救国之路，为中华民族的富强，上下求索，勇敢抗争，不懈奋斗，而得到的却是一次次痛苦的失败和挫折。中国社会在血与火中发生着剧烈的变动，长期处在混乱之中。五四运动的爆发和中国共产党的建立，才使中国革命的面貌为之一新。中国人民有了正确的领导力量，形成汹涌澎湃的革命洪流，中华民族终于站起来了。革命胜利以后，又向着更高的目标奋斗。在这一过程中，虽然出现了一些失误，但毕竟取得了令世界瞩目的成就。20世纪初期以来，中国社会发生的这一切，都与毛泽东这个伟大人物紧密相连。在此毛泽东诞辰一百周年之际，我们谨以回顾总结毛泽东经济思想的产生和发展，作为对这位历史巨人的缅怀和纪念。

* 　1993年12月为毛泽东生平和思想研讨会写的论文。原载《经济研究》
　　1993年第12期，摘要发表于1993年12月12日《光明日报》。

　　鸦片战争以后，中国陷入半殖民地、半封建社会。中国资产阶级领导的旧民主主义革命没能使我们的国家摆脱困境，资产阶级经济理论也没有提出真正能够救国富民的"良方"。中国社会需要进行革命性变革。这就是用马克思列宁主义理论武装起来的以毛泽东为杰出代表的中国共产党领导的新民主主义革命。

　　毛泽东经济思想是毛泽东思想科学体系中的一个重要组成部分。它是毛泽东和中国共产党人运用马克思列宁主义的基本原理观察认识中国社会经济性质，并依据对这种性质的科学把握，对中国社会经济进行有步骤的革命改造的理论；是中国在革命胜利后将形成一个什么经济形态和这个形态如何向更高的形态转化的理论；是中国如何摆脱贫困落后状态，走向工业化和现代化的理论。这一理论是在革命斗争中产生的，是在不断探索的过程中发展的，是在与"左"、右倾错误倾向的斗争中成长的，是以毛泽东为代表的中国共产党人集体智慧的结晶。

　　马克思主义指导下的革命运动，是要按照社会自身的性质和发展规律促进社会的变革和发展。因此，要促进中国社会的转化和发展，首先必须认清中国社会的性质和特征，"认清中国社会的性质，就是说，认清中国的国情，乃是认清一切革命问题的基本的根据"[①]。而要科学认识中国社会的性质和国情，必须坚持马克思列宁主义基本原理与中国实际相结合这条唯一正确的认识道路。

　　毛泽东创造性地运用马克思主义的立场、观点、方法观察认识中国的社会和经济。到1939年年末和1940年年初，他总结了20

---

① "中国革命和中国共产党"，《毛泽东选集》第2卷，人民出版社1991年版，第633页。

劉國光

经济论著全集

第 11 卷

世纪二三十年代我国社会性质问题研究的成果，在《中国革命和中国共产党》和《新民主主义论》中对中国近代社会经济形态的性质有了完整的科学认识和表述。

毛泽东指出，中国社会历史的发展也同样受人类社会历史发展的共同规律的支配。中国封建社会的解体是社会历史发展的必然结果，"中国封建社会内商品经济的发展已经孕育着资本主义的萌芽，如果没有外国资本主义的影响，中国也将缓慢地发展到资本主义社会"[①]。

外国资本主义的侵入，一方面对中国封建经济起了很大的解体作用，促进了资本主义的发展。不论是自然经济基础的破坏，还是城乡商品经济的发展，都为中国资本主义的产生和发展造成了某些客观的条件和可能，使早已孕育在封建社会内部的资本主义生产关系的萌芽得到了一定的发展。另一方面，外国资本主义的侵入又阻碍着中国资本主义的发展，这就是帝国主义为了自身的利益，勾结中国封建势力，压迫中国民族资本主义，使它不能正常地发展壮大，始终"没有成为中国社会经济的主要形式"，没有使中国进入资本主义社会。这样，近代中国便逐步演变为一个微弱的资本主义经济和严重的半封建经济同时存在的半封建社会。

毛泽东又指出，外国资本主义的入侵不仅把中国变成了半封建社会，而且把一个独立的中国变成了一个半殖民地的国家。"帝国主义列强侵入中国的目的，绝不是要把封建的中国变成资本主义的中国。帝国主义列强的目的和这相反，它们是要把中国变成它们的半殖民地和殖民地。"[②]

强国富民道路的开拓与发展

---

① "中国革命和中国共产党"，《毛泽东选集》第2卷，人民出版社1991年版，第626页。

② "中国革命和中国共产党"，《毛泽东选集》第2卷，人民出版社1991年版，第628页。

鸦片战争以来近百年的历史，就是帝国主义运用各种手段把一个封建的中国变为一个半封建、半殖民地社会的血迹斑斑的历史。

中国社会形态的这种性质和状况，决定了其主要矛盾是帝国主义和中华民族的矛盾、封建主义和人民大众的矛盾；决定了中国革命的主要对象是帝国主义、官僚资本主义和封建主义。毛泽东根据对中国社会性质的科学分析和整个世界历史进程的变化，准确地把握了中国无产阶级领导的新民主主义革命的基本历史进程，揭示了中国革命最基本的规律。他指出，由于半殖民地半封建中国社会的革命任务是反对帝国主义和封建主义，这就决定了中国革命的历史进程，必须分为两步，其第一步是民主主义革命，其第二步是社会主义革命，这是性质不同的两个革命过程。第一步是要推翻帝国主义列强和封建主义在中国的统治，改变这个殖民地、半殖民地、半封建的社会形态，使之变成一个独立的民主主义的社会。第二步是要依据科学社会主义的原理和社会发展的规律，使革命向前发展，建立一个社会主义的社会，从而真正实现一个世纪以来无数仁人志士和中国人民的强国富民之梦。

中国共产党领导的新民主主义革命，目的就在于解放生产力。因而在确定这一革命的阶段性和对象时，是严格依据生产力发展要求的。毛泽东指出："中国一切政党的政策及其实践在中国人民中所表现的作用的好坏、大小，归根到底，看它对于中国人民的生产力的发展是否有帮助及其帮助之大小，看它是束缚生产力的，还是解放生产力的。"[1]毛泽东提出的新民主主义革命的经济纲领和新民主主义社会的经济构想，都是在这一马克思主义的基本原则的基础上制定的。

新民主主义革命的经济纲领，就是对半封建半殖民地社会的

① "论联合政府"，《毛泽东选集》第3卷，人民出版社1991年版，第1079页。

刘国光
经济论著全集

第
11
卷

经济制度进行革命性改造的基本纲领。这一纲领的形成经过了一个长期探索和酝酿的过程。新民主主义经济思想在土地革命时期萌发后经过艰难的探索和正反两个方面思想材料的积累，到抗日战争时期就已经初步形成了一个体系；到解放战争时期又得到了进一步的充实，逐步走向成熟。三大经济纲领的提出就是毛泽东新民主主义经济思想经过长期发展走向成熟的集中表现。毛泽东在1947年12月的《目前形势和我们的任务》中说："没收封建阶级的土地归农民所有，没收蒋介石、宋子文、孔祥熙、陈立夫为首的垄断资本归新民主主义的国家所有，保护民族工商业。这就是新民主主义革命的三大经济纲领。"[①]三大经济纲领从总政策的高度克服了过去长期存在的"左"的和右的，特别是不断冒出的"左"的倾向，为新民主主义革命的胜利奠定了坚实的基础。

没收封建地主阶级的土地归农民所有，这一基本经济思想和基本经济政策，是我们党和毛泽东同志早已提出并实践的。封建土地制度的变革是新民主主义革命的基本任务之一，是中国社会的基础结构具有巨大历史意义的变化。这种经济上基础性结构的变化，不仅使反动的旧政治、腐朽的旧文化失去了存在的根基，而且开通了发展新民主主义的新政治、新经济、新文化的道路。它为中国由长期处于停滞状态的农业国向工业国的转变，创造了必要的前提。

中国社会的半殖民地半封建性质，使资本的产生、生存和运行处于一种非常复杂的状态。这种复杂性决定了认识和处理这个问题的难度。毛泽东同志对这个问题的认识也是不断深入的。过去虽然确立了新民主主义革命不是一般的消灭资本主义，而是让资本主义在一个相当长的时期内适当发展的基本思想，也确定了对关系国计民生的大资本要"节制"、要收归国有的政策，但对

---

① "目前的形势和我们的任务"，《毛泽东选集》第4卷，人民出版社1991年版，第1253页。

中国特定形态的大资本与一般中小资本在性质上的区别，认识上还不具体。在三大经济纲领中，毛泽东着重分析了官僚资本和民族资本的不同性质及其对生产力发展的不同作用，在此基础上，规定了对待官僚资本和民族资本的不同政策。官僚资本是一种垄断性、买办性、封建性的国家垄断资本，又是和独裁政权结合在一起实行超经济剥削和掠夺的资本。这种特征决定了它对社会生产力发展起着严重的阻碍作用。没收官僚资本归新民主主义的国家所有这一经济纲领，就是根据官僚资本的性质和历史作用，依据"剥夺剥夺者"的原则提出的，是从整体上铲除腐朽的生产关系、扭转整个国民经济发展方向的一项极其重要的纲领。由于其对象本身在半封建半殖民地经济中的多重联系和特定性质，它具有民主革命和社会主义革命的双重性质。

保护民族工商业这一经济纲领是中国共产党对民族资本在半殖民地半封建社会以及向未来社会转变过程中的地位和作用的认识的集中概括。民族资本主义在中国经济的发展中还有着没有充分发挥的积极的历史作用。毛泽东指出，由于中国经济的落后，"即使革命在胜利以后，在一个长时期内，还是必须允许它们存在；并且按照国民经济的分工，还需要它们中一切有益于国民经济的部分有一个发展；它们在整个国民经济中，还是不可缺少的一部分"①。

毛泽东新民主主义经济思想的又一个重要组成部分是关于新民主主义经济结构的构想。新民主主义经济结构是对半封建半殖民地的社会经济形态进行新式民主革命后的结果。毛泽东提出，新民主主义经济结构的特征是多种经济成分并存。他认为，在新民主主义革命阶段，以及在新民主主义革命胜利以后，社会经济是由国家经营、私人经营和合作社经营三者组成的。国家经营，

---

① "目前形势和我们的任务"，《毛泽东选集》第4卷，人民出版社1991年版，第1254—1255页。

刘国光

经济论著全集

第

11

卷

即由在无产阶级领导下"为一般平民所共有"的新民主主义国家掌握和经营，这种经济的性质已经是社会主义的。合作社经营也已带有社会主义的因素。私人经营，包括私人资本主义经营和劳动人民个体经营。此外，还有国家和私人合作经营的国家资本主义。这样，国营经济、合作社经济、私人资本主义经济、劳动者个体经济和国家资本主义五种经济成分就构成了新民主主义的经济形态。毛泽东的上述新民主主义经济基本构想已经在革命根据地实现，并取得很大的成功。新民主主义经济理论在实践中充分展开，形成了内容丰富的根据地经济建设思想。根据地新民主主义经济建设的思想和实践，对革命战争的胜利做出了重大贡献，并为革命胜利后的经济建设提供了宝贵的经验和启示。毛泽东指出，新民主主义经济的性质是非资本主义的，它是半殖民地半封建社会通向社会主义社会"一个过渡的阶段"[1]。

强国富民道路的开拓与发展

二

　　革命胜利后，半殖民地半封建社会如何向社会主义过渡？建立一个过渡性的新民主主义社会，作为向社会主义转变的中介，这是毛泽东在新民主主义革命胜利以前就提出的一个设想，这是他的革命转变理论中最具特色和独创性的地方。早在1940年3月，毛泽东就指出，新民主主义是暂时的、过渡的，是一个楼梯，将来还要上楼。对于决定和支配这一转变的条件，毛泽东也很早就从原则上做出了明确的回答。他在1935年12月就指出："不到具备了政治上经济上一切应有的条件之时，不到转变对于全国最大多数人民有利而不是不利之时，不应当轻易谈转

---

① "中国革命和中国共产党"，《毛泽东选集》第2卷，人民出版社1991年版，第1254—1255页。

变。"①1949年3月，毛泽东在党的七届二中全会报告中分析了旧中国经济中现代工业只占10%左右，农业和手工业占90%左右，指出这是中国半殖民地半封建社会性质在经济上的表现，是中国革命和革命胜利后一个相当长的时期内一切问题的基本出发点。从这一点出发，认为我国新中国成立后应该建立的是新民主主义的经济形态。毛泽东指出：由于中国的经济遗产是落后的，所以新民主主义革命胜利之后的一个相当长的时期内，必须谨慎地、逐步地而又积极地引导分散的个体农业经济和手工业经济，向着现代化和集体化的方向发展，大力发展经济，使中国稳步地由农业国转变为工业国，创造出雄厚的经济基础，否则就不可能由新民主主义社会发展到将来的社会主义社会。这里对实现转变的经济条件的认识和把握，虽然不能说非常具体，但有实现工业化这个有实在内容和客观标准的基本内涵，应该说是已经有相当实在和具体的认识和把握了，这种认识和把握是严格依据生产力的发展程度的。至于需要多长时间，毛泽东和党内一些领导人都预计，至少要10年，多则15年或20年。

到1952年，完成了国民经济恢复并超过了预计的目标，经济生活中出现和积累了一些新的矛盾，需要有明确的方针和系统的政策来加以解决。这些矛盾主要表现在土改后农民分散落后的个体经济难以满足城市和工业对粮食和农产原料的不断增长的需要，而贫富分化的出现又使共产党人不能不考虑个体经济究竟向哪个方向发展的问题。而在城市中，工人阶级和国营经济同资产阶级之间限制和反限制的斗争已经经历几个回合，斗争并未结束而是时起时伏，对国家经济生活有很大影响。工业化的大规模发展引起了这些矛盾的加剧，使党和毛泽东同志不能不考虑加紧和扩大农村的互助合作运动和城市中限制资本主义的措施。这就不

① "论反对日本帝国主义的策略"，《毛泽东选集》第1卷，人民出版社1991年版，第160页。

可避免地把实行社会主义改造的任务提到日程上来。正是在这样的背景下，提出了党在过渡时期的总路线。党中央认为，制定党在过渡时期的总路线，明确地向全党和全国人民提出向社会主义逐步过渡的任务，预计用15年或者更长一点的时间来完成，现在是适时的和必要的了。原来的设想是新中国成立后继续搞一段新民主主义，若干年后再考虑向社会主义转变的问题，总路线的提出使原来的理论设想发生了一定程度的变化，向前推进了一步。原来所说的新民主主义建设阶段，同时也就成了从新民主主义转变到社会主义的过渡时期。

党在过渡时期的总路线，是发展生产力和变革生产关系的有机统一，是一条社会主义建设和社会主义改造同时并举的路线。逐步实现国家的社会主义工业化，发展生产力，是主体；对农业、手工业和资本主义工商业的社会主义改造是变革生产关系，是两翼，是为实现工业化服务的。完成这个过程当时预计需要三个五年计划即15年时间，加上3年恢复时期，共18年。这同原先所设想的先进行15年或20年新民主主义建设，然后一步实行和完成社会主义改造，具体步骤和方法有了变化，而预计要用的时间仍大体相同。

中国农业的社会主义改造，是一场在经济文化落后的东方大国，把拥有5亿农民的个体私有制改变为合作社社员的集体所有制的极其广泛和深刻的伟大社会变革。毛泽东和中国共产党领导农民消灭封建剥削制度以后，很快就又将他们引上互助合作之路，是从使农业的发展与国家工业化相配合、使农民的小生产逐步走上大生产从而由贫穷走向富裕这一目的出发的，也是从防止农村的两极分化、在新的基础上巩固工农联盟，更有效地同私人资本主义作斗争，从而消灭城乡的剥削制度出发的。这个发展生产力和建立公有制的基本出发点，反映了历史前进的方向和人民群众的要求。关于农业合作化的战略部署就是在这个指导思想上确立的。

在实行对农业的社会主义改造的过程中，毛泽东遵循马克思主义对待个体农民的基本原则，坚持教育、示范和社会帮助的途径，实行自愿原则，创造出一条中国式的农业合作化道路。在对小农经济和农民的性质和趋向进行了具体分析和科学把握的基础上，领导农民创造了由互助组到初级社，再到高级社这种循序渐进的过渡形式，并且取得了成功。特别是初级社这个过渡形式更具有中国特色，它以土地入股、统一经营等特点，是自然而不强制地吸引农民走上社会主义的过渡形式。不足之处是，上述循序渐进的正确原则和做法没能贯彻始终。1955年夏季以后，特别是农业社会主义改造高潮掀起之后，没有坚持逐步前进的方针，而是急于求成，出现了"左"的错误。

手工业的社会主义改造也是通过由低到高的三种形式，即手工业生产小组、手工业供销合作社、手工业生产合作社，逐步走上合作化道路的。同农业合作化进程和出现的倾向类似，也是起初步伐稳健，后期出现了一些毛病，主要是集中过多、社过大，没有顾及手工业分散灵活、适应性强的特点。

无产阶级夺取政权以后，用和平"赎买"的办法对资本主义工商业进行社会主义改造，是马克思、恩格斯、列宁都曾设想过的一种代价较小的、较为理想的方式。由于俄国资产阶级不接受列宁的政策，列宁的赎买设想未能实现。而毛泽东和中国共产党却开拓出一条具有中国特色的社会主义改造道路，这就是在无产阶级与资产阶级建立联盟的条件下和平地改造资产阶级、消灭剥削制度。我们党历来对本国的民族资产阶级采取区别对待的政策。民主革命胜利后，民族资产阶级仍具有剥削工人阶级和拥护《共同纲领》与宪法、愿意接受社会主义改造的两面性。在人民民主政权和国营经济日益壮大的情况下，加之工人阶级与广大农民建立了巩固的联盟，这样，对资本主义工商业的和平改造，就有必要也有可能了。

党的过渡时期总路线明确提出了对资本主义工商业实行利用、限制和改造的政策，明确了由低级到高级的各种形式的国家资本主义是改造资本主义工商业的必由之路。所谓国家资本主义的各种形式，低级的是收购产品、加工订货、统购包销、经销代销；高级的是个别企业和全行业的公私合营。到1956年年底，资本主义工商业的社会主义改造基本完成。在这一过程中，创造了由工缴费、四马分肥到定息、高薪等一系列赎买形式，同时实行企业的改造与人的改造相结合，既把资本主义企业逐步改造成为社会主义企业，又把剥削者中的绝大多数改造成为自食其力的劳动者。在这一过程中，也存在着不足，主要表现在要求过急、速度过快；过分强调集中，不适当地"裁并改合"；大批小商、小贩和小手工业者被当成"资产阶级工商业者"卷入公私合营，混淆了剥削者和劳动者的界限。

当我们回顾新中国成立初期这一段发展路程时，确实感到在这一段不算长的时间内，关于新民主主义向社会主义转变的时机与步骤的理论设想发生了某些变化，向社会主义转变和改造的实际进度也大大加快。根据革命的目的是发展生产力这一标准，生产关系的改变步伐应与社会生产力发展的程度相适应。可是实际进程却是生产关系的改造进程超越了生产力的发展。固然，原来设想的新民主主义社会本来就是过渡性的社会，过渡时期总路线的理论内涵与新民主主义社会的设想在性质上并未发生冲突，而社会主义改造从总趋势上也是符合我国社会发展的基本趋向的，况且当时的客观环境也在促使加快改造的步伐。但是，社会主义改造的"要求过急""改变过快"，不能不说是对生产力标准的某些偏离。从理论根源上讲，毛泽东已经由在制定新民主主义经济理论时严格依据生产力的要求、坚持生产力标准开始变得在生产力发展和生产关系改革的关系问题上有些把握不准。这是今天才能看得较为清楚的一点，它也是我们总结整个理论发展过程的一条基本线索。当然，全面地看，在中国这样一个情况极其复杂的大国，在保持了经济基本上稳定发展并得到人民群众普遍拥护的情况下，顺利地、创造性地实现了这一伟大的社会变革，其巨大历史意义是不可磨灭的。

三

1956年对生产资料私有制的社会主义改造基本完成，标志着一种新的社会制度的建立和一条新的社会发展道路的开启。建设我们党多年为之奋斗、人民群众盼望已久的社会主义，这是使全党振奋、令人民鼓舞的开天辟地的大事。但是，由于缺乏足够的理论和思想准备，关于社会主义建设的新的理论只能根据马克思列宁主义的基本原理同中国实际相结合的原则，不断总结经验，在实践中摸索和发展，必然要走过一段成就与失误并存的崎岖道路。

在理论创造上极具独创性的毛泽东很早就提出要走出一条自己的建设社会主义的道路。虽然在开始建设的时候，党号召过"学习苏联"，但是，很快毛泽东就提出要对苏联经验采取分析的态度，要结合中国的情况来学习。1956年4月，毛泽东发表《论十大关系》的讲话。讲话中指出，对于外国的经验，也不能不加分析地一概排斥，或者一概照搬。"特别值得注意的是，最近苏联方面暴露了他们在建设社会主义过程中的一些缺点和错误，他们走过的弯路你还想走？"[1]

《论十大关系》是在确定了要走自己的建设道路的背景下，对社会主义改造基本完成后社会基本矛盾和复杂经济关系进行的

---

[1] "论十大关系"，《毛泽东选集》第5卷，人民出版社1977年版，第267页。

分析。这种分析虽然还是初步的、总括的，逻辑和层次还不太分明，但是其中蕴含着丰富的辩证思想。十大关系的前三条对产业关系、地域经济关系的分析，实际上是要开辟一条与苏联不同的中国工业化道路；第四条、第五条讲国家、生产单位和生产者个人的关系，中央和地方的关系，实际上已开始涉及对过分集中的经济体制进行改革的问题。后五条是属于政治生活和思想文化生活中调动各种积极因素的问题。毛泽东自己认为，从提出十大关系起，开始找到一条适合中国的建设道路，"原则和苏联相同，但方法有所不同，有我们自己的一套内容""开始反映中国客观规律"。

社会主义社会在自身运动中逐步出现了一些新的现象和新的问题，不仅国际上苏共二十大的召开和波匈事件的爆发，暴露了社会主义国家的许多矛盾，我国国内也出现了一些令人深思的问题。毛泽东敏锐地抓住了这些问题，从社会主义的整体性质和矛盾的把握上，提出和解决了一系列重大的理论问题，做出了巨大的理论贡献。

毛泽东在《关于正确处理人民内部矛盾的问题》中，总结了国际共产主义运动的历史经验，运用对立统一规律剖析社会主义社会，创立了关于正确处理人民内部矛盾的学说。这一学说的主要内容有：（1）社会主义社会的基本矛盾及其性质特征。毛泽东肯定了矛盾仍然是社会主义前进的动力，指出社会主义社会的基本矛盾仍然是生产关系和生产力、上层建筑和经济基础的矛盾。它们之间既有基本适应的一面，又有不适应的一面，可以通过社会主义制度本身，不断得到解决。这一思想为以后的经济体制和政治体制改革奠定了基础。（2）社会主义社会存在两类社会矛盾，即敌我之间的矛盾和人民内部矛盾，正确处理人民内部矛盾是社会主义国家政治生活的主题。（3）处理人民内部矛盾要用民主的方法，具体化为"团结——批评——团结"这个公式。在这个总方法的基础上，还提出了一系列具体方针和政策，在经济方面就是实行统筹安排，兼顾国家、集体和个人三者利益和走一条中国工业化的道路。

中国的工业化道路问题，是毛泽东早在民主革命时期就关注和思考的一个重要问题。在进入社会主义建设时期以后，毛泽东就更重视这个问题，提出了许多重要的至今仍有指导意义的思想。毛泽东指出："我国是一个大农业国，农村人口占全国人口的百分之八十以上，发展工业必须和发展农业同时并举。"[①]而不能像苏联和某些东欧国家那样片面强调重工业。他把重工业、轻工业和农业的关系问题，上升为中国工业化道路问题。毛泽东一方面指出，"重工业是我国建设的重点"[②]；另一方面强调工业的发展要以农业为基础，从农轻重相互制约、协调发展的角度，提出用多发展一些农业轻工业的方法来真正发展重工业。他说："农业和轻工业发展了，重工业有了市场，有了资金，它就会更快地发展。这样，看起来工业化的速度似乎是慢一些，但是实际上不会慢，或者反而可能快一些。"[③]实践证明了毛泽东这一思想的正确性和重要性，"一五"期间的情况证明了这一点，凡是农业增产比较大的年份，第二年工业的发展就较快，财政收入就较高，为国家提供的资金积累也较多，否则，结果就相反；以后的经济发展状况也一再证明了这一点。最近，中央强调要十分重视农业问题，要确立农业在社会主义市场经济体制下的基础地位，要坚定不移地把农业放在经济工作的首位，也是在这一思想的基础上提出的。

① "关于正确处理人民内部矛盾的问题"，《毛泽东选集》第5卷，人民出版社1977年版，第400页。
② "论十大关系"，《毛泽东选集》第5卷，人民出版社1977年版，第268页。
③ "关于正确处理人民内部矛盾的问题"，《毛泽东选集》第5卷，人民出版社1977年版，第400页。

刘国光

经济论著全集

第
11
卷

在经济管理体制方面，毛泽东认为，在所有制问题解决以后，最重要的问题是管理问题，即全民所有制企业、集体所有制企业如何管理的问题，这也就是一定的所有制下人与人的关系问题。这方面是大有文章可做的。在这一理论基础上，毛泽东提出了建设社会主义，必须处理好中央和地方的关系、国家和企业关系的精辟见解。对于中央和地方的关系，他指出："我们的国家这样大，人口这样多，情况这样复杂，有中央和地方两个积极性，比只有一个积极性好得多。我们不能像苏联那样，把什么都集中到中央，把地方卡得死死的，一点机动权也没有。"①要在巩固中央统一领导的前提下，扩大一点地方的权力。

对于国家与企业的关系，他指出："把什么东西统统都集中在中央或省市，不给工厂一点权力，一点机动的余地，一点利益，恐怕不妥。……各个生产单位都要有一个与统一性相联系的独立性，才会发展得更加活泼。"②但是企业的性质和权益到底应该怎样确立才恰当，仍然没有彻底解决。毛泽东也承认，我们的经验不多，还要研究。

社会主义社会中的商品经济与价值规律问题是一个关系到社会主义经济运行基本机制的重要理论和实践问题。毛泽东在纠正1958年出现的混淆集体所有制和全民所有制、社会主义和共产主义的界限，纠正"一平二调三收款"的共产风时，建议各级干部学习社会主义政治经济学，"使自己获得一个清醒的头脑，以利指导我们伟大的经济工作"③。毛泽东自己带头读书，结合中国经济建设的实际，冷静深入地思考了这一重大理论问题，针对否定商品、货币关系的错误思想，提出和阐述了许多

---

① "论十大关系"，《毛泽东选集》第5卷，人民出版社1977年版，第275页。

② 同上书，第273页。

③ 《毛泽东书信选集》，人民出版社1983年版，第552页。

有价值的观点。

首先，毛泽东从历史的角度和商品生产的历史作用出发，指出：中国原来是商品生产很不发达的国家，比印度、巴西还落后，很需要有一个发展商品生产的阶段。他着重论证了保持商品生产和商品交换这个城乡经济联系的唯一形式，是使小农占优势的国家获得社会主义胜利的唯一道路这个重要观点。他认为，在生产力水平较低的情况下，如果否定商品生产、商品交换，把集体所有制变为全民所有制，由国家无偿地调拨农民的产品，又没有充分的工业品去满足广大农民的生产和生活的需要，这样做，实质上就是剥削农民，必然引起农民的不满，阻碍生产的发展和影响工农联盟的巩固。毛泽东并不局限于从两种不同所有制这个层次去认识商品生产存在的根源，他还从更深的层次上思考了这一问题。他认为，商品生产的命运，最终和生产力的水平有密切关系。因此即使过渡到了单一的社会主义全民所有制，如果产品还不很丰富，某些范围的商品生产和商品交换仍然有可能存在。这一观点是相当深刻的，触及了问题的根本，可惜没有再作进一步的阐发。

大家知道，长期以来，人们对社会主义制度下实行商品生产和商品交换，心存疑虑。毛泽东针对一些人的思想顾虑提出："现在有些同志怕商品，无非是怕资本主义。"但是，"不能把商品生产和资本主义混为一谈"，这是因为，商品生产并不是在任何情况下都会导致资本主义的，它是需要特定社会经济条件的，而社会主义制度已经不存在这样的条件。对于商品生产的消极作用，毛泽东认为，有，就限制它。对于发展商品生产和商品流通，在这里实际上开始摆脱姓"社"姓"资"的争论，而着眼于发展生产力，从商品生产可以调动人们的生产积极性，可以增加社会财富、满足社会日益增长的需要等方面，来认识其重要性。正是在这一基础上，毛泽东提出了价值规律是一个伟大的学

刘国光

经济论著全集

第
11
卷

校的著名的论断。他严肃地告诫全党，价值法则，等价交换，这是客观规律。违反它，要整得头破血流。这个法则是一个伟大的学校，只有利用它，才有可能教会我们的几千万干部和几万万人民，才有可能建设我们的社会主义和共产主义，否则一切都不可能。毛泽东关于价值规律的作用的这些论述，讲得非常生动、鲜明和深刻。这反映了毛泽东对社会主义商品经济问题的思考曾经达到了相当的高度，并对马克思、恩格斯、列宁和斯大林关于商品经济在社会主义社会中命运和作用的认识有所突破。令人遗憾的是，毛泽东以务实的态度、从促进生产力发展的角度出发进行理论探索所取得的成果和达到的高度，却没能坚持和继续发展下去，而另一种思路却逐步扩大和发展起来。

从前面毛泽东关于向社会主义过渡的认识的变化中，已经可以看出他对社会主义所需要的生产力高度和物质基础的认识已经有所淡化；而到开始探索中国的社会主义建设道路时，更出现了偏重生产关系方面的倾向。毛泽东自己曾在1962年1月说过："我注意得较多的是制度方面的问题，生产关系方面的问题。"①当这种思路进一步发展到对上层建筑和国家政权变为修正主义的忧虑，从而错误地估计了国内阶级斗争的形势，提出以阶级斗争为纲时，就逐渐偏离了社会主义经济建设这个中心。1957年后，"左"的思想开始抬头，逐渐占了上风，暂时压倒了正确的思想。这种"左"倾错误的积累和发展终于导致"文化大革命"的发动，使中国式社会主义道路的探索完全中断。

由于在探索中国式社会主义建设道路中出现的偏离、失误和一度发生的中断，毛泽东和我们党提出的把我们国家尽快建成社会主义现代化国家、迅速强盛和富足起来的美好愿望的实现遇到了挫折。

---

① "在扩大的中央工作会议上的讲话"，《毛泽东著作选读》下册，人民出版社1986年版，第829页。

建设社会主义现代化强国是毛泽东和我们党在新中国成立后就提出的战略目标。在1954年召开的党的全国代表会议和第一届全国人民代表大会上，毛泽东提出：将我们现在这样经济上、文化上落后的国家，建设成为一个工业化的具有高度现代文明程度的伟大国家。关于实现战略目标的步骤，毛泽东设想，先用三个五年计划，即15年左右，打个基础，然后再用七个五年计划，即到2000年，把我国建设成为一个伟大的社会主义现代化的强国。1956年召开的党的八大，把第一阶段的任务具体化了，即在三个五年计划或者多一点的时间内，建成一个基本上完整的工业体系。虽然发生了1958年"大跃进"的"左"的错误和1966年开始的"文化大革命"，党和毛泽东追求的建设现代化强国的战略目标是始终没有改变的。根据毛泽东的指示，周恩来在1964年12月召开的人大三届一次会议和1975年召开的人大四届一次会议上，又更完整地阐明了这一战略目标。他说："我们的总目标就是在不太长的历史时期内，把我国建设成为一个具有现代化农业、现代化工业、现代化国防和现代化科学技术的社会主义强国。"同时，又明确提出了实现这个战略目标的两步设想：即第一步，用15年时间，即在1980年以前，建成一个独立的比较完整的工业体系和国民经济体系。第二步，在20世纪内，全面实现农业、工业、国防和科学技术的现代化，使我国国民经济走在世界的前列。发人深思的是，在这20年里，虽然经济建设也取得了许多成就，但总的来讲，却是处于发展迟缓和徘徊的状态，这个宏伟战略目标没有如期一步步实现。

四

党的十一届三中全会是新中国成立以来党的历史上具有深远意义的伟大转折。我国的社会主义现代化建设从此进入了一个新的历史时期，毛泽东经济思想也进入了一个新的发展阶段，也就是剔除"左"的错误，批判"两个凡是"，拨乱反正，总结历史经验，实事求是，解放思想，进一步创立有中国特色的社会主义理论的阶段。正如邓小平所说："三中全会以后，我们就是恢复毛泽东同志的那些正确的东西嘛，就是准确地、完整地学习和运用毛泽东思想嘛。基本点还是那些，从许多方面来说，现在我们还是把毛泽东同志已经提出、但是没有做好的事情做起来，把他反对错了的改正过来，把他没有做好的事情做好。今后相当长的时期，还是做这件事。当然，我们也有发展，而且还要继续发展。"①邓小平作为新时期我国改革和建设的总设计师，对创建有中国特色的社会主义理论做出了突出贡献。这一理论，就是毛泽东思想的新发展。

十一届三中全会以来，邓小平和我们党对毛泽东经济思想的坚持和发展是多方面的，内容十分丰富。但是最根本的一点，就是在新的历史条件下，坚持马克思主义的理论与中国实际相结合这一毛泽东思想的基本点，就是重新恢复从发展社会生产力的要求出发观察和判断一切问题的基本思路，就是在这一根本原则和基本思路指导下，全面构筑有中国特色的社会主义理论。邓小平明确指出了这一点："把马克思主义的普遍真理同我国的具体实际结合起来，走自己的道路，建设有中国特色的社会主义，这就是我们总结长期历史经验得出的基本结论。"②从十一届三中全会到十三大，又到十四大，我们党在把马克思主义与中国实际相结合的道路上实现了第二次历史性飞跃。这次飞跃也是经过长期探索和积累，在总结新中国成立三十多年正反两方面经验的基础

---

① "对起草《关于建国以来党的若干历史问题的决议》的意见"，《邓小平文选》（1975—1982），人民出版社1983年版，第264页。

② "中国共产党第十二次全国代表大会开幕词"，《邓小平文选》（1975—1982），人民出版社1983年版，第372页。

上实现的。有中国特色社会主义的理论第一次比较系统地初步回答了中国这样的经济文化比较落后的国家如何建设社会主义、如何巩固和发展社会主义的一系列基本问题，用新的思想观点，继承和发展了马列主义、毛泽东思想。

新时期毛泽东经济思想的发展，首先是一些理论基本点的重新确立和更为明确、坚定。

在发展道路问题上，以更加自觉的态度坚持毛泽东早就提出的中国革命和中国建设必须走自己的路的思想。所谓走自己的路，就是要有创新，要有自己的特色。这就要求在理论上不能把书本当教条，在实践经验上不能照搬外国模式，而是以马克思主义为指导，以实践作为检验真理的唯一标准，在思想路线上坚持解放思想、实事求是，在出发点上坚持把人民群众的根本利益放在首位，尊重群众的首创精神，在伟大的改革和建设实践中，党领导人民群众共同去探索，去创造。

在发展阶段问题上，以更加清醒的态度坚持毛泽东早在民主革命时期就提出的要从基本国情出发的思想。中国的新民主主义革命之所以能够走出一条独特的而且被实践证明是非常成功的道路，正是由于坚持了从基本国情出发这一原则，由此正确把握了革命的性质和发展阶段。而在社会主义建设的探索过程中，曾经出现跨越阶段的"左"的失误，重要原因之一，就是没有冷静客观把握和认识我国的国情和社会发展的基本阶段。现在，经过探索中的曲折，我们客观冷静地做出了我国还处在社会主义初级阶段的科学论断，强调这是一个至少要有上百年的很长的历史阶段。因此，制定一切方针政策都必须以这个基本国情为依据，干什么事情都不能超越这个基本阶段。

在根本任务问题上，以更大的理论坚定性重新确立了马克思主义的理论基点——生产力标准，毅然抛弃了"以阶级斗争为纲"这个不适用于社会主义社会的"左"的错误方针，把党和国家的工作中心转换到经济建设上来，把社会主义社会的根本任务确定为发展生产力，把全国人民的奋斗目标确定为集中力量实现现代化。邓小平明确指出：社会主义的本质是解放生产力，发展生产力，消灭剥削，消除两极分化，最终达到共同富裕。强调现阶段我国社会的主要矛盾是人民日益增长的物质文化需要同落后的社会生产力之间的矛盾。因此，必须把发展生产力摆在首位，以经济建设为中心，推动社会全面进步。这就决定了判断各方面工作的是非得失的标准，归根到底，就是要以是否有利于发展社会主义社会的生产力，是否有利于增强社会主义国家的综合国力，是否有利于提高人民的生活水平来判断。

强国富民道路的开拓与发展

在社会主义建设的政治保证方面，更为集中和概括地提出了要坚持四项基本原则。邓小平说："我们要在中国实现四个现代化，必须在思想政治上坚持四项基本原则。这是实现四个现代化的根本前提。"①十四大报告指出："四项基本原则是立国之本，是改革开放和现代化建设健康发展的保证。"

以上这些当然都是对毛泽东经济思想在新的历史条件下的继续和发展。但是，党的十一届三中全会后最重要、最突出、最有创造性的发展是改革开放。十四大报告在总结14年的基本实践和基本经验时指出：新时期最鲜明的特点是改革开放。14年来，我们从事的事业，就是通过改革开放，解放和发展生产力，建设有中国特色的社会主义。

社会主义从理论变为现实的过程中，曾经取得了令人瞩目的成就。但是，它在自身的矛盾运动中逐步出现了一系列问题，缺乏活力，效率低下，官僚主义成为痼疾，腐败现象滋生，各种弊端日益严重。毛泽东作为一位伟大的革命家和理论家，曾经敏锐地看到了问题的严重性。他虽然始终把为人民谋利益作为根本

---

① "坚持四项基本原则"，《邓小平文选》（1975—1982），人民出版社1983年版，第150页。

出发点，试图找出解决问题的办法，在解决问题的思路上，却日趋严重地出现了"左"的偏差。他试图用"文化大革命"的形式解决这些问题，结果原有的问题非但没有解决，还使整个社会蒙受了一场严重的灾难。邓小平作为当今世界上极具独创性的战略思想家和马克思主义改革家，以其非凡的政治胆识和理论勇气、科学的求实精神和洞察历史进程的远见卓识，总结了我国和国际共产主义运动的历史经验，为在我国革除弊端、复兴发展指出了一条必由之路，这就是改革开放。邓小平说："不改革就没有出路，旧的那一套经过几十年的实践证明是不成功的。过去我们搬用别国的模式，结果阻碍了生产力的发展，在思想上导致僵化，妨碍人民和基层积极性的发挥。我们还有其他错误……中国社会从1958年开始到1978年20年时间，实际上长期处于停滞和徘徊的状态，国家的经济和人民的生活没有得到多大的发展和提高。这种情况不改革行吗？"[1] "除了走改革的道路，中国没有别的道路，因为只有改革才能导致中国的发达。"[2]

改革开放是建立在对社会主义基本矛盾运动和经济规律的更深刻、更全面的认识基础上的。邓小平正是从这一理论基础出发，科学地规定了改革的性质和意义，明确地提出了"改革是一场革命"这一重要而深刻的基本命题。

毛泽东在《正确处理人民内部矛盾的问题》中提出社会主义社会基本矛盾的学说，并进一步做出生产关系与生产力、经济基础与上层建筑又相适应、又相矛盾的科学论断。社会主义的基本经济制度是与生产力相适应的，社会主义的基本政治制度也是与经济基础相适应的。但在生产关系和上层建筑的具体形式、具体环节上，又存在着不完善的方面，必须进行调整和变革。不过限

---

[1] "改革的步子要加快"，《邓小平文选》第3卷，人民出版社1993年版，第237页。

[2] 新华社1985年10月23日讯。

刘国光

经济论著全集

第
11
卷

于当时的历史条件，毛泽东对这种不完善的方面还没有做出准确具体的界定。后来，历史的曲折发展，使得这一蕴含着改革的思路未能继续深入下去，从而推迟了中国体制改革这一迫切的历史课题。邓小平继承和发展了毛泽东的这一思想，在中国第一次提出必须对原有的经济体制和政治体制进行全面改革，并且把这种改革建立在对社会基本矛盾现实运动的全面、具体、深刻的分析和把握上。他指出，社会基本矛盾在当前的主要表现形式就是发展生产力与僵化的经济体制、政治体制、文化体制、科技体制和教育体制等的矛盾。因此，他认为改革"是一场革命……不是对人的革命，而是对体制的革命。这场革命不搞……不只是四个现代化没有希望，甚至要涉及到亡党亡国的问题"①。这种亡党亡国的可能性，就在于僵化的不能发挥社会主义优越性的体制的长期存在，形成了对生产力的严重束缚，滋生了社会政治经济生活中各种消极现象，有可能危及社会主义基本制度的存在。当从这样的理论深度，如实地承认我国传统体制中存在着严重束缚生产力的状况，科学地提出"改革也是解放生产力"这个重大理论命题时，就使我们对改革开放的意义的认识提高到一个新的高度。

改革开放不仅打通了发展生产力、实现现代化、建设有中国特色社会主义的希望之路，而且开辟了社会主义经济理论发展的康庄大道。在邓小平和我们党确定的基本理论和基本路线的指导下，在不断发展的改革实践所提供的新鲜丰富的理论养料的基础上，在理论和实践相互作用、相互促进的过程中，社会主义经济理论冲破种种条条框框的束缚，大胆地借鉴和吸收世界上各种经济学说中的有益成分，获得了长足的发展。这种发展的理论基点是对社会主义的再认识，在再认识过程中，我们突破了过去对社会主义的一些教条式的简单化的理解，抛弃了过去曾经产生过

---

① "精简机构是一场革命"，《邓小平文选》（1975—1982），人民出版社1983年版，第352页。

刘国光

经济论著全集

第
11
卷

极大危害的"左"的唯意志论，冷静地审视了传统计划经济体制存在的弊端。这种发展的理论集中点是对新的经济体制目标模式的探求。十一届三中全会以来，我们逐步摆脱了市场经济是资本主义特有的东西、计划经济才是社会主义经济的基本特征的传统观念，对社会主义与商品经济的关系问题开始了新的探索，形成了新的认识。十二大提出计划经济为主，市场调节为辅；十二届三中全会指出商品经济是社会经济发展不可逾越的阶段，我国社会主义经济是公有制基础上的有计划商品经济；十三大提出社会主义有计划商品经济的体制应该是计划与市场内在统一的体制；十三届四中全会后，提出建立适应有计划商品经济发展的计划经济与市场调节相结合的经济体制和运行机制。特别是邓小平1992年年初南方谈话，进一步明确指出计划和市场都是经济手段，计划多一点还是市场多一点，不是社会主义与资本主义的本质区别。这个精辟论断从根本上解除了把计划经济和市场经济看作属于社会基本制度范畴的思想束缚，使我们对计划与市场的关系问题的认识有了新的重大跃进。这样，党的十四大就有可能在实践发展和认识深化的基础上明确提出：我国经济体制改革的目标是建立社会主义市场经济体制。

社会主义市场经济体制是同社会主义基本制度结合在一起的。社会主义市场经济体制这个总体目标，是我们对社会主义生产关系和经济运行机制各个方面重新认识的理论结合体。十多年来，我们对社会主义生产关系的各个领域包括所有制结构、企业制度、市场体系、收入分配制度、宏观调控体系等方面探索的理论成果都包容在这个目标模式中，充实着目标模式的内容。最近十四届三中全会的决定又将这一长期探索的成果，体现在社会主义市场经济新体制总体框架的阐述中，为今后改革的深化开展提供了指导的蓝图，并决定着这个模式的属性和运行方向。

如前所述，建设社会主义的现代化强国是毛泽东同志和我们党早已确定的战略目标。这一宏伟战略目标的实现，不仅要有坚强的决心，而且更需要有正确的路线方针来指导，需要有合理的经济体制作保证。十一届三中全会前，我国经济发展中不断出现的"高速度""高指标"，虽然表现了强烈的愿望和决心，但由于没有从实际出发，没有体制保证，由于阶级斗争为纲错误路线的干扰，实现现代化建设的战略部署不可能得到落实，预想中的经济增长并没有实现，反而出现了长达二十年的波动和徘徊的局面。党的十一届三中全会拨乱反正，决定把全党全国工作重点转移到经济建设上来，接着确立了分步骤、分阶段地实现现代化的目标，并采取改革开放的方针，努力为现代化建设提供必要的体制条件。在所有这些方面，邓小平都做出了重大的、杰出的贡献。作为我们现代化建设的总设计师，邓小平从我国国情出发，提出了我国经济发展战略目标和三步走的总体构想。这就是：第一步，1990年实现国民生产总值比1980年翻一番，解决人民的温饱问题。第二步，到20世纪末，使国民生产总值再增长一倍，人民生活达到小康水平。第三步，在前面的基础上，再用30年至50年的时间，达到中等发达国家的水平，或者接近发达国家水平。

经过14年的改革，拥有11亿人口的中国正在创造着充满活力的社会主义。我们无论在经济发展还是在体制改革等方面都取得了具有历史意义的进展。20世纪80年代我们已经提前实现第一步发展战略目标，90年代我们正在奋力向提前实现第二步战略目标前进，并将初步建立社会主义市场经济体制。十多年来我国改革开放和现代化建设的成就都是在作为毛泽东经济思想新发展的有中国特色社会主义理论的指导下取得的。这一理论将在今后的改革开放和现代化建设的伟大实践中不断丰富发展，引导中国人民从一个胜利走向一个胜利，最终实现建成社会主义现代化强国的目标。

在改革的总体设计中确立铁路方位*

（1993年）

当前我国经济生活中的矛盾和问题，根源于"体制瓶颈"。也就是说，我国虽然经过15年的改革与发展，并且在1992年党的十四大上提出了建立社会主义市场经济体制的目标，但到现在，旧体制仅仅是初步被打破，其弊端并没有完全消除；新体制尚在逐步建立之中，其效用还未能充分发挥。新旧体制并行且不断地发生冲突和摩擦，某些方面改革的滞后，已经影响了经济的正常运行。1993年我国经济高速增长中伴生的一些突出问题，如固定资产投资规模过大、投资结构不合理、铁路等基础设施的支撑能力明显不足、供求缺口进一步扩大、金融秩序混乱、货币投放量过多等，充分说明了改革滞后的严重影响。因此，我们必须抓紧当前政府强化宏观调控的有利条件，不失时机地推进改革，加快建立社会主义市场经济体制。

如何设计和建立社会主义市场经济基本框架，我国理论界和政府有关方面都在研究。我认为，框架的核心部分是建立现代企业制度，培育和完善市场经济体系，转变政府职能和建立间接宏观调控体系。

加快建立市场经济体制，首先碰到的是如何加快培育市场主体，即能够自主决策、自主经营、自负盈亏的企业问题，而我国传统的企业制度则集中表现为组织形式非法人化和国有产权虚空

---

* 本文系记者肖月专访。

化。因此，我们应把企业改革的重心从放权让利为主的政策调整转向企业制度的创新。其基本思路是建立真正的企业法人制度，使企业对其经营的资产拥有法人财产权，完成现代意义上的所有权与经营权分离，在此基础上真正实行自主经营、自负盈亏。企业改制的过程实质是产权重组的过程，它将促使我们对所有制关系的认识有所深化、有所突破。其中之一是，公有制为主体并不意味着国有制为主体；其二，公有制的主体地位和国有制的主导地位应在竞争中形成；其三，各种所有制形式的资产互相融合、互相渗透，财产混合所有的经济单位越来越多，企业很难再按所有制形式划分，因此要改变按所有制性质制定不同政策的状况；其四，国家对企业的控股比例不一定要硬性规定，可按不同产业和股权分散程度，区别处理。

目前我国的商品市场已有了一定的发展基础，而生产要素市场总体来讲还处于萌发状态。我们应在完善商品市场的同时，重点加快包括资本、劳动力、土地、技术、信息等在内的要素市场的培育和发展。资本市场要采取多样化的融资方式，以银行融资为主，积极稳妥地发展债券股票融资；在推动劳动力市场的形成中，国家要放弃作为用工主体和分配主体的特殊身份，逐步从工资分配的主体中退出来，为企业和职工双向选择创造条件；在城市土地市场的培育中，要进一步改革城市土地产权制度，建立起土地使用价格的市场形成机制，规范和保护国家取得土地收益的形式；在价格改革方面，主要任务是继续放开竞争性商品和服务价格，加速生产要素价格市场化进程，建立和完善少数关系国计民生的重要商品的储备制度，平抑市场价格。

政府对经济的管理，应从直接行政管理为主转向间接的宏观调控为主，为经济发展创造良好环境。在财政税收体制改革方面，近期的重点是：在合理划分中央与地方事权的基础上实行财政分税制；统一企业所得税和个人所得税，推行以增值税为主体的流转税制度；改进和规范复式预算制度，复式预算由政府公共预算、国有资产经营预算和社会保障预算组成。在金融体制改革方面，主要的改革目标和措施有以下几点：一是把现在的中国人民银行改造为真正的中央银行，在国家领导下独立执行货币政策，保持货币的稳定；二是建立政策性银行，实现政策性融资与商业性融资的分离；三是把现有的专业银行逐步转变为真正的商业银行，实行企业化经营；四是改革利率汇率形成和管理体制，逐步走向市场化。

建立社会主义市场经济体制，需要强大的交通运输能力为其基本支撑条件。铁路是我国主要运输方式，但长期不适应经济发展需求。改革开放以来，随着市场流通的日趋活跃，运输资源的约束愈益加剧。1992年我国经济重新步入高速增长阶段，国民生产总值年增长速度达到12.8%，预计1993年有可能达到13%左右。工业总产值的增长速度已经连续一年多保持在20%以上。但近两年铁路货运量年均递增仅3%左右，货运满足率不到60%。1993年上半年铁路通过能力只能满足需求的40%，供求矛盾十分尖锐。铁路运输能力的严重短缺，不仅直接制约着经济的稳定性增长，而且成为发展现代市场体系的一个基础性障碍，因此，在建立社会主义市场经济体制的过程中，我们不能不特别关注铁路改革与发展的基本走势。

铁路必须大发展，加快发展，这是克服短缺的基本对策。但通过什么途径、采用什么机制才能有效地促进发展？我认为，固守传统的计划经济体制是没有出路的，但完全依靠市场自发调节，也难以解决基础设施能力短缺的结构性矛盾。从总体上说，铁路不能游离于社会主义市场经济体制的改革目标之外，但具体操作起来，又必须充分考虑铁路行业自身的经济规律及其在特定条件下的各种影响因素。铁路是国家基础设施、社会公共服务部门，并具有投资规模大、建设周期长等特征，因此必须充分发挥政府宏观调控作用，借助国家力量扶持铁路发展。在市场经济比较发达的国家，即使铁路运输处于买方市场，政府也要给予它一定的补贴，以维护其公共利益。我国是社会主义国家，又是发展中国家，铁路运输能力这样短缺，亟须有个大的发展，就更需要通过国家计划和政府宏观调控，在全社会范围内有效引导资源流向，调整投资倾向。在社会主义市场经济体制建立的过程中，我们要通过金融体制改革，为铁路开辟较稳定的政策性融资渠道；通过财税、投资体制改革，强化国家财政的宏观调控实力，明确政府的公共投资职能，以集中国家财力，支持铁路等国家计划内重点建设项目。

建立国家财政投融资机制是促进铁路发展的一个重要方面。从另一方面看，我国市场取向的改革对宏观经济管理最重要的影响之一，就是经济建设资金来源从政府积累型不可逆转地趋向社会积累型。随着社会金融资产配备格局的变化，以往最强有力、直接的计划的管理手段也会大大弱化，单纯依靠国家力量已难以满足铁路建设需要。新中国成立以来40多年的实践也已证明躺在国家身上修铁路是发展不起来的。因此，在国家扶持的同时，必须充分发挥市场配置资源的基础性作用，运用价值规律来调动社会、企业，包括境外投资者修建铁路的积极性，并促进铁路行业自身加快转换经营机制，增强在市场经济环境中的自我发展能力和社会融资能力。

当然，铁路行业基本属性和目前的短缺状态使得它在体制转换中面临诸多特殊复杂的困难与矛盾，很多问题有待理论与实践的进一步探索。但我认为，至少有两个问题理论界与决策层应当尽快达成共识：第一，铁路运输生产经营活动的本质应当是政府行为，还是企业行为？如果承认是后者，那么政府要求铁路所承担的超出企业目标的职责，就必须由现在的"指令"转换成一种经济关系的双向约束，同时铁路运输业要建立现代企业制度，走向市场参与公平竞争。第二，在运能严重短缺的情况下，运输价格究竟应不应该反映运输价值、反映市场供求关系？如果我们对于这个问题的认识不能有所突破，那么即使把铁路运输企业推进市场，它也根本无法生存。在现代运输市场中，无论是政府宏观调控，还是企业自主经营，运价的制定与调整都应当遵循价值规律，运价波动中的扭曲现象，市场初创时期的不规范行为，最终还得靠健全市场机制来解决。

总之，加快铁路发展，必须靠深化改革。从我国宏观经济运行和国际政治经济环境的变化看，更迫切要求我们加快改革步伐。特别是在近期，我们要紧紧抓住建立现代企业制度和金融、财税、投资体制等重点领域的改革，采取实际步骤，取得突破性进展，力争在20世纪仅剩的7年时间内，能够初步建立社会主义市场经济体制。在此基础上，再用10~20年的时间，使新经济体制逐步成熟，更加成形。

关于宏观调控体系改革的问题*

——在武汉市处以上干部会上讲演的部分纪要
（1994年1月6日）

中共十四届三中全会通过的《关于建立社会主义市场经济体制若干问题的决定》（以下简称《决定》）对宏观调控体系的主要任务有这样一段表述：保持经济总量（总需求与总供给）的基本平衡，促进经济结构的优化，引导国民经济持续、快速、健康发展。现在，我们还不能说现有的宏观调控体系已经能很好地胜任这一任务。尽管改革开放以来，我国的经济发展速度加快了，经济周期波动的波幅比以前缓和了，经济结构的扭曲也有所纠正，但是，这十几年来，我国的经济总量的波动还是反复出现（已经出现四次了），有的波动幅度也不小，而且结构上的一些"瓶颈"环节也未能缓解。这说明，改革开放以来，我国的宏观调控体系比过去有成绩，但还不能胜任保证国民经济持续、快速、健康发展的任务。

一、目前我国宏观调控体系存在的问题

1. 目前的宏观调控体系不适应由计划经济向市场经济转变的格局。宏观管理依然比较多地依靠传统的、实物型的计划

---

* 原载《学习与实践》1994年第1期，原题是《现代企业制度与宏观调控体系——深化经济体制改革的两个主要问题》。

管理体制和直接的行政控制，而且偏重于占国民经济总量不到50%的国有经济部分的管理。再一点，作为我国宏观调控的三大支柱的计划、财政、金融三者的关系还没有能够妥善地确立起来。

2. 财政在宏观调控中弱化的趋势没有能够得到扭转。财政收支的规模在GNP中的比重以及中央财政收入在全国财政总收入中的比重在不断下降，中央财政在国民收入中的比重，1978年为31.2%，1992年为17.3%；而中央财政收入在全国财政总收入中的比重，1978年为60%左右，1991年下降到38.8%，下降幅度很大。这两个比重的下降是分权让利的改革的结果。分权让利的改革有其历史合理性、必要性，对于调动地方、企业的积极性起了重大作用，其历史意义不能也不应低估。问题是这种分配制度一般是包死一头，包死国家和中央这一头，致使两个比重的下降幅度过大。我国这两个比重大大低于其他市场经济国家。例如，财政收入占国民收入的比重，1990年加拿大为40%，美国为42%，印度为35%，我国为17.3%（1992年）；中央财政收入占国家财政总收入的比重，英国、印度达到90%，加拿大达到50%，我国1991年只有38.8%。当然，这里面有口径不一致的因素，但我国的比重过低是无疑的。两个比重过低的结果，影响了国家职能的正常运行和中央宏观调控能力的大大减弱，不利于整个国民经济的发展，最终对地方经济的持续、健康发展也是不利的。财政上的包干制度不是现代市场经济国家的做法，是中世纪的做法（如封建国家的包税制），因此，这种财政包干制的格局不能长此下去。

3. 金融改革滞后。金融的宏观调控的完善程度同金融在实际经济生活中的地位不相称。改革开放以来，随着国民收入和国民生产总值的分配向个人倾斜，个人所占比重逐步增大，居民金融资产迅速扩大。经济建设资金的来源过去主要是政府积累型，现在正向社会积累型转化。居民储蓄现已成为建设资金的重要来源和主要来源。根据计委一个研究组的测算，政府、企业、居民在国民生产总值分配中的比重，1980年分别为12%、19%、69%，1990年分别为11%、10%、79%；在社会储蓄积累中，政府的比重也大大下降，居民所占比重大大上升，1979年政府为42%，1990年下降到12.1%，居民的比重1979年只有23.1%，1990年提高到72%。目前，银行的资金来源一半以上是居民储蓄构成的，特别是其新增资金的来源绝大部分靠居民储蓄。资金供应结构上的这样一种变化，是我国十几年市场取向改革以来经济结构许许多多变化中的最重要的格局变化之一。对国民收入分配格局做某些调整，有其历史合理性，但政府所占比重下降过大，影响到政府职能的正常运行和中央宏观调整能力的下降，这就不行了。总之，资金格局上政府积累型向社会积累型的转变、财政主导型向金融主导型的转变，在市场取向改革进程中是一个不可逆转的趋势，这就更加突出了金融在宏观调控中的地位。但是，直到最近为止，在我国改革的实际进程中，金融体制改革是一个落后的环节，多年来讲的中国人民银行要改造为中央银行，专业银行要改造为商业银行，政策性金融要与商业性金融分开，利率、汇率由官定的向市场利率、汇率转变，这样的改革思路、方案不知讲了多少遍，但始终未能落实，成为我们在高速增长中特别是1993年出现的金融失控、经济过热（某些环节）的重要根源，成为整个宏观调控改革和整个经济改革的一个障碍。

在宏观调控工作中还有一个重要问题，那就是在投资体制上尽管投资主体已在逐步社会化、分散化，但在国有制的范围内，投资方面还是一个"大锅饭"体制，投资风险约束机制始终没有建立起来。这同作为微观基础的企业改革现状是分不开的，它同国有企业政企不分、责任不明一起成为投资膨胀的一个根源。

针对上述问题，三中全会《决定》提出了一系列宏观调控体系改革的方针、思路、政策，经过1993年年终的经济工作会议，这些方针、政策、措施正逐步具体化，并在1994年逐步付诸实施。

二、建立健全宏观调控体系的主要问题

1. 建立计划、金融、财政之间相互配合制约的机制，加强对经济运行的综合协调。现代市场经济国家宏观调控的主要政策手段，一是财政税收政策，一是货币政策。我国有自己的特色，是从计划经济向市场经济过渡，计划手段还不能忽视，所以，有计划、财政、金融这三者关系，可以说，计划、财政、金融这三者是过渡时期我国宏观调控的三大支柱。在传统的计划经济中，人们把三者之间的关系形象地描写为"计划点菜、财政出钱、银行算账"。在向现代市场经济过渡的条件下，这三者的关系究竟如何，这是一个需要研究和解决的问题。现在有一些文章把这三者的关系格局概括为三种类型：金融主导型、财政主导型、计划主导型，并分别举出美国、日本、韩国为例，有些人从自己所处的部门、地位出发，各取所需地对此进行解释。根据我们所掌握的材料看，这种划分是不确切的，我们的看法是：第一，计划、财政、金融在一个国家的宏观调控中是共同发挥作用的，而且它们的作用功能的大小随着经济发展阶段和市场发育程度的不同而发生变化。第二，一个国家经济起飞后，在市场有了一定基础的条件下，计划部门已经没有能力对经济运行进行实质性的调控，其不可避免的趋势是计划的职能起着勾画远景、提供政策性指导，而财政、金融相互交织着对经济发展发挥实质性的调控作用。有一项研究材料表明，我国最近若干年来经济的波动走势、起伏、松紧基本上是财政、金融主动收缩、主动扩张的结果，而不是计划指标主动调节的结果。尽管当时的财政、金融政策措施的实际

刘国光
经济论著全集

第
11
卷

选择现在看来并不都是很明智的，是可以讨论的，而且其政策操作的手段并不是很完善、科学的，但是，借助财政、金融政策来实施宏观经济调控的后效则是比较明显的。而计划指标特别是短期年度计划指标的拟定和调整往往同后来的发展实绩相差甚远。再一点，计划、财政、金融在宏观调控体系中各有不可替代的作用。财政、金融手段主要是从资金流量上着眼于国民经济近期发展的总量平衡及日常调节问题，且着力点侧重于总需求的管理；计划手段主要着眼于中长期经济增长的大势和大的结构优化问题，调控的重点偏向于总供给管理方面。当然，它们这种功能的划分不是绝对的。在三中全会的《决定》中关于这一问题有一小段表述是很重要的："计划提出国民经济和社会发展的目标、任务，以及需要配套实施的经济政策；中央银行以稳定币值为首要目标，调节货币供应总量，并保持国际收支平衡；财政运用预算和税收手段，着重调节经济结构和社会分配。运用货币政策和财政政策，调节社会总供给和总需求的基本平衡，并与产业政策相配合，促进国民经济和社会的协调发展。"长期以来，这个问题有许多看法、争议，它涉及各个部门的利益，《决定》的公布有利于这个问题的解决。

2. 关于财税体制改革问题。《决定》讲了近期财税体制改革的重点有三个：

（1）把现行的、具有收入分配明显向地方倾斜特征的财政包干制度改为在合理划分中央和地方事权基础上的分税制。把同维护国家权益密切相关的和有利于实施宏观调控的税种划分为中央税，这里面有关税、中央企业所得税等；把数额比较大，能够稳定增长的税种划为中央与地方共享税，这主要是指增值税；把同地方经济和社会事业发展密切相关、税源比较分散而且增长潜力比较大的、适应于地方征管的税种划为地方税。这是世界通行的税制。这里有一个前提，那就是事权要划分清楚。通过发展经济，提高效益，扩大财源，逐步提高财政收入在国民生产总值中的比重，合理确定中央财政收入和地方财政收入的比例，使中央财政收入占财政总收入的比重由现在的37%提高到接近60%。当然，不是一步提高，而是逐步的，恐怕要到2000年才能达到。在这一过程中，要照顾地方的既得利益，在财政支出上，中央占40%左右，通过财政返还，即税收返还和转移支付，地方还是占60%，以此来调节产业、地区之间的分配结构，扶持经济不发达地区的经济发展和老工业基地的改造。没有中央财力的调整，我国一部分地区先富起来，最后共同富裕的目标就不能实现。

（2）对税制本身的改革。《决定》只是提出了一个原则，那就是按照统一税法，公平税负，简化税制，合理分权来改革和完善税收制度。税收制度主要是流转税和所得税。要建立以增值税为主体的流转税制度，在商品生产、批发、零售的各个环节和进口的环节，实行增值税。那么对于不实行增值税的，如劳务提供、交通运输、金融保险、邮电通信、建筑安装、文化娱乐等，继续征收营业税。还有少数产品征消费税，这样三税，以增值税为主体，消费税和营业税为补充的流转税体系，其中增值税要占60%左右。新的流转税制也同样适宜于外资企业，所以取消对外资企业的统一工商税，在流转税上首先要统一。统一企业所得税制和个人所得税制。企业所得税首先是统一内资企业，以便给各种类型企业的平等竞争创造条件。现在所得税由55%降到33%，另外还分几个档次。先统一内资企业所得税，然后创造条件，实现内资、外资企业所得税的统一。这可为我国各类企业的公平竞争创造条件。这是市场经济的要求，我想，外资企业也会理解。

国有企业要取消所得税承包办法，实行税后承包，税后还贷制。在降低所得税税率，取消能源变通基金和预算调节基金（"两金"）的基础上，企业依法纳税、按股分红、按资分利，或者实行税后利润上缴的分配制度。还贷利息列入成本，还本由企业留利部分还。这样理顺了中央和地方的关系，也理顺了国家与企业的关系。

个人所得税方面，把原来征收的个人所得税、个人收入调节税、城乡个体户的个人所得税合并，建立统一的个人所得税制，规范税率、扩大税基，同时要调整一些新的税种。要逐步地开征资源税、房地产增值税、遗产税、赠与税等等，清理各种税收的减免，严格税收的监督，堵塞税收的流失。经过税制改革，税种大大简化，由原来的32个税种减到18个税种。

（3）在抓好分税制和企业分配制改革的同时，还要推进其他方面的财政体制改革，特别要规范和改进复式预算制。就是把现行政府财政预算分为公共预算和资产预算，也就是通常所说的吃饭预算和建设预算。还要逐步地向建立社会保障预算方向发展，当然现在还没有这个条件。这里一个十分重要的问题，是要严格控制财政赤字。三中全会《决定》中讲，中央财政赤字，不准向银行透支，而要由发长短期国债来解决，这是很正确的。最近人大常委会在审议《预算法》草案时，讨论财政预算能不能列赤字的问题，有的同志认为不应该列赤字。现在没有哪个国家无赤字，赤字是可以有，但一定要严格控制，不能够大，另外要限制它的弥补来源。弥补的来源只能以发债券的方式。债券有资金来源，而银行透支就是发票子，发票子就是通货膨胀，通货膨胀会使物价上涨。我们有些同志又反对政府列赤字，又反对通货膨胀，这是不可能的，是很困难的事情。赤字可以有，但要限制，同时弥补靠短期、长期国债来解决，而不能靠银行透支来解决，以防止通货膨胀。国债发行要用经济手段，而不能用行政办法。地方政府能不能发债券，列赤字？对此也有不同的意见。如果既不允许地方列赤字，也不允许地方发债券，地方财政就捆死了。我个人认为，可以允许地方政府在一定的规模限度以内，在一定

关于宏观调控体系改革的问题

的规定用途（比如搞基础设施）和一定的法定程序下，发一定的债券。国家对地方预算的总规模当然要有宏观控制。这个宏观控制主要是靠两条：一是分税制，分税制把收入的来源总的就框住了。二是对地方债券规模、方向的限制。

我国过去的财政预算把国家举债、借款作为财政收入，而不列为弥补赤字的主要来源。按国际通行标准，这实际是赤字的表现。比如，1992年决算赤字为206亿元，而内外债收入又有700亿元，所以，真正的赤字是906亿元，在财政处理上把赤字缩小了。

关于金融体制改革。这是宏观调控体制改革中一个非常重要的内容。金融体制改革的首要任务，就是要使银行真正成为银行，在这个基础上，建立一个强有力的，由中央银行制定货币政策的调控体系。它的职能主要是稳定货币、稳定物价总水平，通过稳定货币来促进经济发展。我国现行中央银行作为政府的组成部分，不能独立地制定货币政策，其目标是双重的：稳定通货和促进经济增长；当这两者发生矛盾时，往往是牺牲通货稳定来保证经济增长，所以就容易发生通货膨胀。中央银行的主要职能只有一个，即稳定货币。对于货币发行、供应，不能有别的营利目的。而我国的人民银行信贷任务免不了有这样一些营利的东西。今后人民银行职能应该转向在国务院领导下，制定或实施货币政策，从过去主要依靠信贷规模的管理转变到主要运用市场手段（存款准备金利率、中央银行再贷款利率和中央银行公开市场手段）来调控货币供应量，保证货币的稳定，以此来促进经济的增长。当然中央银行也负担着对国内金融机构实行严格的监督，维护金融秩序的任务。

金融体制改革的第二个任务，就是政策性金融与商业性金融分开，建立国有商业银行为主体、多种金融机构并存的金融组织体系。目前我们几大专业银行，都具有高度政府机关性质，不是

刘国光
经济论著全集

第
11
卷

商业银行，兼顾政策性业务和经营性业务。这种状况既不利于银行自负盈亏，也不利于中央银行对专业银行进行宏观控制（信贷规模）；这也是中央银行职能转变、调控方式转换的障碍，要解决这个问题，就要组建一批政策性银行，包括正在组建的国家开发银行、进出口银行，改组中国农业银行，使它们承担严格界定的政策性业务。同时要把国家专业银行逐步地改变为国家商业银行，有步骤地组建农村合作银行、城市合作银行，使它主要面向农村、中小企业，为地区经济服务。商业性银行要实行资产负债的比例管理和风险管理。

要规范和引导非银行的金融机构，包括各种保险公司、信托投资公司、证券公司、金融租赁公司、企业集团的财务公司等金融机构，稳健发展，实行分业管理。

金融体制改革的第三个任务，就是建立统一、开放、竞争、严格管理的金融市场，包括短期的货币市场和长期的资本市场。因时间关系，这方面的问题不详细讲了。讲一讲资金价格即利率和汇率的问题。目前，发展资金市场有一个障碍，就是资金价格（利率）形成依然存在行政化和扭曲的严重现象，特别是利率的双轨制。一方面中央银行和各专业银行实行低利率的政策，而我们的货币、资本市场是高利率，特别是黑市。银行借贷低利率与资本市场高利率双轨制，已成为我国金融生活、经济生活中许多问题的根源。包括资金短缺、资金大量的体外循环，你银行体内利率低么！人家到体外去赚钱了。金融宏观失控，秩序混乱，产生种种腐败、贪污，源于双轨制问题。过热的股市，狂热的房地产，开发区热，都同利率双轨制相关。总的来说，对利率手段起作用，利率市场化改革，有两个相互矛盾的考虑：一是认为现在企业仍吃国家资金的大锅饭，对利率高一点、低一点反应不灵，特别是与政府行为有关的投资，利率再高也干，反正赔不了我的腰包。二是认为企业承受不了，成本高。尽管如此，毕竟有了一块相当大的、对利率反应比较灵敏的非国有经济成分。特别是城乡个人储蓄，对利率特别灵敏。我国资金短缺、银行利率水平较低，即使银行稍微提高一点，也还是偏低的。如果企业连这样的利率都承受不住，我们就是用低利率来支持低效率，并且这种支持是靠牺牲储蓄者的利益为代价。这种机制助长通货膨胀，既违背效率原则，又违背公平原则。这种低利率政策不能长久执行下去。所以，要改变银行官定利率偏低和利率体系扭曲状况，把双轨制利率向统一利率并轨。要理顺利率关系，各种利率要反映借贷的期限、成本、风险的区别，保持合理的利差，逐步形成由中央银行参照市场利率实施调整基准利率为基础的、充分体现反映市场经济特点要求的利率体系。在这方面，三中全会《决定》有原则的规定，确立了中央银行要按照资金供求状况，及时调整基准利率并允许各专业银行存贷款利率在规定范围内浮动，将利率市场化。

外汇管理也是中央银行实施货币管理体制改革的重要内容。三中全会《决定》也确立了以市场供求为基础的，有管理的浮动汇率制和统一规范的外汇市场，逐步使人民币成为可兑换的货币的方针。这个方针在最近公布的《中国人民银行关于进一步改革外汇体制的公告》当中得到了体现，就是从1994年1月1日起，取消官定牌价外汇，实行汇率并轨，原来1：5.7的汇率不要了，现在没有了，以后按照调剂市场的价格来挂牌。实行以市场供求为基础的、单一的、有管理的浮动汇率制度，同时取消外汇留成、上缴，实行外汇收入结汇制和人民币的经常项目和有条件的兑换的售汇制；建立银行之间的外汇市场，改进汇率形成的体制。这个汇率制度的特点，就是以外汇市场供求关系作为决定汇率的主要依据。从1994年1月1日起，中国人民银行将以前一天的外汇市场价为基础，参照国际金融市场主要货币的变动情况，公布人民币的汇率。实行这个新的汇率制度，当然有一定的风险，因为我们现在总的讲外汇资源是稀缺的、有限的，而对外汇的需要是大量的，特别是经济过热，投资旺盛，更需要这个东西。而我们的外汇储备增长不稳定，那么，在这个情况下，我国手头的外汇有限，假如外汇市场的需求大增，大家都抢外汇，那么控制起来就比较困难。1993年的经验是不错的，1993年7月银行没有抛多少外汇，就把外汇价格从11元降到8元多，因为强化宏观控制，对过热的部分进行压缩了。由于有宏观控制的背景，有限的外汇就能够控制住，所以，这个问题光靠外汇管理还不能稳定外汇制度，还要依靠整个宏观经济体制的改革和控制。就是不要使整个经济发生太热的现象，不要发生投资规模过大的现象，特别不要发生泡沫经济，如房地产热、开发区热、股票热现象。这些现象会导致对外汇的巨量需求，导致人民币价格的猛降，导致外汇价格的猛升。在这种情况下，如果我国的外汇储备能力有限的话，就有控制不住的危险。所以一方面要加强外汇管理体制，更重要的是要加强宏观管理，严格控制货币供应量、投资规模，努力做到财政平衡等，在经济健康稳定的发展前提下，保持外汇市场的稳定。现在新的外汇制度有利于发展对外经济关系，有利于解决"复关"的问题，所以外汇管理制度的改革，也是宏观管理体制改革的重要组成部分。

建立和完善宏观调控体系，还涉及投资体制和计划体制的改革。投资体制的改革要解决的主要问题，就是进一步改革由国家包揽、"大锅饭"的投资体制。要分别按照不同的投资项目或类别，即竞争性的、国家重点建设项目和公益性的投资项目，来划分不同类别的投资主体的责任范围，逐步建立法人投资和银行信贷的风险责任。法人投资就是公司投资、企业投资等法人机构投资，要承担风险，要逐步建立风险责任；还有一个银行信贷的风险责任。银行信贷不能搞成政策信贷，由国家来承担责任，政策信贷要同商业信贷严格分开。银行要作为一个企业化的银行来贷款。明确政府和企业的投资范围，用项目登记制来代替现在盛行的行政审批制。项目登记制是项目只要符合条件登记就行了。这方面的改革同企业改革、金融改革及政府职能的转变密切相关，并且要配套进行才能够奏效。

加强宏观调控体制改革的另一个重要问题就是划分中央与地方管理权限的问题。这里大家关心的一个重要问题，就是地方有没有宏观调控权；宏观调控是中央一级调控，还是中央、省（市）二级调控。这个问题需要明确的一点，就是什么叫宏观经济管理？严格意义的宏观经济管理，就是对全国经济总量的管理，即总需求、总供给、货币发行总量、投资的总规模、财政收支的总量平衡，等等。这些总量的平衡问题，是全局性的问题、全国性的问题，而不是局部的问题。宏观调控的权限，包括货币发行，基准利率的确定，汇率的调节和重要税率、税种的调整。这些事情，都是事关全局的，必须集中，由中央来管。宏观调控本来的含义是这样的。这是实现经济总量平衡、大的结构优化和统一市场形成所必需的。所以，宏观调控权在中央。当然，发挥中央和地方两个积极性始终是我国经济工作的一个重大方针。各个地方对于本地区的经济社会发展，也应当在中央统一的宏观政策下有一定的调控权，这个调控权叫经济调控权，而不能叫宏观调控权。三中全会《决定》是这样说的："合理划分中央与地方经济管理权限，发挥中央和地方两个积极性。宏观经济调控权，包括货币的发行、基准利率的确定、汇率的调节和重要税种税率的调整等，必须集中在中央。这是保证经济总量平衡、经济结构优化和全国市场统一的需要。我国国家大，人口多，必须赋予省、自治区和直辖市必要的权力，使其能够按照国家法律、法规和宏观政策，制定地区性的法规、政策和规划；通过地方税收和预算，调节本地区经济活动；充分运用地方资源，促进本地区的经济和社会发展。"

刘国光

经济论著全集

第
11
卷

让一部分地区先富起来，逐步达到全国共同富裕，不仅仅要靠各地方积极努力，也要靠中央的宏观调控。正确地、具体地明确划分中央与地方的事权、财权，处理好中央宏观调控和地方的地区调控的关系，是一个十分重大，也有待于进一步研究解决的问题。

构建社会主义市场经济的坚实主体*

（1994年1月）

记者（肖梦、何德旭）： 我国企业改革搞了十多年，为什么现在提出建立现代企业制度？能否谈一下这方面的背景？

刘国光： 党的十四届三中全会制定了社会主义市场经济体制的基本框架，这个框架的一个十分重要的梁柱和支点，就是建立现代企业制度。我们都知道，建立社会主义市场经济体制，首先要有健全的市场活动主体。而在多种类型的市场主体中，最基本、最重要的是企业。十多年来，国有企业的改革虽然一直置于我国经济体制改革的中心地位，却始终是困扰着改革者的难题之一。应当承认，国有企业改革主要沿着扩大企业自主权的方向，采用了一条"放权让利"的路子，是取得了一定的进展的，为企业进入市场奠定了一定的基础。但是，迄今为止，国有企业的改革措施始终没有脱离"放权让利"的思路，也没有冲破传统思维的樊篱——主动地、积极地从改造传统企业制度本身着手。因此，国有企业的政企不分、产权关系不明晰、企业缺乏自由进入市场权利、财务预算软约束等问题长期没有得到根本解决，全国国有企业1/3亏损、1/3潜亏、1/3盈利的"三三"制格局，使得国有企业效率差的状况没有根本的改善。经济学界有关改革国有企业制度的讨论，已经进行了好几年，现在有了比较一致的认识，即进一步推进国有企业改革，必须解决深层次矛盾，由"放权让

＊ 原载《改革》1994年第1期。

利"为主要内容的政策调整转为以明晰产权关系为主要内容的企业制度创新。也就是说要对国有制的实现形式和对国有企业的所有制框架进行改造,组建以公司法人制度为主要形式的新型企业制度,这就是《关于建立社会主义市场体制若干问题的决定》(以下简称《决定》)上已经写明的现代企业制度。

记者: 现在有不少人提出"公司化"的概念,不久前看到您在《中华工商时报》上接受记者采访中也提到,要建立公司法人制度,您认为公司制作为一种现代企业制度,它最主要的特征表现在哪些方面?

刘国光: 公司制度是一种现代企业制度,它是现代市场经济和社会化大生产长期发展的产物,是人类文明的成果,属于人类的共同财富。既然我国已经确立了建立社会主义市场经济制度,就应该把在国民经济中占有这么大份额的国有企业改造成适合于现代市场经济的主体。在我看来,公司化也就是传统国有企业改造的过程。公司制度的特征主要有以下几条:第一,产权关系清晰,能够有效地实现出资者的所有权与企业法人财产权的分离,使企业在出资人投资形成的公司财产的基础上,成为行使民事权利和承担民事责任的法人实体和市场竞争主体。第二,权利责任明确,企业有了法人财产,既落实了自主经营的权利,又增强了自负盈亏和对出资者承担资产保值增值的责任。出资人一方面以其投入企业的资本额,享有所有者的权利,包括资产收益、重大决策和选择企业经营者等,但不直接干预企业的经营活动;另一方面,按投入资本额对企业破产时的债务负有限责任。第三,有一套规范的公司治理结构,也就是通过股东大会、董事会、监事会和执行部门(经理部门)等公司治理机构的设置和运作,建立一种调节所有者、法人代表、经营者和职工集体之间关系的制衡和约束机制。第四,便于筹集资金,为扩大生产规模、实行资本社会化创造一种好形式。将国有企业改造为现代公司制度,就为割断政企不分的"脐带",理顺国有资产的产权关系,实现国有企业的机制转换奠定了基础,并能扩大筹集资金的范围,促进社会化大生产的发展。

记者: 针对我国不同的行业和企业,您对进行公司制改造有哪些具体设想?

刘国光: 为了实现公司治理结构和运行机制的规范化,多个股东的股权多元化显然是必要的。总的来看,这可以通过国有企业资产存量折股、增量扩股、股权销售转让以及合资合营等方式,改组为多个股东持股的公司;而国有股所占份额,可按不同行业、股权分布状况和金融市场情势,区别处理,灵活运作。具体而言,第一,对于涉及国家安全、尖端技术、特殊产品的企业,一般采用国有全资独股,实行公司制的经营管理方式;改组为国有全资的有限责任公司,不设股东大会,由委托对企业国有资产进行经营管理和监督的有关机构派出代表对企业国有资产的保值增值进行监督。第二,对基础产业、支柱产业中的骨干企业,国有全资公司可以逐步转为国家控股公司,以吸收更多的社会资金投入重点产业;国家控股的具体比例应视企业在国民经济中的地位和股权的分散程度而定。第三,对一般竞争性行业的企业,国家可以不控股、只参股,并根据金融形势和财政状况,进行市场运作,以搞活国有股权,保证国有资产的保值增值。值得注意的是,根据国际经验,公司股权的过于分散化,容易造成企业只注重短期效益而忽视长期发展利益,此外也会削弱对企业经营进行有效监督的约束作用。

记者: 有些人担心,国有企业改造为现代公司制度,必然会因股权多元化而削弱国有经济的主导地位,甚至有导向私有化的危险,对此,您怎么看?

刘国光: 我正想讲一下"私有化"问题。人们不仅仅有这一方面的担心,还有更多的人认为现代公司制度的提法不够明确,不如干脆走国有企业私有化的道路更牢靠，或者明里不说，暗里认定只有"私有化"能救国有企业的恐怕也大有人在。我认为这两个方面的认识均有偏颇。

我在1989年就曾发表过文章，明确指出国有企业依靠"放权让利"的老路是改不下去了，必须进行国有制的改造和重组，解决前面所说的问题。现在我对这一想法更为坚持，并有进一步的认识。我认为，国有企业改组为现代公司制度，通过股权多元化的方式，可以广泛吸收社会资金投入国家需要发展的产业，以补国家资金不足，只要国家在公司资本总额中保持控股地位，就不但不会削弱，而是更加增强国有经济的主导作用，扩大其影响范围。在国有企业公司化的过程中，除国家保留的股权外，还有一部分股权（资产存量折股或增量扩股）要出售给法人或个人，但这并不有损于国有资产，也不能看作是"私有化"。这是国有资产的变换形态，股权转换成货币资金，价值还在国家手中。当然，这里要强调的是国有企业在实行公司制、进行国有资产评估时，要认真清产核资，防止对国有资产估价不足，出现国有资产流失现象。现在看来，在旧体制下，国有资产不流动，对其保值增值没有好处。资产作为生产要素，改变形态，流动起来，就有利于保值增值，把经济搞活。

另一方面，我也要指出，私有化不见得是一条捷径，其中也蕴藏着相当大的困难和风险，而国际经验已经开始注意到一些过渡国家中私有化不成功的教训。

记者：那么，您认为在公司化改造的初始阶段，当务之急要考虑到哪些难点呢？

刘国光：我认为，国有企业的改革要考虑到：明确谁代表原所有者，主持国有企业的公司化；明确谁是未来公司中国家股权的代表。这两点都会引申出许多具体的操作上的问题，因而是非常复杂的。我想，从理论上就必须先明确，国家作为国有资产所有者职能同作为社会经济管理者的政权职能要分开，即实行政资分开。政府的两种身份各有其不同的目的，政资不分使政府向企业发出的指令信号往往发生矛盾和错乱，而且这些信号的行政指令性又往往使企业难以拒绝执行。所以政资不分与政企不分是互为表里的，不解决政资不分的问题，也就难以实现政企分开。要建立和加强专司国有资产所有权管理职能的权威机构，改变过去国有资产多头管理、实际无人负责的局面。否则，国有企业的"所有者缺位"现象就仍然没有解决。这是当前国有企业改革中最棘手的难题之一。对于这个问题，《决定》中提出了"要积极探索国有资产管理和经营的合理形式和途径"，言简意赅，却为改革者留下了很大的空间和回旋余地。我以为，国有资产的管理和运营也宜分开，国有资产管理部门执行对国有资产的行政性管理职能；同时，可以考虑由国有资产管理部门授权或委托一些大型企业集团中的母公司、投资公司及一些具有投资控股能力的大企业，使之成为控股公司，行使一定范围国有资产的运营职能；还可以建立一批国有资产经营公司，主要是面对中小型企业，经营价值形态的国有资产。目前作为过渡，国家可以委托一些专业经济部门设置国有资产监管机构，对所属企业国有资产的保值增值进行监管，随着专业经济部门的裁撤，这些监管机构将来也应逐步转为国有资产运营机构。现有的全国性行业总公司，应按照现代企业制度的要求，逐步改组为若干个具有控股公司性质的企业集团公司和国有资产经营公司。目前，国有资产流失严重，在公司制改组中，更要采取有效措施，防止低价折股低价出售，甚至无偿转给个人。要从各方面堵塞漏洞，确保国有资产及其权益不受侵犯。

记者：现在有一种说法，认为公司化后企业就可以拥有自己的产权了，您怎么看？

刘国光：我以为这里面有一个误解，就是企业能否持有本企业股权，这个问题应该讲清楚。有些同志认为"拨改贷"以后，国家对企业的贷款在还贷后形成的资产，就不是国家投资了，应归企业所有；还有税后留利或上缴利润后的企业留利形成的资产，也应算作企业自己的资产，在公司化折股时就应算成企业自己的股份。应该这样看，企业所有的资产的终极所有权都属于投资者所有，包括国家的所有权在内，企业自身拥有由终极所有者投资所形成的法人财产权，并运用这部分财产进行自主经营。自负盈亏留利所形成的资产也好，"拨改贷"还贷以后的企业资产也好，其最终的财产归属权仍属于原投资者，表现为它的股票的增值或者是增配，企业不能自己持有自己的股权。如果企业可以持有"本企业股"，就会造成经营者侵犯所有者权利，使所有者权利无法保证。所有者在法人财产权之外还有单独的股权，就意味着股权既是法人财产权的代表又是终极所有权的代表，必然造成所有者与经营者关系的混乱，以经营者的利益来损害所有者的利益，这是不符合现代企业制度的要求的。一切资产的增值，不管以什么方式取得，都体现为投资者的利益，资产收益权都归投资者所有。当然，企业在发展过程中也需要激励的动力来源，但这是通过激励机制，如对经理层的工资、奖金以及职工的工资奖励制度等来解决的。对有些企业职工持有一定比例的本企业的股权，也只能是在一定范围内，不能超过一定比例。企业为发展需要资金，要留利、要有公积金，但其终极所有权仍是归属于投资者的，企业可以运用股东的资金进行自主经营、自负盈亏，如果经营得好，将表现为投资者原来股票的价值在市场上的增值，这时还可以增配股票，但也是增配给原投资者，而非企业所有。企业有法人财产权，可以支配、运营全部投资的资本，经营得好，董事会可以奖励、提升经理人员，干得不好，经理人员会被撤职。企业也可以投资，但只能是作为法人对其他企业的投资，持有所投资的企业的股权，而不是持有本企业的股权。这一误解应该澄清，否则很容易造成经营者侵害所有者的权利。

顺带一提的是，还有一种误解应该澄清。有的同志认为，公司化改造的基本内容，就是产权股份化和股票上市，把它看作是筹集资金、创造新企业的捷径，一些已经上市的公司，其经营机制依然如故，这是不符合现代公司制度的要求的。根据国际经验，在证券交易所挂牌交易的上市公司数量很少，大约只占公司总数的千分之一二，在西方发达市场经济国家中，绝大部分股份有限公司的股票在场外交易市场交易，只有极少数大公司的股票在证券交易所挂牌交易。例如，20世纪80年代初期，在约250万家美国公司中，在证券交易所上市的不到2000家。所以，这样的误解带来了对股票市场行为的扭曲，由于国有企业没有实现规范化的公司化改制，财会审计等制度不完善，使得股票市场不能形成积极的功能，反而在一定程度上导致了过度投机和"泡沫"现象。这对国有企业的公司化改制是不利的。我国企业的公司制改造首要目的是机制转换而不在于筹集资金。企业的融资方式在相当长的时期中，仍应以银行的间接融资为主，以证券市场的直接融资为辅。所以，股票上市的股份有限公司可以积极试验，但不应成为当前我国公司制改造的重点。

记者：看来产权制度是建立现代企业制度最为关键的环节了，您是这样认为的吗？

刘国光：我看不能这样简单地认识问题。把国有企业改造为公司制的现代法人企业，是一个十分复杂艰巨的过程。理顺产权关系固然是国有企业改革的一个关键环节，但目前困扰国有企业的还有许多别的问题，是不能光靠理顺产权关系来解决的，而且这些问题不解决，理顺产权关系也难以顺利进行，可以说必须通过相应的综合配套政策措施和改革措施来解决。这些问题有：国有企业税负沉重，乱集资、乱摊派、乱收费严重，企业退休人员和富余人员负担越来越大，以及企业办各种社会福利事业的包

刘国光

经济论著全集

第11卷

袱，等等。举例来说，企业的历史包袱如何卸掉，如何把企业办社会的负担剥离出去，如何解决国有企业普遍存在的债务负担问题，有人建议通过股本——债务转换解决，是否可行，也是需要研究的。

记者：您提出将社会保障从企业制度中剥离开来，建立国有资产持股公司，还要进行税制改革和金融体系改革，等等。这样，国有企业改革是不是牵涉的面太大了，人们会不会等不及去做这样周全的改革，最后导致还是改不了呢？

刘国光：国有企业改革当然是难度最大的改革，这一点不用怀疑，如果谁说将万亿资产的国有企业，能够轻松改制为真正的现代公司制度，我认为是不负责任的说法。有些改革，比如财税体制改革，市场经济国家实行的分税制，有现成的经验，借鉴过来就是了，当然要符合我国实际情况；金融体制改革也是这样，中央银行的任务就是管住货币，保持稳定，制订正确的利率政策和公开市场操作的政策等，而不能从事商业性业务，专业银行商业化必须把政策性与商业性分开。这些宏观调控措施与所有制问题牵涉不大，都有现成的经验可以借鉴。而涉及所有制改造的问题，关系到公有制占主导地位这一社会主义的实质问题，如果我们不能成功地重构国有企业的所有制框架，而是随波逐流由着有些人用"糊弄"的办法，把偌大的国有资产"糊弄"到私有制去，将会造成整个社会的不公平和腐败。有权力的人、会行骗的人在这种暗度陈仓的办法下，成为大阔佬，而本分人、普通百姓却成为贫困者，这样的社会一定是不会稳定的，政治上的震荡也就不可避免，还谈得上什么社会主义市场经济制度呢！

我们应该充分认识到国有企业改革的困难性，不仅因为公司化本身牵涉的面相当宽，公司制的规范化操作设计本身将会遇到各种利益关系的对比和较量，以往的改革措施多半是"一对一"讨价还价的产物，因而往往缓解或推迟了利益矛盾和冲突，而要将整个国有产权进行重新配置，企望绕开利益矛盾恐怕是行不通的。但无论怎样说，十四届三中全会的《决定》在理论上勾勒出了我国国有企业改制的轮廓和方向，作为经济学家的责任，应该是如何使更多的人明白什么是现代企业制度，抵御"糊弄"的情况发生，设计出合理顺序和严谨可行的公司化改革的操作方案，使得第一步的改革基础能够打得比较好，从而为下一步改革创造条件。这样，我们才能完成从传统企业到现代公司制度的过渡，才能以较小的代价取得国有企业改革的成功。

关于建立现代企业制度*

——在广东省干部会上的专题报告
（1994年2月）

　　经过十多年的改革，我国的经济体制已发生了重大的变化，传统的计划体制正逐步地向社会主义市场经济体制过渡。但是，我们对社会主义市场经济也不是一下子就认识清楚的，而是经过一个曲折的过程。过去曾经认为，市场经济与社会主义是水火不相容的，要搞社会主义就必须实行计划经济，放弃市场经济。按照这个理论，我们搞了将近三十年的排斥市场的社会主义。改革开放以来，在邓小平同志实事求是、解放思想、建设有中国特色的社会主义理论的指导下，我们以一种十分强烈的务实精神，努力探索社会主义与市场经济相结合的道路。1992年春天，小平同志的南方谈话，提出了计划经济不等于社会主义、市场经济不等于资本主义的科学论断以来，社会主义市场经济的基本理论才逐渐为大家所接受。十四大明确地提出了我国经济体制改革的目标，就是建立社会主义市场经济体制。这个改革的目标涉及经济基础和上层建筑，许许多多的方面、领域，需要有一系列相互配套的体制改革和政策调整。一年多来，我国的领导部门和科研部门都在研究和探讨这个问题。不久以前，党的十四届三中全会通过的《关于建立社会主义市场经济体制若干问题的决定》，把十四大确定的建立社会主义市场经济体制的目标和原则，加以

---

* 原载《广东经济》1994年第1~2期，《广东对外经贸》1994年第2~3期。

具体化、系统化和纲领化，勾画了社会主义市场经济体制的基本框架，制定了总体规划。构成这个总体框架的主要环节：一是现代企业制度，二是统一开放的市场体系，三是完善的宏观调控体系，四是效率优先、兼顾公平的收入分配制度，五是各层次的社会保障制度。这些主要环节是相互联系、相互制约的有机整体。围绕这些主要的环节，还要建立相应的法律体系和进行一系列的配套改革，采取确实的步骤、行之有效的措施，全面地推行经济改革。1994年是贯彻落实三中全会《决定》的第一年，是实现体制改革整体推进重点突破的关键性的一年。1994年出台的改革措施之多、步子之大，是改革开放15年来空前的。1994年改革的重点有两个：一是继续转换国有企业的经营机制，积极探索建立现代企业制度。第二个重点是加强宏观经济管理的改革，在建立适应市场经济要求的宏观体系方面迈出重要的步伐。1994年的改革要围绕这两个重点，配套进行以生产要素市场为主的市场体系的建设，生产要素市场包括资本市场、劳动力市场、房地产市场等在内，加大社会保障体制改革的力度，包括各种养老保险、医疗保险、失业保险和住房制度的改革等等，进一步扩大对外开放。总之，1994年改革出台的项目最集中，步子最大，头绪纷繁。

今天着重讲一个重点问题，就是建立现代企业制度的问题。

一、建立现代企业制度的重要意义

建立现代企业制度是建立社会主义市场经济体制总体框架的一个十分重要的支柱。大家知道，建立社会主义市场经济体制，首先要有健全的从事市场活动的主体，参加从事市场活动的主体，是多种类型的，包括企业、个人、政府等，在多种类型的市场主体中，最基本、最重要的还是企业，因为企业是财富生产的基点。我国实行改革开放政策十多年来，国有企业的改革始终处于经济体制改革的中心地位。国有企业改革的成败，关系着社会主义的前途和命运。现在大家越来越感到国有企业改革是经济体制改革的最难点，从全国来说，也是最重的重点。国有经济在全国的经济比重中、财政税收中还是占主要地位的。国有企业的改革搞了十多年，先后采取了利润留成、两步走利改税以及实行承包制等等扩大企业自主权的办法，取得了一定的进展，企业的经营活力比改革之前也有一定的增强。这两年《企业法》和《全民所有制工业企业转换经营机制条例》的实施，使企业自主权进一步有所扩大，对企业的改革起了一定的促进作用。但是到目前为止，国有企业的改革措施基本上是放权让利思路的产物，而始终没有触及计划经济体制下传统企业制度本身的改革，也就是以"大锅饭"、"铁饭碗"为特征的企业制度始终没有很大的突破。长期困扰国有企业的政企不分、产权不清，自主经营的权力得不到制度上的保障，自负盈亏的承诺得不到法律的约束，自我约束的机制建立不起来等问题始终没有得到根本的解决，以致相对于非国有企业来说，国有企业的活力仍然不足，企业的行为难以规范，经济效益很不理想。国有企业的经营状况大体是，1/3的企业明亏，1/3的企业暗亏，只有1/3的企业是盈利，而盈利的企业又被一系列鞭打快牛的政策所困扰；另一方面，长期亏损的、资不抵债的企业却又无法破产，只好让国家背着，实际上是让那些盈利的企业背着。事实证明，进一步深化改革，必须解决深层次的矛盾，从过去的以扩权让利为主要内容的政策转到以明晰产权关系为主要内容的企业制度的创新，通过理顺产权关系和创新企业制度，来探索一条国有经济与市场经济相结合的有效途径。

二、现代法人公司制度的主要特征

对于国有企业从制度上进行创新这样一个改革的思路，最近几年，我国经济界以及经济理论界在这个问题上逐步形成了一种共识，就是要建立以公司法人制度为主要形式的新型企业制度。一般的说法就是股份制改造，但是股份制改造不能全部概括新型企业制度、现代企业制度。公司法人制度是一种现代企业制度，它是市场经济和社会化大生产长期发展的一种文明成果，是人类的共同财富，用现代公司的法人制度来改造国有企业这样一个改革思路，是过去文件里没有的，是十四届三中全会《决定》的一个突破，与此相关的一些理论观点也在三中全会《决定》中得到体现。公司法人制度的主要特征和进步意义，三中全会的《决定》概括了十六个字、四句话，叫作"产权清晰，权责明确，政企分开，组织科学"。它非常精简地概括了现代公司法人制度的主要特征。为了说明的方便，我着重讲以下几点：

1. 关于产权关系清晰的问题。现代公司制度出资者的所有权同企业法人财产所有权分离，出资者就是投资者，如是国有企业改造首先就是国家作为投资主体。前几年，经济理论界在探讨国有企业产权关系的时候，曾经提出要把国家的终极所有制与企业法人所有权相分离这样一个论点，经过这几年的讨论，特别是这次三中全会文件的讨论，虽然文字怎样提法有不同意见，但是基本思路还是接受了，如还叫不叫企业法人所有权，有的同志认为这个企业法人所有权，跟所有者的、投资者的所有权概念混淆了，就不要叫所有权，叫企业法人财产权。三中全会《决定》中最后表述为"出资者的所有权同企业法人财产所有权的分离"。这里讲的企业法人财产权并不是指出资者所有权之外，还有什么企业独立的所有权，如"企业股"这类，不是这个意思，而是指

刘国光

经济论著全集

第
11
卷

企业对于出资者所投的资本形成的全部财产，在法律上企业拥有支配权，叫作企业法人财产权。而这些财产的最终所有权应该归属于出资者，包括国家。这个也包括企业的留利、公积金等在内。虽然企业对出资人投资到企业内的全部财产在法律上有支配权，终极所有者不是企业，而是出资人。三中全会《决定》中以"出资人所有权与企业法人财产权的分离"这样一个提法，来代替过去十二届三中全会以来经常讲的所有权与经营权分离，是向前迈进了一大步。这样的一个分离使企业在出资人投资所形成的全部公司法人财产基础上成为能够行使民事权利、承担民事责任的法人实体，真正的市场主体。而国家作为出资者，它还掌握着终极所有权，保证了国家所投资本的公有制性质。这是第一个特征，就是产权的关系问题。

2. 权责关系明确。这就是权利与责任的关系明确。企业有了法人财产权，就能真正落实自主经营的权利，又能够真正增强自负盈亏的责任，并对出资者承担保值增值的责任。从投资者方面讲，出资者就按照他们所投入企业的资本额、资本数量的大小，享有所有者的权利，包括资产收益权，以及与资产处理有关的重大决策权，诸如资产的合并、成立、取消等重大决策权以及企业经营者如董事或经理的选择权，但不能够直接干预企业其他的活动和日常经营活动。同时出资人也按照投入资本额对公司承担有限责任，不像现在国有企业那样，由国家来承担无限责任，企业的亏损由国家无限地填补下去。现在法人公司是有限责任，投资者也是有限责任。法人制度和有限责任是现代企业制度两个核心内容。有人把有限责任，称为新时代可以同蒸汽机和电气的发明相媲美的在经济、企业管理方面伟大的发现，它对于促进社会生产力的发展起到巨大的推动作用，对于减少企业的风险、扩大企业的规模也起到很大的推进作用。

3. 通过在组织体制上的治理结构，包括股东会、董事会、执行部门、监事会，这样整套机构的设置和运作，形成了调节所有者、法人代表、经营者和职工集体之间的关系，互相制约和互相约束的机制，这也是现代企业一个非常重要的特征。通过治理结构，出资人所有权和企业经营权的关系不仅是在企业外部的分离关系，而是进入了企业内部，形成所有权与经营权互相统一、互相制约的关系。股东会和董事会是所有权介入企业的组织形式，前者是所有者所组成的，后者是所有者选举的。企业本身又拥有法人财产权，即一定意义的所有权，法律上的支配权。所以，所有权和经营权这两者不是简单的企业外部的分离关系。这是这次三中全会《决定》为什么没有再提所有权与经营权分离的一个背景。另外，还有一个背景，就是关于企业所有权与经营权相分离，实际上从十二届三中全会以后就一直讲，但是始终得不到真正的落实，政企不分的问题很难解决，其中一个重要的原因就在于企业没有可以自主支配的法人财产权，自主经营、自负盈亏都是空话，这次三中全会《决定》解决了这个问题。所以，原来的提法就没有再提了，这不是说原来所有权与经营权分离的提法是错的，而是说对现代企业制度来说，它是不够的。

4. 现代法人公司制度便于集资，扩大企业规模，为实行资本的社会化，创造了一种比较好的形式，有利于资本社会化、企业社会化程度的提高。关于建立股份公司，有助于扩大生产规模，有助于形成社会资本的问题，马克思早在一百多年前就有了论述。在《资本论》第三卷第493页有一段文字，大意是这样说的：由于股份公司的成立，生产规模空前扩大，个别资本不可能建立的企业出现了，等等。同时，以前由政府经营的企业也成为公司，采取了公司的形式，成了社会化的经营组织。本身以生产资料和劳动力的社会集中为前提的资本，在股份公司这个阶段就直接取得了社会资本的形式，所谓社会资本就是个人资本直接联合起来，这个社会资本与私人资本相对立，而且社会资本所形成的企业成为社会企业，而与私人企业相对立。马克思说这是作为私人财产的资本，在资本主义生产方式范围内的自我扬弃。现在在公有制基础上搞的股份制当然更是社会化的资本，不是私有化的东西。这是我们前几年讨论股份制时，大家害怕的私有化的问题，实际上老祖宗早就帮我们解决了。本来公司制本身不是一个所有制的概念，公司制对所有制来讲是一个中立的概念，它可以容纳各种资本成分，是非常灵活的一个财产组织形式。总之，国有企业改造为现代法人公司彻底地解决政企不分，理顺国有企业的产权关系，实现国有企业的机制转换奠定了基础，并且还有扩大资金来源、集资范围的优点，促进社会化大生产的发展。这是现代企业制度的几个特点和进步意义。

再概括一下现代企业制度同传统国有企业管理制度的主要区别，根据以上的分析，可以归纳为六点：第一是法人制度。传统国有企业不拥有企业法人财产权，不能够真正地自主经营、自负盈亏，不是真正意义的法人企业；现代企业制度拥有企业法人财产权，在法人财产权基础上行使民事权利、承担民事责任，是真正的法人企业。第二是有限责任。传统的国有企业，国家作为所有者，对企业负有无限责任；现代企业包括国家在内的出资人对企业则负有限责任。第三是企业的投资主体多元化。传统的国有企业投资主体就是国家，形成单一的国有企业；现代企业投资主体则是多元化，形成财产混合所有的企业。第四是目标单一。现代企业的目标就是将本求利，就是盈利，企业的行为得以市场化；传统国有企业扮演的角色很混乱，目标多元，社会目标、国家目标、政策目标，还有盈利目标，不能够真正按市场的规则来行动。第五是政企分开。传统的国有企业政企不分，政府对企业的干预具有任意性、随意性，企业自主权可以给得多一点，也可以给得少一点，可放可收，可大可小，由政府来定；现代企业是政企彻底分开，由法律规定了政府和企业各自的权限，政府对企业的干预（必要的干预还是要的），受到严格的、法律性的和制度性的限制。第六是优胜劣汰。传统国有企业大锅饭，铁饭碗，企业不能破产，职工不能失业；现代企业形成激励机制与约束机制相结合的经营机制，在市场竞争中优胜劣汰，企业是这样，个人也是这样（但个人还有一个社会保障的问题）。现代企业制度与传统企业制度的区别主要是不是这几条，大家可以研究。

三、现代企业管理制度的组织形式和国有企业公司改造的形式选择

现代企业可以有多种的组织形式，有些同志过去曾经把建立现代企业制度理解为单纯就是搞股票上市的股份公司，这当然是一种误解。现代企业并不等于是（不完全是）公司，公司也不完全就是股份公司，股份公司也不等于是股票上市的公司，所以这几个层次不是一回事。现代企业按照投资者的构成可有这么几种组织形式：独资企业，混合企业，合作社企业，公司制企业。前三者是自然人投资组成的，而公司制本身就是一种法人组织，具有法律上的人格，组成者可以是法人，可以是单位，也可以是自然人即个人。

公司本身也有多种形式，按照债务、责任的不同和出资方式的不同，有不同形式，可以分为无限公司、有限责任公司、股份有限公司，还有股份两合公司（一部分是有限责任，一部分是无限责任）。无限公司、两合公司的形式在现代市场经济中逐步减少，这种无限责任的公司当然不适应我国国有企业改革的要求，所以，最近八届人大常委会五次会议讨论通过的《公司法》第2条就说："本法所称公司是依照本法在中国境内设立的有限责任公司和股份有限公司。"就是说，不包括无限公司和两合公司。近年我国股份制试点的也主要是这两种公司。有限责任公司和股

份有限公司又有两种形式：一种是只向特定法人或企业内部职工募集股金的内部募集公司；一种是向社会公开发行股票并且上市交易的社会募集公司。

现代公司制度的基本原则，从以比较低的成本筹集资金，促进企业经营制度、经营机制转换，实现社会资源的优化配置，提高国有资产的运用效益等方面说，股份有限公司和有限责任公司都是一样的。但这两种形式的公司在设立上的要求、公司的组织运作等方面又不相同。它们对于不同类型、不同规模的企业的应用是有区别的。如，在公司设立要求上，《公司法》对有限责任公司股东人数有明确的规定，一般有限责任公司由2个以上50个以下的股东，共同出资设立；还有一种是国家授权投资的机构可以单独投资设立国有独资的有限责任公司。股份有限公司的要求是有5个以上的发起人，国有企业组成股份公司可少于5个人，股东人数最高数量不限。注册资金规定股份有限公司最低是人民币1000万元；有限责任公司的注册资本如以生产经营为主的是50万元，以商品零售为主的30万元，科技开发咨询服务性的公司10万元即可。股份有限公司中的上市公司注册股本总额不得少于5000万元；此外，公司的组织运作，如股份的形式、股份的转让、管理体制的要求、股东收益的运用等方面，有限责任公司与股份有限公司也有许多区别。总之，股份有限公司适合于规模较大、资金需求较多、管理较为严格，并有一定基础的企业。如果规模较小，资金要求不那么大的企业，一般可采用有限责任公司的形式。但股东人数不多，也不需要向社会募股的规模较大的公司亦可采用有限责任形式。由于有限责任公司具有公司制企业一般的优点，又有筹资少、股东少、操作较简便、改造成本低等特点，所以国有企业在实行公司制改造的初期，符合产业政策、经济效益较好的企业，宜先依法改造为有限责任公司，包括独股的和多股的，有的可依法改造为吸收特定法人和企业内部职工入股的股份有限公司。三中全会《决定》中有一段话："具备条件的国有大中型企业，单一投资主体的可依法改组为独资公司，多个投资主体的可依法改组为有限责任公司或股份有限公司。上市的股份有限公司，只能是少数，必须经过严格审定。"这是针对目前搞股份制试点当中不少地方和企业，把公司制的改造看成是搞股票上市、筹集资金、建立新企业的捷径，有些已上市的股份公司机制依然如故，政企不分，吃大锅饭，这是不符合现代企业制度要求的。公司制改造的首要目的在于机制的转换而不在于筹集资金，当然筹集资金也是公司制的一个特点和优点，但首要的还是把国有企业的大锅饭、政企不分的机制转换过来。根据国际经验和我国的情况，我国企业的融资方式应以间接融资为主，直接融资为辅，股票上市公司要积极试行，但不应作为当前公司制改造的重点。上市公司占少数是指数量而言，发达国家上市公司在国民经济中占举足轻重的地位。在日本，占股份公司户数只有1/5的上市公司在国民经济中起着举足轻重的作用，中小公司的股权主要集中在家族手中，社会化程度低，这些公司的大股东就是公司领导，实际上很难实现所有权和经营权分离。上市的大公司股权分散，社会化程度高，具有更多社会所有性质。在发达国家，上市公司代表着股份制发展的进步方向，上市公司必须对公众负责，因此对它们的要求也更高更严。

四、关于实行股权多元化和保护国有经济的主导地位

现代公司企业制度的特点是出资人所有权与企业法人财产权分离，社会化程度高了，有一套比较规范的管理机构和运行机制。为了有效地实现出资人所有权和企业法人财产权的分离，有效地实现公司管理结构和运行机制的规范化，提高公司的社会化

程度，出资人和股权的多元化是重要的。但国有企业原来一般都是独资经营的，在股权多元化过程中可以通过国有资产存量折股或增量扩股，向社会内部指定的法人单位募集，通过存量折股、增量扩股、股权销售转让、合资合营嫁接等进行股权多元化改造。股权多元化有利于提高企业的社会化程度，有利于规范和优化管理结构，也有利于企业出资人所有权与企业法人财产权的分离。国际经验也证明，公司股权过于分散化也是不行的，不利于企业资产的长期发展，不利于对公司经营进行有效的监督。在社会主义市场经济条件下，股权多元化过程中，公有制的主体地位不能不考虑。有些同志担心国有企业改造成股份制多元化公司必然削弱国有制的主导地位，甚至倾向私有制，这是一种过虑。实际上通过股权多元化方式可广泛吸收社会资金，包括个人储蓄的资金，投入国家急需发展的产业、企业中去，弥补国家资金的不足。国家在公司资本总额中要保持一定的控股地位，不但不会削弱，还会更加强国有经济的主导地位，扩大影响范围。这里当然要指出，保持国有经济的主导地位和适当收缩并集中国有经济的经营领域，使有资本集中在适合国有经济发展的领域，这也是不矛盾的。因为国家不需要在所有行业、所有企业中控股，更无必要大范围组成国有全资独股公司。三中全会《决定》中提出具有条件的单一投资主体的国有大中型企业可以改组为独资公司，《公司法》第二章第三节把国有独资公司作为有限责任公司的一种形式，做了法律的规定。所谓国有独资公司是指国家授权投资的机构或国家授权的部门单独投资设立的有限责任公司，组建这种形式的公司应该限制在严格规定的领域里，在单纯市场经济条件下，单一的国有制只在自然垄断性、信息垄断性行业部门中，还有一些风险大，私人不愿意搞的产业，国有经济具有优势，在其他行业中没有优越性。《公司法》规定，国务院确定生产特殊产品的公司或属于特定行业的公司应当采取国有独资公司的形式，这条规定很必要。但如果所有国有企业都改造成独资公司，就不利于摆脱政企不分、行政干预、企业产权单一化抽象化等弊端。要通过产权多元化、具体化，明确产权关系，才能实现真正的政企分开，达到公司改造的真正目的。改造过程中，使大多数单一投资主体的国有独资公司转换为多个投资主体和股权多元化的有限责任公司或股份有限公司，只保留少数的国有独资公司，对这些公司也要实行公司制的经营管理方式。对试行股权多元化的公司，为发挥国有经济的主导作用，特别是支柱产业、基础产业的骨干企业，国家必须保持控股地位，这不是说国有股必须占50%以上，而要看具体行业和股权的分散程度而定，非国有法人股、自然人股越分散，国家股的比例就可越低。一般行业、竞争性产业，国家可以不控股，只参股，也可不参股。国有资产的经营部门，可根据国家财政情况、金融情况配合国家的宏观政策对国有股进行市场运作，搞活国有资产，使其保值增值。

从这一点来说，国有股和其他股也应具有同样的权利，否则也成为国有资产流失的源泉。对此，《公司法》第148条也有新的规定，国家授权投资的机构可依法转让其拥有的股份，也可依法购买其他股东持有的股份。

五、对国有资产的管理和运营

国有企业改组为现代法人企业，除少数国有独资公司外，许多企业都要求变成投资主体和产权主体多元的，包括国家投资在内的多种财产所有权混合的企业，无论是国家独资公司，还是多家投资的多种财产所有权混合公司，都有国有资产管理问题，以确保国有资产保值增值。目前国有资产管理存在的主要问题：一是政府作为国有资产所有者的职能，和作为政权机关所应负担的社会经济管理职能混淆不清，政资不分。二是国有资产的产权主体不明确，许多部门分别行使对国有资产的管理职责，形成对企业的多头干预，而对国有资产不能保证保值增值。三是产权市场没有形成，相当一部分人把产权的转让看成国有资产的流失，而现行政策又规定产权转让所得的收入上缴国家，就不能形成国有资产再投入的良性循环。国有产权的转让，不能认为是倒向私有化，它只是国有资产的形态转变，资金收回还可以投入到其他方面去。过去理论界对于国有资产管理体制的改革已提出若干重要思路，其中一条是把政府的两重职能分开，政府一方面作为政权机关应负担的社会经济管理职能，同另一方面作为国有资产所有者的职能应当分开，即政资分开，这一思路在三中全会决定中得到体现，具有十分重要意义。政府的二重身份各有不同的目的，作为资产的所有者是保证资产的增值，而作为政权负担者职能，要为全社会各种类型企业创造平等的、良好的经济发展环境，还承担着国家许多其他方面的任务。政资不分使政府向企业发出的信号往往发生矛盾错乱，而且这些信号所具有的行政性质往往使企业难于拒绝执行。政资不分和政企不分是互为表里的，不解决政资不分问题也难以实现政企分开，为此要建立专门管理国有资产的权威机构，改变过去国有资产多头管理，实际上无人负责的局面。《决定》中说："按照政府的社会经济管理职能和国有资产所有者职能分开的原则，积极探索国有资产管理和经营的合理形式和途径。"这句话言简意赅，包含了许多内容和需要探索的问题，如国有资产统一所有、统一管理，还是各级所有、分级管理；国有资产的行政管理和经济的运营是否分开；价值形态的国有资产怎样运营；国有资产管理机构和企业之间是否还要设立专门运营国有资产的中介机构；等等。由于各方面的认识不易统一，所以许多问题在起草过程中都没有展开。我认为，国有资产行政管理和经营运营还是分开为宜，国有资产的管理机构执行对国有资产行政管理的职能，如制定国有资产的管理法规制度，汇总统计信息，组织清产核算，产权登记，对国有资产保值增值状况进行监督检查。至于国有资产本身的运营可以考虑由国有资产管理机构授权或委托一些大型企业集团的母公司，以及一些具有投资控股能力的大企业，行使一定范围的国有资产的运营的职能；还可考虑建立一批专业的国有资产投资公司，主要面对中小型企业经营的价值形态的国有资产，进行产权交易。目前作为过渡，对于国有全资企业或国有独资公司，国家可指定授权专业经济部门对它们所属的国有资产的保值增值状况进行监督。为此，国务院最近制定的《国有企业财产监管条例》规定，国务院可指定有关经济部门和委托有关的机构对国务院管辖的企业和国务院认为要直接监督的地方管理的企业实行分工监督，重要的监督形式就是监督机构根据需要对国有企业派出监事会，这种监事会不同于《公司法》的监事会，《公司法》里的监事会适用于各种公司。随着政府职能的转变和机构改革深化，这种资产监督部门应逐步转变为国有企业的运营机构。现有的全国性行业总公司，也应按现代企业制度的要求逐步改组为若干个具有控股性质的公司和国有资产经营公司。目前国有企业流失严重的原因是多方面的，最根本的原因是产权不清。产权制度的改革和公司制改组过程中要防止低价折股，甚至无偿转让给非国有的法人和个人，从各方面堵塞漏洞，确保国有企业及其权益不受侵犯。

六、当前国有企业进行公司制改组的难点与配套改革措施

对国有企业进行公司化改造是一个十分复杂的系统工程，不是对原有企业制度的小修小补，而是要进行根本性改造。因此，要涉及整个企业制度的各个方面，整个经济体制的各个方面、各个层面，这就决定了这种改革带有高度综合性，实际操作的复杂

性、艰巨性。理顺产权关系，建立和完善企业法人制度，固然是国有企业改革的一个关键环节；但是这需要在企业内部有一系列科学组织制度和管理制度，形成既能激励人们的积极性，又能约束人们行为的机制。在企业外部还需要进行一系列的配套改革，包括宏观环境以及市场的改革来完善企业外部环境。由于旧体制的惯性作用和新旧体制并存所产生的矛盾、摩擦，目前困扰国有企业还有许许多多的问题，这许多问题的长期积累形成了国有企业的综合征，这就需要综合治理，不能单靠理顺产权关系和公司制改造来解决，当然，理顺产权关系和实行公司制是关键的一着，但不能光靠这个来解决。如果困扰国有企业的诸多问题得不到解决，国有企业的公司制改造也难以顺利进行。举例来说，国有企业的税负，比三资企业、乡镇企业、集体企业都重，乱集资、乱收费、乱摊派的情况很严重，由于种种原因，形成企业的历史债务包袱很重。历史债务包袱严重，很多企业现在资不抵债，企业退休人员的包袱越来越大，越是大企业老企业，这种负担越大。还有企业办社会，各种社会事业，从小孩入托到入学、职工住房都要企业负担。这些问题都要通过相应的改革措施来解决。如税负重的问题，要通过税负改革来解决。现在我们的税制改革，企业所得税两步走：先将内资企业的所得税，国有企业同集体企业、乡镇企业的税负统一起来；以后再逐步创造条件，将内、外资的所得税也要统一起来；这就是市场经济的做法。对外资企业低税率，对内资企业高税率，这不是市场经济。当然，在我国改革开放的过程中，对外资企业实行优惠，还是起了一定的作用，但长期下去是不行的。要逐步创造条件，使外资企业和内资企业统一税率。历史债务的问题，要通过清产核资等办法来解决，有的是以债抵股，或者拍卖企业等。人员负担过重的问题，要通过劳动用工制度、就业市场化来解决。企业办社会的包袱问题，要通过包括职工的失业保险、养老保险、医疗保险以及住房制度的改革等等，还有发展第三产业，使得这些办社会的职能逐步从企业剥离，不成为企业的负担。这些政策措施和改革措施的实施，将为国有企业公司制改造提供一个比较好的外部环境。总之，国有企业公司制改造需要一系列必要的配套改革，同整个国民经济改革的各个方面息息相关。这里面，政府职能的转变是一个重要的前提条件，也是最难的一个条件，真正转为宏观管理、间接管理为主，涉及精简机构、人员调整等一系列难题。上述许多改革都是需要花钱的，比如，设立各种社会保险基金、住房建设基金等，国有企业不可能一下子把这些问题推给社会不管，是不是可以考虑，把各项基金的设立与公司制的改造结合起来，比如，把国有企业的部分股权转让给社会保障基金所持有，保障基金由三家来出，即国家、企业、个人。由企业出的部分可以成为它的股权，使基金组织通过股权收益的再投资，保证各项基金的正常运营和合理使用。所以，公司制改造有利于把企业办社会的负担剥离开来，但这些问题都是复杂的问题，需要在实践中认真探索，提出可操作的具体方法。

1994年是贯彻落实三中全会《决定》精神，在改革方面整体推进关键的一年。如前面所讲的，1994年推出的改革，步子之大，特别是宏观方面，是改革15年来空前的，特别是包括财税体制、金融体制、投资体制、外贸体制等方面在内的宏观的改革步伐正在加快。这就要求微观经济基础改革也要跟上，特别是要加快公司制改组的步伐。当然，正如三中全会《决定》所说，建立公司制不是简单地换个名称，换个牌子，也不是单纯为了集资，而是着重于机制转换，按照现代公司制的规范，逐步推行。现在已经建立公司的，也应该按照规范要求，整顿改造。人大八届常委五次会议，讨论通过了《公司法》，《公司法》为公司制的改组、组建提供了必要的规范，国家经贸委、体改委正在选择百家企业，进行现代企业制度的试点，我听说许多省市也在考虑对这个问题进行试点。国家经贸委还提出组织"万、千、百、十"转制建制规划，"万"就是在1万多户大中型企业当中来落实14项企业自主权，完成清产核资工作，为企业转换机制进入市场打好基础。"千"就是通过委派监事会的形式，分期分批对关系国计民生的1000户重点骨干企业、国有资产进行监督。"百"就是选择不同类型的100户国有大中型企业进行现代企业制度的试点。"十"就是在10个城市进行企业组织形式的调整和清理债权债务的配套改革。这些措施都是以大中型国有企业为对象。在三中全会《决定》中，小型国有企业可以实行承包经营、租赁经营，有的可以改组为股份合作制，也可以出售给集体和个人经营。现在城乡集体企业，包括乡镇企业也存在这样那样的产权关系不清、政企职责混淆不清的问题，企业并不真正有自主权。要区别不同情况，完善承包责任制，可以组建合伙企业或者股份合作制企业，个别有条件的可以组建股份公司，进行产权制度和经营方式的创新，进一步增加集体企业和乡镇企业的活力。乡镇企业是我国中小企业的主体，乡镇企业能不能尽早建立现代企业制度，对加快我国社会主义市场经济体制建设有着举足轻重的作用。当然，按现有的实际情况，乡镇企业量大面广，像《公司法》那样规范的搞法，恐怕不太现实，所以只能通过股份合作制来推行。股份合作制是否要立法，正在讨论，但是股份合作制可能是个过渡，先走股份合作制，因为股份合作制兼有两种企业组织形式，即股份制形式、合作制形式。合作制就是劳动的联合，股份制就是资金的联合，出资人不一定在里面劳动，所以合作制是劳动联合和资金联合的统一，是按劳分配、按资分配相结合，具有产权明确、利益直接、风险共担、机制灵活、操作简便、形式多样的优点。这种形式符合当前农村生产力发展水平和农民群众的觉悟程度，但是很不规范，目前把实行股份合作制完善乡镇企业运行机制，作为向现代企业制度迈进的一个重要形式，这需要由点到面，积极稳妥地向前推进，先搞多元化，然后再规范化。最后规范化我看要么是合作制，要么是公司制，股份合作制是过渡的。过渡是很必要的，恐怕还要一段时期。先多样化，然后规范化，使股份合作制经济迅速发展，不断提高、完善、丰富，向现代企业制度迈进。

上面讲了当前国有大中型企业公司制改造的难点及必要的配套改革；同时，也讲了一些对国有小型企业及乡镇企业建立现代企业制度还需要研究的问题。

中国经济体制改革面临的问题

——对新加坡公众的讲演稿

（1994年2月22日）

一、体制框架和实施步骤

经过十多年市场取向的改革，中国经济体制已发生了巨大变化。以公有制为主体的多种经济成分共同发展的格局已经形成，市场在资源配置中的作用迅速扩大，传统的计划经济体制逐步向市场化的新经济体制过渡。1992年10月中共十四大明确提出建立社会主义市场经济体制的改革目标，标志着中国改革开放和现代化建设事业进入了一个新的发展阶段。1993年11月中共十四届三中全会又对这一改革目标加以具体化、系统化，对社会主义市场经济体制提出了一个基本框架。

在介绍这个总体框架设想前，有必要对中国讲的"社会主义市场经济"这一概念作点说明。我们在"市场经济"之前加上"社会主义"的定语，主要有三个考虑：一是在多种所有制构成中，保持以公有制为主体。二是在多种收入分配形式中，尽可能注意社会公平。三是在经济运行中政府自觉调节和计划指导的作用，可能要比西方市场经济国家甚至比东亚新兴工业化国家和地区更大一些。当然，"公有制为主"不等于"国有制为主"。我们需要改革公有制包括国有制本身的实现形式，鼓励包括个体、私营和外商在内的非公有制经济的发展。分配公平也不等于平均主义的分配，而是采取市场调节和行政调节相结合的办法，实行效率优先、兼顾公平的原则。计划发挥较大的指导作用，也不是过去那样指令性计划控制一切，而是把指令性计划转变为政策性、指导性的计划。因此，中国改革所追求的是建设有中国特色的社会主义市场经济，在经济运行机制上它与现代市场经济是一致的。这也可以说是中国模式的市场经济。

中国社会主义市场经济总体框架的核心内容，主要在以下三个领域。

1. 理顺产权关系，建立现代企业制度。过去十几年，国有企业的改革主要沿着放权让利的路子，企业获得了某些自主权，但始终没有触动产权关系不清、政企职责不分的传统企业制度本身，因而国有企业效率一直不很理想。今后企业改革的重心，将从以放权让利为主要内容的政策调整，转向以理顺产权关系为主要内容的企业制度的创新。基本思路是，把国有大中型企业改造为以股份公司为主要形式的现代法人企业，使企业对其经营的资产拥有法人财产权，在此基础上自主经营、自负盈亏。对不具备公司制改组条件的国有企业，也要考虑重新构筑经营机制，实行政企分开。国有小型企业可实行承包经营、租赁经营，或出售给集体或个人经营。对不同所有制企业制定政策和法规，要逐步做到一视同仁，创造公平竞争的条件。

2. 培育和发展市场体系。前十几年的改革，主要是培育包括消费品和生产资料在内的商品市场，而生产要素市场尚处于萌芽状态。今后，在继续完善和发展商品市场的同时，重点要加快资本、劳动力和土地等生产要素市场的培育和发展。这次十四届三中全会《关于建立社会主义市场经济体制若干问题的决定》（以下简称《决定》）中第一次采用了"劳动力市场"概念，还出现了资本市场、货币市场、土地使用权有偿转让和使用权价格的市场形成机制等概念，这些都是有新意的，对于培育和完善中国市场体系将起重要的推动作用。市场改革的一个中心内容是价格改革。经过十几年的改革，目前90%左右的工农业产品的价格已放开由市场调节。但是少数生产资料价格双轨制仍然存在，生产要素价格（如资本利率等）形成的市场化进程刚刚开始。今后价格改革的主要任务是进一步放开竞争性商品和服务的价格，加速生产资料双轨制价格并轨和生产要素价格市场化的进程。

3. 建立有效的宏观调控体系。政府对经济的管理从过去以直接行政管理为主转向今后以间接的宏观调控为主，政府不直接干预企业的生产经营活动，主要运用货币政策与财政政策进行调控，以促进经济的总量平衡和结构优化。

宏观调控体系的改革涉及财税体制、金融体制和投资体制等方面的改革。财税体制方面，首先要把现行的地方财政包干制，改革为国际通行的在合理划分中央与地方事权基础上的分税制，逐步提高中央财政收入在国家财政总收入中的比重，以增强中央财政的调控能力。为此要对税制进行大的改革，方向是统一税法，公平税负，简化税制和合理分权；逐步统一内资、外资企业所得税和个人所得税；推行以增值税为主体的流转税制度；原来32个税种将并减到18个税种。

金融体制改革的重点，一是把现在的中国人民银行改造为真正的中央银行，以稳定币值为首要目标，制定货币政策，调节货币供应总量，保持国际收支平衡。二是建立政策性银行，实现政策性融资与商业性融资的分离，解决现有国家专业银行身兼政策性与商业性业务两种任务的问题，同时把现有的专业银行逐步转变为真正的商业银行，实行企业化经营。三是改革利率、汇率形成和管理体制，逐步走向市场化。在汇率方面，取消固定牌价汇率，建立以市场为基础的有管理的人民币浮动汇率制度，使人民币逐步成为可兑换货币。

在投资体制改革方面，进一步改革由国家包揽的"大锅饭"投资体制，逐步建立法人投资和银行信贷的风险责任制，区分竞争性项目、国家重大建设项目和社会公益性项目，采取不同的投融资体制。

上述建立现代企业制度、培育和完善市场体系和完善宏观调控体系的改革，是建立社会主义市场经济体制框架的核心部分。此外，还有劳动工资改革、社会保障制度的建立、农村经济体制和对外经济开放体制的进一步深化改革，以及加强法律制度的建设等方面，也是建立社会主义市场经济体制的有机组成部分。这些改革，1994年起都将一一全面铺开。这样，我国的经济改革事业进入了一个攻坚碰硬的阶段。改革将从过去侧重于突破旧体制转向侧重于建立新体制，从过去以放权让利为主要内容的浅层次改革转向以机制转换为主要内容的深层次改革，从过去注重单项推进的改革转向综合配套的改革。

1994年是落实十四届三中全会《决定》的第一年，也是实现经济体制改革"整体推进、重点突破"的关键性一年。1994年出台的改革项目之多、步子之大，是15年改革开放以来空前的。在众多改革项目中，重点任务有两项：一是积极探索建立现代企业制度的有效途径。二是推进包括财税、金融、投资、计划等体制在内的宏观调控体系的改革。围绕这两个重点，配套进行生产要素市场的建设，加快推进社会保障制度和其他方面的改革。现在，改革的总体规划已经明确，各个方面都在研究制定实施方案和细则，着手采取实际步骤，努力取得新的进展。按照《决定》的要求，中国将力争在20世纪内剩余的7年时间里，初步建立社会主义市场经济体制，在此基础上，再用10年到20年时间，使新经济体制逐步成熟，更加成型，以促进我国现代化事业的发展。

刘国光

经济论著全集

第
11
卷

二、面临的难题和考虑的对策

我们对中国经济改革的前景是乐观的。国际和国内的形势给中国经济的加速发展提供了一个难得的机遇。当前更是实现改革最有利的时机：一是十多年改革所取得的成效，使改革开放的思想深入人心，姓"资"、姓"社"的观念束缚逐步摆脱，坚持百年不变的基本路线，将使改革开放的势头不可逆转。二是经过十多年的改革积累了丰富的经验，包括成功的经验和挫折的教训，加上对东西方国际经验的借鉴，使我们对今后改革的思路和做法更加成熟。三是十多年来中国经济实力和发展后劲大大增强，特别是1992年邓小平发表重要讲话以来，中国经济发展势头很旺，外国政治家和投资者普遍看好中国的经济发展，外国资金以前所未有的速度进入中国。这些都是对中国深化改革的有利因素。当然，中国的改革不可能完全一帆风顺，毫无阻碍，在前进过程中它将不断遇到挑战和难题，需要认真对待，加以解决。

诸位知道，中国十多年来的改革，采取了渐进的方式，并取得了阶段性的成功。目前确定的改革战略，仍将采取积极渐进的方式。但是，采取渐进式战略决定了中国必然要经历一个由计划经济体制向市场经济体制的过渡时期，在过渡时期中，新旧体制并存必然带来许多摩擦；而体制上的摩擦又同经济发展中的矛盾交错在一起，使中国经济在转轨（Transition）过程中面临许多难题，主要的问题举例如下：

1. 经济改革需要一个既有一定增长速度，又不宜速度过高的较为宽松的经济环境。但由于旧体制中吃大锅饭和软预算约束等因素的影响尚未消除，由投资饥渴引发的经济过热和通货膨胀现象反复出现，使改革进程受到干扰。

2. 国有企业负担沉重，转制困难。它有四大包袱：一是大量退休人员的负担和多余人员不能辞退的包袱；二是税费负担过重的包袱；三是历史债务包袱；四是企业"办社会"，即为企业职工包办各种社会服务福利事业的包袱。

3. 经济改革需要破除过度集中的中央集权制，但是随着权力下放，特别是由于实行了财政大包干体制，又出现地方政府权力过大，形成所谓"地方诸侯经济"问题。对中央与地方权利格局的重新调整，会遇到地方既得利益的阻难。

4. 地区发展不平衡。东部沿海地区经济增长持续快于中西部地区，导致沿海与内地、东部地区与中西部地区经济发展水平差距拉大，带来一些社会经济问题。

5. 农村剩余劳动力问题。中国劳动力丰富是一种资源优势，同时也带来就业难题。农村剩余劳动力十多年来已被乡镇企业和其他非农产业吸收了1亿多人，目前仍有1.7亿剩余劳动力，"民工潮"大量涌现，给改革和发展造成巨大压力。

6. 不同行业、职业，不同经济成分，不同单位人员收入水平差距扩大，带来社会心理失衡的问题。

7. 瞻望进入GATT后，某些国内产业将面临竞争压力的问题。

8. 对外开放在引进先进积极的东西的同时，也带来许多消极腐败的东西，如色情、吸毒、暴力等现象。

9. 在众多改革措施中，转变政府职能、精简政府机构是一个关键。但这方面的改革举步维艰，进展缓慢，阻碍其他各方面改革顺利实施，等等。

对于上述中国经济面临的挑战的难题，必须研究采取相应的对策，才能保证改革开放和现代化建设的顺利进行，并不断取得成功。下面，简单说说对解决这些问题考虑的对策。

1. 关于为改革提供一个比较宽松的经济环境的问题。在目前到20世纪末初步建立社会主义市场经济体制的过渡时期，主要依靠采取松紧适度的宏观调控措施，把经济增长速度控制在平均8%~9%以下，减缓周期波幅，尤其是防止和抑制经济过热和严重通货膨胀现象。

2. 关于国有企业转制重组中如何处理过重负担的问题。国有企业税负过重，要通过税制改革，使不同经济成分税负公平来解决。历史债务包袱，要通过区别不同情况，采取以债转股、冲销债务等办法来解决。退休人员和富余人员负担过重，要通过完善社会保障制度和改革企业劳动用工制度来解决。企业"办社会"的负担，要通过发展"第三产业"，逐步将社会福利和服务事业从企业剥离出来。

3. 关于中央与地方关系的问题。为了扭转地方政府权力过大的偏向，已决定实行分税制来代替财政包干制，将中央财政收入占国家财政总收入的比重从不到40%逐步提高到60%左右。同时，考虑了地方在过去改革中的既得利益，在上缴基数和比例上、税种的划分上作了照顾，采取国际上通用的税收返还、转移支付的办法，中央财政支出最后只占国家财政总支出的40%左右。适应我国国家大、各地区发展不平衡的特点，力求做到既充分发挥中央和地方两个积极性，又增强中央财政的宏观调控能力。

4. 关于沿海与内地发展差距扩大的问题。应该主要通过加速内地发展和扩大内地对外开放的程度来解决，政府不仅要给内地和边远地区以必要的财政支援，更要着力在沿海内地之间、东西部之间，进行大量的基础设施的建设，如铁路、公路、通信等；还要放宽外资在内地投资的政策，不仅吸引内资，而且吸引外资，加强内地的资源开发和经济发展。

5. 关于不同行业、职业、成分、单位人员收入差距扩大的问题。这个问题如同地区经济水平差距扩大一样，都是市场经济发展的最初阶段不可避免的现象。问题在于如何缩小收入差距，这要通过逐步消除双轨制的价差（包括利率差、汇率差等）引发的寻租行为，以及建立合理的工资制度和个人所得税制度来解决。

6. 关于农村大量剩余劳动力就业出路的问题。主要的解决途径是继续大力发展乡镇企业、广泛在农村地区建立小城镇，在发展技术密集、资本密集产业的同时还要发展劳动密集型产业，以及大力发展第三产业，以吸收农业剩余劳动力。特别要扶持中西部地区乡镇企业的发展。农村劳动力由农业转向非农产业，目前既有"离土不离乡"的就地转业，又有城乡之间、地区之间的异地流动和迁移。这里有必要对过去长期实行的隔离城乡人口流动的户籍管理制度进行改革，现在已从松动小城镇户籍管理制度入手，同时，建立有关省市之间的民工流动的合作协议，把农民工的异地移动纳入有序的轨道。农村劳动力向非农产业转移，还有一个提高劳动力素质问题，这要通过提高农村教育水平和广泛建立劳动就业培训体系来解决。

7. 关于进入GATT后，国内产业面临的竞争的问题。中国工业发展有工资水平低的优势，但不少产品的质量也比较低，导致竞争力不足。加入GATT后，会对国内企业产生一定压力，促使它们提高技术水平和产品质量，加强竞争能力，这对消费者有百利而无一害。降低关税，进口会增加，同时国内物价也会因供给增多而下降，这对增加出口也有利，关键是要做到国际收支平衡。保持外资顺利进入，有助于保证国际收支平衡。中国是发展中国家，对幼稚工业实行某些保护是必要的，但不能过分，否则其技术水平和竞争能力难以提高，产品成本难以降低，对经济发展反而不利。

8. 关于如何抵制向市场经济转轨过程中发生的社会不良现象的问题。对于色情、吸毒、暴力等丑恶现象，要看到这也是发展中不可避免的，问题在于要采取有效的手段来与之不懈地斗争。一方面，要通过加强教育，来提高人民大众特别是青少年的素质，使他们能自觉地抵制这些消极东西；另一方面，要加强法制，详细制定并严格执行法律法规，坚决打击社会丑恶现象。这里的一个关键还在于政府自身要防止官员的腐败，只要做到这一点，其他都可以做到。

9. 最后，关于转变政府职能和精简政府机构的问题。这方面的改革阻力较大，进展较慢，主要是由于牵涉权力利益的再分配和人员的再安排问题，往往出现"换牌公司"、"换牌协会"，实际上换汤不换药。看来，政府机构改革涉及权力结构调整方面的问题，必须通过政治体制和行政体制的进一步深化改革来解决。涉及精简人员再安置的问题，则要由各种经济文化实体来吸收，并通过人员再培训的办法来解决。

我就讲这些。谢谢诸位。

拨开中国经济的"迷雾"*

——新加坡《联合早报》记者专访
（1994年2月25日）

中国改革进入攻坚碰硬阶段

建立现代企业制度，培育和完善市场体系和完善宏观调控体系的改革，是建立社会主义市场经济体制框架的核心部分。此外，还有劳动工资的改革，社会保障系统的建立，农村经济体制和对外开放经济体制的进一步深化改革以及加强法律制度建设等方面，也都是建立社会主义市场经济体制的有机组成部分。

这些改革1994年起都将一一铺开。这样，中国的经济改革事业进入了一个攻坚碰硬的阶段，改革将要从过去侧重于突破旧体制转向侧重于建立新体制，从过去的以放权让利为主要内容的浅层次改革转向以机制改革为主要内容的深层次改革，从过去注重单向推进的改革转向综合配套改革。中国将力争在20世纪剩余的7年时间内初步建立社会主义市场经济体制，再用10年到20年的时间使新的经济制度逐步成熟，更加成形。

三大改革的具体内容

在建立现代企业制度方面，中国领导层的基本的思路，就

246　　*　本文系新加坡《联合早报》记者夏泰宁专访，发表于该报。

是要把国有大中型企业改造成为以股份公司为主要形式的现代法人企业，使企业对其经营的资产拥有法人财产权。在此基础上，企业自主经营，自负盈亏。对于不具备改组为股份公司条件的国有企业，也要考虑重新构筑经营机制，实行政企分开。至于各种小型企业，可以实行承包经营、租赁经营或者出售给集体或者个人经营。要为这些不同的企业制定政策和法规，逐步做到一视同仁，创造公平竞争的条件。

在培育和发展市场体系方面，今后在继续完善和发展商品市场的同时，要重点加快生产要素市场的培育和发展。1993年11月召开的中共十四届三中全会所通过的决定中，第一次使用了劳动力市场的概念，还出现了资本市场、货币市场、土地使用权有偿转让和土地使用权价格的市场形成机制等概念，这些在中国都是有新意的，对于培育和完善中国的市场体系将起到重要的推动作用。

在中国，市场改革的一个中心内容是价格改革。经过十多年的改革，目前有将近90%左右的工农业产品价格已经开放由市场调节，但是，仍有少数资本货品价格保持行政定价、商品定价并存的双轨制。像资本、土地、劳动力这些生产要素的价格，市场化的意识刚刚开始。今后价格改革的内容是，进一步放开竞争性商品和服务的价格，加快生产资料价格的双轨制并轨和生产要素价格的市场化。

至于宏观调控体系的改革，则涉及财政体制、金融体制和投资体制等领域的改革。在财政体制方面，首先要把现行的地方财政包干制改革为国际通行的、在合理划分中央和地方权力基础上的分税制。这就是把税收划分为中央税、中央地方分享税和地方税三种形式。与此相适应，税收机构也将分设为国家税务局和地方税务局。国家税务局由中央政府直接领导，负责中央税和分享税的征收，通过分税制的建立逐步提高中央财政收入在国家财政总收入中的比重，以增强中央财政的调控能力。为此，还要对整个税收制度进行大力改革，方向是统一税法，公平税负，简化税制和合理分权，要逐步统一内资和外资企业所得税和个人所得税，推行以增值税为主体的流转税收制度。在此次税收制度改革前，中国有32个税种，现在已减少、合并到18个税种。

金融体制改革的第一个重点是把现行的中国人民银行改造为真正的中央银行，以稳定币值为首要目标，发挥制定货币政策、调节货币总量、保持国际收支平衡的功能。

以往中国人民银行的各省分行，确实很难同各省地方政府保持"距离"，而且，在确立央行角色方面，中国也无经验。所以，中国正在考虑向西方国家央行如美国联邦储备局等吸取有益的经验。中国正在设想，中国人民银行取消设在各省的分行，改为设立几个大行政区分行，以保证中国人民银行在扮演央行角色时不再受地方政府的"干扰"。

金融体制改革的第二个重点是建立政策性银行，实现政策性融资和商业性融资的分开，解决现在国家专业银行身兼政策性、商业性业务双重身份的情况，同时把现有的商业银行转变为真正的商业银行，实行企业化经营。

第三个重点是改革利率、汇率的形成和管理机制，逐步走向市场化。在汇率方面，已经决定取消固定的牌价汇率，建立以市场为基础的、有管理的人民币浮动汇率制，使人民币逐步成为可兑换的货币。

中国目前的外汇储备有限，谈论人民币成为可兑换货币言之尚早，匆促上马，风险极大。

在投资体制的改革方面，将进一步改革由国家包揽的、"大锅饭"的投资形式，逐步建立法人投资和银行信贷的风险责任。区分不同性质的投资，如竞争性项目、国家重点建设项目和社会公益性项目等，对不同投资项目采取不同的投资、融资形式。

中国推行渐进积极改革

中国经济改革的前景是乐观的，过去十多年来，中国的改革采取渐进的方式，并且取得了极大的成功。目前中国的改革战略仍将是积极渐进的方式。而且，国际、国内形势为中国改革的加快发展提供了一个难得的机会，当前正是实现全面改革的最有利时机。

目前推行积极渐进改革的有利条件包括：第一，过去十多年改革所取得的成效，使得改革开放的思想深入人心，一些意识形态的束缚，如姓"社"姓"资"逐步摆脱，改革开放的势头不可逆转。第二，十多年的改革积累了丰富的经验，包括成功的经验和挫折失败的教训，加上对西方、东方，包括前苏联和东欧国家改革经验的借鉴，使得中国对今后改革的思路和做法更加明确。第三，中国的经济实力和发展后劲大大增强，特别是1992年邓小平南巡之后，中国的发展势头很旺，许多外国政治家和投资家普遍看好中国的经济发展，外国资金以前所未有的速度进入中国。这些都是有利的因素。

必须吸取1988年的教训

中国的改革不可能一帆风顺，在前进过程中将不断遇到新的挑战、新的困难和新的问题，需要认真对待，加以解决。尤其是要认真吸取1988年中国经济过热和恶性通货膨胀导致大规模社会动荡的教训。

在过去两年间，即从1991年年底到1993年年底，中国经济学界对经济形势的看法和发展思路一直有争论。1992年年底和1993年年初中国经济就开始过热，当然有人认为正常。但大多数人认为经济已经过热，至少是局部过热。中国领导层最后采纳了大多数人的意见。而且，中国领导层早在1992年年底和1993年人大会议后两次发出警告，要防止经济过热。当时地方领导人听不进去，回去也不传达，但到了5月、6月间，民间就出现了抢购现象，金融市场、股票市场出现混乱。当时开始提高利率，但是力度太小，根本没有什么作用。直到7月份"16条"下来后，宏观调控的效果才见到。当然，宏观调控不是全面的紧缩，该发的贷款，如农业，外贸贷款还是发。

不过，到目前为止，大城市物价始终居高不下，通货膨胀率很高，现在大家还是很担心。1986年、1987年时也曾提出"软着陆"，但后来物价闯关，根本没沾地就又起飞了。

由于旧体制中吃"大锅饭"和软预算的约束的影响没有消除，由投资饥渴所引发的经济过热和通货膨胀反复出现，使改革进程不断受到干扰。改革开放以来，已经出现了三四次这样的反复。

中国的经济发展有其周期性规律，每4~5年为一个周期。1992年和1993年，中国已经连续两年保持13%以上的经济增长率，最新一个周期的高增长的峰顶在1993年7月，和宏观调控措施的实施不谋而合。不过，虽然峰顶已经过去，但这种增长势头仍有一定的惯性。今后几年中国经济的增长速度不可能太高。而且，通货膨胀形成一定的压力，对高速增长形成制约，其他如交通、能源等经济发展"瓶颈"也形成一定的束缚。

另一方面，中国经济增长的速度也不能太低，也不可能太低。对许多地方而言，发展机遇还没过去，必须抓住，确实还有高速增长的潜力。1994年的中国经济发展速度还可能达到10%以上，1995年可能会降一点，1996年会再降一点。

新旧体制摩擦产生矛盾

长期而言，中国经济能够保持8%到9%的增长速度，就已经不错了。而且，通货膨胀率应当控制在10%之内。稍过10%可以忍受，但不可长期过高。

中国采取渐进改革方式，就必然决定中国要有一个从计划经济体制向市场经济体制逐渐过渡的时期。在这个过渡时期中，新体制和旧体制并存，必然要带来许多摩擦，而体制上的摩擦又同经济发展中的矛盾交错在一起，使中国的经济在转轨的过程中遇到了许多困难。

比如，国有企业负担沉重，机制转换很困难。国有企业有四大包袱，是其他企业所没有的。一是大量的退休人员负担，没有像新加坡这样的公积金制度，许多多余的人员不能辞退。二是税负担过重。三是历史债务的包袱。四是企业办社会的包袱。

又如，在经济改革中，需要破除过度集中的中央集权制，但是，随着权力下放，尤其是实行了财政大包干制度，出现了地方政府权力过大的现象，形成所谓的地方诸侯经济，对中央和地方权力的格局重新调整，如实行分税制，就遇到地方既得利益者的抵制。

中央和各省地方政府一对一谈判，有的顺利，有的不顺利，最困难的是广东，但现在都已结束。江泽民、朱镕基到上海，已经是讲北京话的官员，但上海那些官员仍然讲的是上海话，双方虽然是客客气气，但也是站在各自的立场据理力争。

包税制是中世纪的办法，中国不能再采用了。包税制实际上是把中央这一头包死了。中国必须通过分税制的建立，提高中央财政收入在国家财政总收入中的比重，加强中央政府的权威，当然，也要考虑到地方政府的利益。目前的做法是，地方政府在财政包干时的既得利益保持不变，但以后则要按新制度办事。

再如地区发展的不平衡问题。自改革开放以来，东部沿海地区的增长持续地快过中西部地区，这样就导致了沿海同内地之间，东部同中部、西部之间的经济发展水平差距拉大，产生了一系列的社会经济问题，包括民族问题。

又如农村的剩余劳动力问题。中国的劳动力丰富是一把"双面刃"，既是一个资源优势，同时也带来了就业的难题。农村的剩余劳动力，十多年来已经被乡镇企业和其他的非农产业吸收了1亿多人口。但是，还有1.7亿劳动力是多余的。现在民工潮大量涌现，给改革和经济发展造成巨大的压力。

此外，不同行业、不同职业、不同经济成分、不同单位人员收入水平差距的扩大，比如脑体倒挂现象，造成严重的社会心理失衡。

当然，对于上述经济发展中的种种问题，中国领导层具有清醒的认识，而且设计了具体的对策，最关键的一条，还是必须通过深化改革来解决。虽然中国的经济发展势头十分畅旺，中国的综合国力在世界上名列前茅，但由于中国是一个人口大国，中国的现代化进程仍然需要几十年才能完成。

刘国光

经济论著全集

第

11

卷

中国经济发展仍可能陷入
大起大落"怪圈" *

——新加坡《联合早报》记者专访
（1994年2月25日）

中国经济发展仍有陷入大起大落"怪圈"的可能。中国领导层要牢牢记取1988年中国经济过热和通货膨胀引发社会动荡的教训，保持松紧适度、总体偏紧的宏观调控政策。

中国经济发展和宏观调控政策有三种前途

短期而言，中国经济发展和宏观调控政策有三种前途：

第一种前途较为光明，也是可能性最大的一种前途。中国领导层实施的宏观调控政策有松有紧，该紧的紧，该松的松，但总的从紧。适度微调，控制投资规模，将通货膨胀控制在可以承受的范围内，使经济发展出现稳定的增长，这是中国领导层目前所采取的政策。

第二种前途是重蹈1988年的覆辙，过热的经济没有"软着陆"就重新腾空而起。刘国光教授指出，1993年下半年以来，中国的经济发展环境先是紧，后是松，现在又比较紧。由于资金紧张，投资饥渴症作祟，地方上有人不断叫唤，经济理论界也

---

* 本文系新加坡《联合早报》记者夏泰宁专访，发表于该报。

有代言人。他们提出要对宏观调控反思。如果北京中央政府屈服于这种压力，就可能重新放开，过热的经济将没有实现"软着陆"就重新腾空而起，恶性通货膨胀就会出现。经济发展失控，到时候没有办法，只好采取"急刹车"的做法，使经济发展受挫。

不过，刘国光教授认为，目前看来，中国领导层并不接受反思宏观调控政策的看法。最新提出的20字方针（抓住机遇，促进发展，深化改革，扩大开放，保持稳定）切合实际。所以，中国经济再度过热的可能性虽然存在，但并不大。

第三种前途是中国经济发展现在就急刹车。刘国光教授指出，现在也有一些人觉得，中国经济发展仍然严重过热，再如此下去将无法承受。他们主张现在就采取紧急刹车的做法。如果这样，将使正常的投资、有效益的生产受到严重打击，外资企业也将受到影响。随后而至的将是经济疲软甚至衰退。这种情况在1990年也曾出现过。因为当时的调整力度过大。不过，这种前途出现的可能性同样不大。

中国经济跳出大起大落"怪圈"的关键是深化改革

要使中国经济跳出大起大落的"怪圈"，关键是深化改革。1994年是中国经济改革整体推进、重点突破的关键性一年。中国将要出台的改革项目之多、步子之大，在改革开放以来的15年是空前的。在众多的改革项目中，重点任务有两项：一是积极探索建立现代企业制度的有效途径；二是宏观调控体系的改革，包括财政、税收、金融、投资、计划改革等内容。围绕这两个重点，还要配套进行生产要素市场的建设，要加快推进社会保障制度和其他方面的改革。

但是，由于物价始终居高不下，通货膨胀率很高，现在中国领导层还是很担心中国民众对改革的心理承受力。刘国光教授指出，事实表明，改革开放15年来，中国民众对改革的心理承受力虽然有了很大提高，但仍有一定的限度。1987年之前中国城市人口的实际收入一直保持上升势头，但到了1988年时，物价上涨比工资上涨高，出现了城市人口30%的实际收入下降的现象。

现在的统计显示，有19%的城市人口实际收入下降。刘国光教授认为，致富有快有慢可以，长时间压低一部分人的生活总是不行的。而且，人民的保值心理又有上升的趋势，开始抢购一些大件耐用商品，外国出产的高档家电产品、黄金首饰等很畅销。

外商无须担心中国改革措施对外商有不利影响

由于中国逐渐统一税负，外商在税务上的一些优待将被取消。而且，外商比较关心中国新设的消费税和增值税的影响。不过，刘国光教授认为，表面看来外商享有的优惠政策有所减少，负担会增加一些，但也是合理的。因为中国对他们打开了国内市场，外商可以由此得到弥补。如果中国的开放度更大，投资环境更好，外商并不会太看重中国税收改革的影响。他们看重的是中国的劳动力、土地和市场，特别是市场。当然，以往一些地方政府为吸引外资而任意定出的减免税条例被取消了，这是正常的，但一些特区的优惠政策仍然有效。不过，长期而言，这种情况也会改变。

中共元老邓小平的健康问题是目前的热门话题。在被问及万一邓小平去世对中国政经局势有何影响时，刘国光教授认为，邓小平的路线、思想深入人心。万一邓小平去世，小的政治经济波动会不会有，谁也不敢说。但就大的方面而言，谁也不敢违背改革开放的路线。或许中国领导人在解释上、分寸上会有所不同，有人会主张慢一点，有人会主张快一点，但改革开放的大趋势不可逆转，市场经济不可逆转。

论社会主义市场经济中的
现代企业制度*

（1994年2月）

　　建立社会主义市场经济是邓小平同志建设有中国特色社会主义理论的重要组成部分，是我国经济体制改革的目标模式。这一理论的提出不仅是社会主义经济体制改革的一个重大里程碑，也是对马克思主义政治经济学社会主义部分做出的重大的划时代的贡献。

　　党的十四大提出建立社会主义市场经济体制的目标和任务以后，大家都希望对社会主义市场经济体制有一个完整、系统的解释。十四届三中全会通过的《关于建立社会主义市场经济体制若干问题的决定》（以下简称《决定》），把十四大提出的目标和原则具体化、系统化了，勾画了社会主义市场经济的基本框架，特别强调了社会主义市场经济体制中，市场在国家宏观调控下对资源配置所起的基础性作用。构成社会主义市场经济体制的基本框架是：（1）必须以公有制为主体，多种经济成分共同发展，进一步转换国有企业的经营机制，建立适应社会主义市场经济要求的产权清晰、责权明确、政企分开、管理科学的现代企业制度。（2）建立全国统一开放的市场体系，实现城乡市场的紧密结合、国内市场的相互衔接，促进资源配置的优化。（3）转变

---

* 原载首都社会经济发展研究部《阵地》杂志1994年第2期。　　　　　　　　　　　　　*257*

政府管理经济的职能，建立以经济手段为主的完善的宏观调控体系。（4）坚持以按劳分配为主体，效率优先、兼顾公平的分配制度，鼓励一部分地区先富起来，走共同富裕的道路。（5）建立多层次的社会保障制度，促进经济发展和社会稳定。

上述各点是相互联系、相互制约的。与此同时，还必须进行农村的改革、对外经济体制的改革、科技改革等，但核心部分则应是建立现代企业制度，完善市场体系、宏观调控体系、劳动工资和社会保障体系。这里，重点谈谈现代企业制度。

建立现代企业制度是社会主义市场经济体制总体框架的一个重要支点。建立社会主义市场经济体制，要求有健全的市场活动主体。市场活动主体包括个人、政府和企业。个人作为劳动力的提供者、消费品的购买者、储蓄资金的提供者，是市场活动中不可或缺的主体；政府是市场上很大的购买者、公共财富的提供者，在市场活动中具有很重要的作用。但是，在市场活动主体中，最重要的是企业，因为企业是财富的生产基地。

国有企业的改革在我国经济体制改革中，始终处在中心地位。国有企业改革的成败，直接关系到社会主义的命运。国有企业的改革已成为最重的重点，最难的难点。因为，在十几年的改革中，我们先后采取企业利润留成、利改税、承包制等方法，沿着扩大企业自主权的方向，取得了一定进展。企业经营活力较改革前有了相当程度的增长。《全民所有制工业企业法》及《全民所有制工业企业转换机制条例》的实施，使企业自主权进一步得到落实，为企业进入市场奠定了基础。但从总体上说，直到目前为止，国有企业的改革只是停留在放权让利的思路上，没有触及到计划经济体制中的传统企业制度本身的改造。长期困扰国有企业的主要问题，如政企不分、产权不清、自主权不落实、自我约束机制不健全等，始终没有得到根本的解决。企业虽然有了自主权，但没得到制度上的保证。长期以来，我们讲自负盈亏，但得

刘国光

经济论著全集

第11卷

不到法律上的约束。盈利的企业，被鞭打快牛所累，企业负担过重；长期亏损、资不抵债的企业，也无法破产。那些放权让利的措施难以解决国有企业中的难题，国有企业的活力相对来说仍是不足的，企业行为难以得到规范，经济效益不很理想，1/3的企业处于明亏状态，1/3的企业处于暗亏状态。要进一步深化企业改革，必须解决深层次的问题，这就是要把过去以放权让利为主的政策转到以明晰产权关系为主的企业制度创新上来，建立现代企业制度，对国有企业进行全新的改革。

这些年来，我国经济界和理论界已经或正在形成一种共识，越来越多的人也接受了这样一种观点：组建以公司法人制度为主要形式的新型现代企业制度。现代企业制度，是市场经济和社会化大生产长期发展的文明成果，属于人类的共同财富。

用现代公司法人制度来改造国有企业这一改革思路，已得到十四届三中全会的认可，与这个思路相关的若干理论观点也得到总结。现代公司法人制度的特征和进步意义可归纳为以下几个方面：

1. 产权关系清晰。有效地实现出资者所有权（当然包括国家）和企业的法人财产权分离，是过去若干年来理论界在国有企业改革讨论过程中曾提出的一个论点。理论界的争论在于：把企业法人财产权称作企业法人财产支配权或企业法人所有权。党的十四届三中全会关于出资者所有权与企业法人财产权的提法解决了上述问题。出资者的所有权就是终极所有权，企业法人财产权就是企业法人所有权。这一提法代替了自十二届三中全会以来对国有企业关于所有权和经营权分离的提法，在理论上前进了一大步。出资者所有权与企业法人财产权的分离，使企业在出资者投资所形成的全部公司法人财产的基础上，能够成为行使民事权利和承担民事责任的法人实体和市场竞争的主体。

2. 权责关系明确。企业有了法人财产，既落实了自主经营的权利，又增强了自负盈亏的责任和对出资者承担的保值、增值的责任，从而加大了企业的责任，使企业自主经营、自负盈亏名副其实。同时，出资者一方面以其投入企业的资本额，享有所有者的权利，也就是股东会的投票权，包括资产受益权、重大决策权和选择企业经营者的权利，但不能直接干预企业的经营活动。另一方面，出资者要对企业的亏损、债务按其投入的资本额来负有限责任，这样，国家对企业责任由无限到有限。因此，企业法人制度包括法人财产权和有限责任，这两个内容是现代企业制度的核心内容。

3. 企业治理结构，即一般公司里的股东会、董事会、执行部门和监事会。通过这种治理结构的运作，形成调节所有权、法人代表、经营者和职工集体之间的关系的相互制衡和约束的机制。这也是现代企业制度中的重要内容。在这种治理结构的设置、运作中，出资者的所有权同企业经营权的关系（我们过去把它简单说成是两权分离，并不是错了，而是不够了），现在不单纯是企业外部的分离关系，而是已进入企业内部，通过股东会、董事会及经理层的关系建立起来，在企业内部相互统一，相互制约。再者，我们过去提的所有权和经营权的分离，多年来没有真正落实，重要的一点就在于没有明确企业的法人地位，没有明确企业拥有法人财产权，这样企业就不具备自主经营、自负盈亏的能力，不能脱离"婆婆的藩篱"。经营权和所有权的分离，不能真正解决企业问题，"必须依靠终"极所有权、出资者的所有权同企业法人财产权的分离来解决这个问题。

4. 筹集资金，扩大生产规模，实行资本社会化。马克思在《资本论》中，对资本的社会化、筹集资金、扩大生产规模等问题曾做过论述，对公有制、股份公司制形成社会资本的运动也做过论述。他指出：由于股份公司的成立，"1.生产规模惊人地扩大了，个别资本不可能建立的企业出现了，同时，这种以前由政府经营的企业，成了公司的企业。2.那种本身建立在社会生产方式基础上并以生产资料和劳动力的社会集中为前提的资本，在这里直接取得了社会资本（即那些直接联合起来的个人的资本）的形式而与私人资本相对立，并且，它的企业也表现为社会企业，而与私人企业相对立。这是作为私人财产的资本在资本主义生产方式本身范围内的扬弃"[①]。在这里，马克思已把股份公司这种形式作为一个摆脱资本主义生产方式，向社会主义过渡的萌芽方式来看待。到了今天，我们的以公有制为主体的公司更是一种社会化的资本。过去，我们讨论股份公司时曾遇到这样一个问题：是不是搞私有化？其实，这个问题老祖宗早就为我们解决了。这个转化的意义就是实际执行职能的资本家在企业内部的经营管理转化为单纯的经理人员（经理人员是他人资本的管理者），资本所有者转化为单纯的所有者，即股东、单纯货币供应者、投资者。这样一来，资本所有权就同现实再生产过程的职能完全分离了。这些是马克思早已阐明了的。

我国的企业改造成为法人公司，可以从割断政企不分脐带，理顺国有资产的产权关系入手，为实现国有企业的经营机制转换奠定基础。有些人把建立现代企业制度误解为就是搞股票上市的股份公司，其实，现代企业制度并不完全等于公司；公司也不完全等于股份公司；股份公司也不完全等于股票上市的公司。按照投资者的构成，建立现代企业制度可有多种组织形式：独资企业、合伙企业、合作制企业、公司制企业。其中，公司制企业是比较典型的一种形式，它有利于政企分开，转换企业经营机制，是把国有企业改造成现代企业的有效方式。公司也有多种形式。按照债务责任（有限责任或无限责任）、出资方式（是否等额股份），可分为无限责任公司、有限责任公司和股份有限公司。

---

① 《马克思恩格斯全集》第25卷，人民出版社1974年版，第493页。

　　无限责任公司要求企业资产同投资者的其他资产在法律上不能严格分开，出资者对企业亏损和债务，要负担无限责任，不仅按资本额承担，倾家荡产也要负责。国有企业有条件的要组建有限责任公司和股份有限公司。有限责任公司既有公司制企业的一般优点，又具有筹资少、股东少、操作比较方便、改革成本较低的特点。对符合产业政策和经济效益比较好的企业，先依法改造为有限责任公司。有限责任公司一般要改成多股的，但原来企业的投资主体是一个单位投资，又是国有的，也可以先改组为国有独资有限责任公司；那么，有限责任公司，原来企业的投资不仅是一个部门，也有另外部门、地方部门参加的，可以改组为多股有限责任公司。有的可依法改组为吸收其他法人入股，或吸收内部职工入股的股份有限公司。上市的股份公司涉及公众利益，必须要求严格，只有少数效益高、发展稳定的企业，经过严格的资格审定，才能依法组建。所以，上市股份公司在企业中占少数。从一些发达资本主义国家来看，例如日本，上市股份公司占股份公司的千分之二，上市公司基本上是大公司。

　　我国在股份制试点过程中，有一些地方和企业认为，公司化改革的基本内容就是要把产权股份化，分成等额股份，股票上市，把它看成是筹集资金、创造新企业的捷径。那么，有的已经上市的公司，因过去审批不严格，其机制没变，有"婆婆"管着，仍然还是政企不分，吃大锅饭，这是不符合现代企业要求的。公司制改造的首要目的，在于机制转换，不在于筹集资金。当然，筹资的优点也要利用。根据国际经验和我国情况，企业的融资方式在相当长的时期中，还要通过银行，以间接融资为主，以直接融资为辅。间接融资是指以企业和个人的储存到银行去的资金，通过银行贷款给企业来进行投资。直接融资是指股票、债券，个人、法人买的股票不能收回，只能在股市转让，发行股票的企业永远占有这些资金。在国际上，日本以间接融资为主，美国直接融资多一点。而从我国的具体实际来看，在相当长时间内则应以间接融资为主，同时，也要发展证券市场，直接融资，并与股份制改革相配合，积极开展实验，这是一个进步的方式，但不能太快，不能成为当前公司制改革的重点。

为实现公司制的结构和运行机制的规范化，股东、股权的多元化是必要的，但开始时国家全资独股不可避免，但不能拖得太久，应向股东、股权多元化方向发展。这可通过国有资产存量折股、增量扩股、合资合营等方式进行。《决定》中提出，对国有企业的单一投资主体的可改组成国有独资独股的公司，对多个投资主体的可改组成多资多股的有限责任公司。有的同志提出，独资独股的公司不能作为我们改革的目标，因为它很容易强化国家所有权，企业经营权还是老一套，很容易变成翻牌公司。在改革过程中这是不可避免的，先要经过这一阶段。要逐步扩大股东股权的多元化成分，通过存量折股、增量控股、合营合资等方式进行。国际经验证明，公司股权过于分散化也不好。股份过于分散化在小股东身上，不利于企业资产利益的长期发展，也不利于对企业经营进行监督。

我们在对国有企业的改造实行股权多元化改造的过程中，还要注意公有制为主体、保持国有制的主导地位问题。有些同志担心，国有企业改组为股权、股东多元化的公司，必然会削弱国有经济的主导地位，其实这种担心是多余的。国有企业的改造，经过这种形式，可以广泛吸收社会资金、用存量折股、增量控股的方式，可以广泛吸收非国有成分的资金来投入国家需要发展的企业，来弥补国家资金的不足，但国家要在公司资本总额中保持控股地位。这样，不仅不会削弱，而且还会增强国有企业的主体地位，因为它扩大了国有经济影响范围和投资范围。保持国有经济的主导地位同适当调整集中国有经济经营领域，是不矛盾的。国有经济的主导地位，并不是指所有部门都是国有经济占主体，有些领域不适于国有经济的发展，如小商小贩的服务业。国有经济是在自然垄断的行业、公益性大的部门、风险大的企业，有其优势，国有资本应缩小其投资经营范围。国家并不需要在所有企业控股，国有股在公司、资本额中所占份额，应按不同产业来处理，比如涉及国家安全、环境、特殊部门、烟草的专卖，国家可以全资独股，同时，实行公司化的管理方式。对基础设施、基础产业、支柱产业中的骨干企业，可吸收社会资金，但国家要控股，股份比例不一定占50%，只要在多元股东中占主导地位就可。一般行业国家可以不控股，国家通过参股来影响这些部门的营运，国有资产的营运单位可根据国家的财政状况、金融市场形式，并配合国家宏观调控政策，对国有股股权进行市场运作。

国有资产的管理和经营问题是国有企业改革的一个重要方面。国有企业改组为现代企业法人之后，企业性质除极少数国家独股的国有企业外，一般都将变成非纯粹国有的企业，许多企业将成为多种财产所有权混合企业，国家参股、控股的企业也是多种所有权的混合企业，纯粹的国有企业很少了。无论国家全资企业或多种财产权的混合企业，都有国有资产，也都有一个保证国有资产的保值、增值问题。另外还有一个国有资产所有者的职能同政府作为政权机关的社会经济管理职能分开的问题。这就是政资分开。所谓政资分开，是十四届三中全会《决定》中提出的十分重要的问题。政府的双重身份有不同的任务，作为国有企业的所有者、老板，要盈利；作为社会经济管理者，宏观上要对所有企业一样，一视同仁地制定法律、政策，进行管理。这两种身份，各有不同。如果政资不分，政府发出的信号就会被扭曲，导致企业行为紊乱。政资不分与政企不分互为表里，不解决政资分开的问题，政企分开也难以实现。应设立一个专司国有资产所有权职能的权威机构，改变过去国有资产多头管理，实际又无人专管的状况。十四届三中全会的《决定》提出要积极探索国有资产管理和经营的合理形式和途径。国有资产管理部门行使国有资产行政监督职能，营运职能可以由上述有权威的管理部门委托大企业（如企业集团中的公司等）通过控股方式来进行；也可以专门建立一批国有资产经营公司，主要是面对中小企业，经营价值形态的国有资产。目前作为过渡，可委托专业经济部门对国有资产保值增值进行监管。国有资产监管机构要逐步改造为经营性公司。在公司改造的过程中，要注意国有资产的流失，防止低价折股、低价出售，甚至无偿赠予。要从各方面堵塞漏洞，使国有资产及其权益不受侵犯。

把国有企业改造为公司制的现代法人企业，是一个十分复杂的过程。目前，困扰国有企业的问题很多，如税负沉重、三乱（乱集资、乱摊派、乱收费）负担、退休人员包袱、多年历史性包袱、社会责任（住房、医疗、社会福利）等，这些问题不解决，光产权关系明晰还不行。要通过税收改革、社会保障改革等配套措施，为公司制改革创造良好的条件。十四届三中全会《决定》将推动我国企业在宏观、微观层次上改革的深入。宏观的改革包括金融、财政、投资等体制改革；微观经济基础也要紧紧跟上，特别要加速企业转换机制，积极探索建立现代企业制度的有效途径。公司制改组要按照规范来进行，已经成立的公司也要按照规范来加以整顿。最近制定和公布的《公司法》，为我国企业的公司制改造在法律上提供了规范和依据。

中国金融改革及其对外商来华投资的影响*

——在吉隆坡举行的太平洋经济合作理事会第十届大会金融与资本市场分组会上的发言
（1994年3月23日）

借研讨太平洋各国经济合作金融方面问题的机会，向各位介绍一下中国最近金融改革的情况及其对外商来华投资的影响。

一

金融改革是中国经济改革的一个重要方面。通过15年的金融改革，中国已基本形成了一个以中国人民银行为领导，以国有专业银行（中国工商银行、中国建设银行、中国农业银行和中国银行）为主体，多种金融机构并存和分工合作的金融体系；逐步形成了一套综合运用行政、经济、法律手段的金融管理办法；突破了对固定资产投资只能由国家财政拨款而不能由银行贷款的禁区，大大地扩展了信用范围；以资金拆借市场和国债市场为主体的金融市场已初步形成，股票发行和交易市场逐步发展；金融对外开放日益扩大。金融改革配合整个经济改革，促进了中国经济的发展。

但是，上述金融改革基本上是在中国传统的计划经济体制框

　*　原载《中国经济问题》1994年第3期。

架内进行的。随着中国由计划经济体制向市场经济体制转轨，这一金融体制仍然与市场经济体制格格不入，存在着许多弊端和障碍。

1. 中国人民银行虽然在名义上从1984年起就行使中央银行职能，可是直到最近，中国人民银行与真正的中央银行的标准和要求相距甚远。中国人民银行及其分支机构仍从事一般银行的金融业务，具有强烈的利益冲动，又经常受到各级政府的行政干预，这些都严重影响了其应有职能的发挥。"发展经济、稳定货币"的双重目标往往使中国人民银行被动地适应"发展经济"的需要，而牺牲"稳定货币"的目标。

2. 国有专业银行"一身二任"，既办理政策性业务，又经营商业性业务。其结果，专业银行难以成为自主经营、自负盈亏、自担风险、自我约束的经济实体。政策性贷款一般是政府指定发放的，用好用坏都无责任，所以专业银行普遍不重视对政策性贷款的管理，用款单位在使用贷款时也缺乏责任感，致使政策性贷款使用效益低下。国有专业银行在其分工领域高度垄断，它们之间缺乏竞争，这既导致了金融市场的分割，又窒息了金融体系的活力与效率。

3. 在资金管理体制上，仍然沿用计划经济的数量控制和额度管理的办法，按照国家计划安排信贷规模和分配额度，在很大程度上忽视了信贷资金的安全性、流动性和增值性。利率、汇率的形成和管理也主要由计划或行政确定，市场机制还没有真正形成并发挥作用。资金短缺，导致计划与市场双轨利率、汇率的存在，引起诸多矛盾。

二

为了解决这些问题，1993年下半年集中力量研究制定了金融

中国金融改革及其对外商来华投资的影响

改革方案，1994年年初开始陆续出台。改革的主要内容包括：

1. 将中国人民银行改造成为真正的中央银行，真正履行制定和实施货币政策，保持货币稳定和对金融机构实行严格监管、保证金融体系安全运行的职能。

2. 从国有专业银行体系中分离出政策性业务，建立政策性银行（包括国家开发银行、中国进出口银行、中国农业发展银行）。现国有专业银行尽快转为商业银行，按照国际通行原则实行资产负债比例管理，提高风险管理水平。

3. 逐步建立统一开放、有序竞争、严格管理的金融市场，包括货币市场、资本市场（债务市场、股票市场）、外汇市场和黄金市场。正确引导各种非银行金融机构稳定发展，对保险业、证券业、信托业和银行业实行分业经营和管理。

4. 改革外汇管理制度。从1994年1月1日起，将人民币官方汇率和外汇调剂市场汇率并轨，实行以市场供求为基础的、单一的、有管理的浮动汇率制；实行银行结汇、售汇制，取消外汇留成和上缴，建立银行间的外汇交易市场；取消外汇收支指令性计划，国家主要运用经济法律手段实现对外汇和国际收支的宏观管理。

三

新一轮金融改革对中国经济各个方面的影响是广泛而深刻的。它将大大提高中国经济的货币化程度，促进中国经济的市场化进程，并有利于中国经济的规范化管理。中国经济体制和金融体制的市场化和规范化，有助于建立适应国际经济通行规则的运行机制，对中国经济与国际经济接轨、恢复中国关贸总协定缔约国的地位将起积极作用。特别是外汇管理体制的改革是一项重要的突破。实行以市场供求为基础的、单一的有管理的浮动汇率制，对进一步扩大我国的对外开放，发展同世界各国的经济贸易合作与交往，都具有重要意义。新的汇率体制为我国人民币将来成为可自由兑换货币打下了基础。在实施这一改革时，充分注意到外商投资企业的利益。一是规定了在中国境内的外商投资企业的外汇管理维持现行办法不变，外商投资企业仍可在外汇指定银行或境内外资银行保留现汇账户，外商投资企业超出现汇账户余额所需用汇，可以按有关规定，向外汇指定银行购买。二是汇率并轨可以解决原来外商注册资本以官方汇率计价，而汇出红利以市场调剂价格计算的矛盾，这对外商来华投资也是有利的。

　　新一轮的金融改革进一步完善了中国的投资环境，将使更多的外资金融机构进入中国金融市场。近年中国外汇金融市场发展势头迅猛，目前，中国境内办理外汇业务的金融机构共2292家，其中外资银行（指总行在中国境内的外国资本的银行）和合资银行（指外国的金融机构同中国的金融机构在中国境内合资经营的银行）90家。这些经营机构每天参与国际和国内外汇金融市场的证券、外汇、资金、期货等各种业务，数量巨大。外资金融机构进入中国，一方面，给国外投资者提供更优惠的银行服务和融资便利，带动了更多的外国投资者来中国投资，有助于吸引外资；另一方面，促进中国银行业提高经营效率，改进服务质量。外资金融机构带来了先进的经营技术、融资工具和管理手段；更为重要的是，外资金融机构的进入加快了中国金融业的国际化进程，推动了中国金融市场与国际金融市场的接轨。为了适应对外开放和经济发展的需要，推动外资金融机构提供更全面的金融服务，加强、完善和规范对外资金融机构的管理，国务院已于1994年2月发布了《中华人民共和国外资金融机构管理条例》，并自1994年4月1日起施行。这标志着中国金融对外开放正向高层次、宽领域、纵深化、规范化方向发展。

高屋建瓴话改革*

——《常州日报》记者专访

（1994年4月7日）

刘国光：《中共中央关于建立社会主义市场经济体制若干问题的决定》（以下简称《决定》）是全党集体智慧的结晶，在修改、定稿中，党中央广泛听取了党内外人士的意见和建议。经过全党、全国各界人士反复讨论，《决定》才得以制定。我与《决定》起草小组的一些同志曾负责《决定》总的统稿，并参与《决定》中关于建立现代企业制度部分的修改与定稿。

记者（倪铁城）：刘老，建立现代企业制度问题，是《决定》中一个十分重要的问题。你们在起草、修改过程中，对哪些问题讨论最为热烈？

刘国光：一个是关于建立现代企业制度这一部分里，有"法人财产权"的提法。在起草过程中，对此还有另外两个提法"法人所有权""法人财产支配权"，听取了好多意见，最后才定为"法人财产权"。这样提，与入股人的"出资者所有权"有区别，也比较科学。还有一个是"劳动力市场"的提法。在讨论中有人提出劳动力是主人，怎么变成商品、进入市场呢？最后越辩越明：劳动者是我们国家的主人，但是劳动力是一种生产要素，也要进入市场，要受供求关系的制约，也要进行竞争。这是观念上的重大更新、重大突破。

＊ 原载《常州日报》。

还有其他很多命题，都是反复征求意见，反复修改、推敲定稿的，体现了党中央民主决策的精神。

记者："抓住机遇，深化改革，扩大开放，促进发展，保持稳定"，是全党全国工作的大局。这已为广大读者所熟知。然而，如何正确处理"改革、发展、稳定"的关系，却是学问很深，大有文章可做。在持续两年高速发展的基础上，如何避免前几年"大起大落"的教训，实现持续健康发展？

刘国光：从1977年到1994年，我国经济发展已经历1977—1981年、1982—1986年、1987—1990年、1991—1994年这四个周期。这16年中，经济发展速度年增长率超过13%的只有1984年（14.5%）、1992年（13.2%）、1993年（13.4%）这三年。而物价上涨超过10%的也有三年，就是1988年（18.5%）、1989年（17.8%）、1993年（13%）。不久前结束的八届全国人大二次会议批准1994年全国经济发展的目标是：经济增长9%，物价上涨幅度控制在10%以内，这是两项十分重要的指标，也是要花很大力气才有可能实现的。如果达到这两项指标，我国就可以从前两年高速增长的基础上，平稳过渡到下一个发展周期，从而实现"软着陆"，而不是"急刹车"，避免1988年那样大的损失。而要实现这一目标，要十分注意两点：一是严格控制固定资产投资规模过大，二是要警惕"通货膨胀无害论""通货膨胀有益论"改头换面重新出现，下大力气有效地控制物价上涨，保持人民生活稳步增长。经济发展，一定要十分重视经济效益，要加快产业结构、产品结构的调整，通过加强现代企业制度的建立来调整企业结构，增强国有企业的活力。这样，才能使持续快速增长的经济平稳过渡到一个新的发展阶段。

对八届全国人大二次会议通过的政府工作报告，国外的经济学专家十分重视，他们对此给予高度评价。我最近出访时，会见了日本、新加坡、马来西亚等国的经济学家，根据他们国家的经验，可以争取做到高增长与低通胀的结合。尽管国情不同，但他们的见地是值得重视的。

为什么"抓住机遇"后面紧接着的是"深化改革"，而不是别的话？我们现在遇到的问题，是多年积累的深层次问题，1994年国家推出五大改革，任务很重。只有通过深化改革，才能化解矛盾，克服困难，要以改革开放来"促进发展""保持稳定"。

刘国光

经济论著全集

第 11 卷

对当前改革利率的一点看法*

（1994年4月）

　　我国1993年两次幅度不大的利率调整，在加强宏观调控、稳定经济秩序的过程中起了一定的作用。然而1993年四季度以来快步的通货膨胀却又把已调高了的利率抛在了后面。在我国这样一个资金紧缺的国家更显不合理的负利率再一次呈现出来。本来，紧缺的东西价格应该高，以限制过度需求，低利率就意味着短缺的资金却标出了低的价格，这无疑会加剧短缺，更何况是负利率！负利率对少数能得到低息贷款的借款者极其有利，而对广大的储蓄存款者则是一种剥夺。低、负利率还诱使一些人利用官方利率与市场利率之差搞不正之风，助长寻租动机，这是造成腐败的温床之一。此外，负利率的效应与我国进行宏观调控的目标背道而驰，它会加剧对资金的需求，从而会加剧通货膨胀。

　　当然，这并不是说负利率的效应就完全抵消了宏观调控的作用。事实上，自1993年加强宏观调控以来，收效是显著的：经济过热、金融秩序混乱的现象得到一定纠正，经济增长速度有所减缓。1994年一季度国内生产总值、工业总产值、固定资产投资等指标的增长率都比1993年有所下降。但是，如果更加积极调整利率机制，更加注意利用利率手段，宏观调控的效果可能会更好一些。

　　有些同志不赞成动用利率手段与通货膨胀作斗争，这与他们

＊　本文由詹小洪根据作者1994年4月末的一次谈话录音整理，原载《经济研究》1994年第5期。

对目前经济形势的判断有关。他们认为目前通货膨胀不是什么大问题，失业才是大问题。就是说现在企业比较困难，资金紧张，部分企业处于停产和半停产状态。有人甚至据此认为现在出现了滞胀，当前主要危险是"滞"而不是"胀"。我不同意这种看法。虽然几项主要经济指标与1993年同期比增长速度是下降了，但增长率仍很高，很多方面的生产建设还是蓬勃发展的，如一些重点建设工程搞得热火朝天。当然，目前确实有一部分生产能力过剩的问题，有些地方"三角债"又重新出现了，企业也确实有一些困难。这些问题需要解决。但不能因此就说当前经济的主要问题是滞胀。我看当前主要问题还是要治理通货膨胀。居民生活费用价格指数更高，这是不能等闲视之的。原来预定1994年宏观调控的目标是：经济增长速度要从1993年的13%降到9%；通胀率要从1993年的13%降到10%以下。从目前的情况来看，这两个指标都有可能被突破，要想达到既定的宏观调控目标是很不容易的。但超过了太多也不好，因为国民经济长期处在一种紧张状态，通胀压力越来越大，总不是一件好事。所以，宏观调控力度还要加大，手段还应多一些。现在政府也很重视通胀问题，采取了很多措施，如抓好农业生产，特别是"菜篮子"工程，控制粮、棉、油价格，进行物价大检查。另外，还控制固定资产投资规模及信贷规模。但是一收紧信贷，流动资金就短缺，地方和企业就喊受不了，要求放松银根的呼声很高。可是物价涨得这么厉害，银根又放松不得，所以流动资金是个大问题。现在采取的办法仍是控制信贷规模，用行政手段来分配信贷额度，而不是借助利率杠杆，利用经济手段来调节资金需求。

实际上，用信贷额度不仅卡住了效益好的、规范化经营的企业正常所需的流动资金，而且并不能控制住投资、借贷规模。因为现在有很多渠道可得到贷款，如很多款项通过资金拆借等途径以高利率流到黑市上了。银行官定利率比较低，造成资金紧张和

刘国光

经济论著全集

第
11
卷

资金浪费现象并存。由于对资金的需求大于供给，得不到信贷配额的只好求助于非法资金市场，现在市场利率为18%、20%、25%甚至30%不等。我在1988年就提出现在仍坚持要动用利率手段制止通胀的主张，为了使利率手段发挥制止通胀的作用，现在就必须改革利率机制，纠正负利率，逐步让利率市场化。

现在有两种截然相反的观点，都对利率改革产生阻碍作用。一种观点认为，经济运行对利率调整反应不灵敏，利率不起作用或作用很小，这是一种"不在乎论"。另一种观点认为，利率提高了以后，企业就更加困难、承受不了，这是一种"太在乎论"。"不在乎论"是站不住脚的。第一，对利率反应不灵敏的主要是国有企业，吃"大锅饭"的主要是国有部门。但是国有部门现在我国整个经济中的比重在降低，只占工业总产值的48%，占GNP的40%。而非国有经济比重越来越大，它们对利率调整反应却是灵敏的。因此，调整利率对整个经济是起作用的。第二，国有经济本身也在改革。有些改革搞得好的，政企能分开的，能真正自负盈亏的，实行了公司化、股份化改革的企业对利率调整反应也是比较敏感的，怎么会不在乎呢？第三，提高利率对居民是实惠的。负利率时间太久，负数太高，居民就不会储蓄，甚至去挤兑存款。这种情况在1988年出现过，在1993年也出现过。相反，那两次及时提高了利率以后，就曾遏制了居民挤兑风或存款下降风。可见，中国改革的实践也证明了利率对中国经济是起作用的。

"太在乎论"同样站不住脚。第一，不是所有的企业、所有的项目都承受不了市场利率。其实相当一部分企业是承受得起的，能够以比官方利率高得多的市场利率借款，这是一个客观存在，不然何以理解市场上30%的利率贷款都有人敢借。至于一些炒股票、炒地皮的投机商更能承受得起，就不去说它了。第二，确实有些项目和企业对提高利率承受不了，而这些项目和企业往往又是国家急需的重点，必须力保、需要扶持的。它们的困难很多是客观原因造成的，如多年的积累被国家拿走了，自己没有钱搞技术改造。对这些企业因为利率放开提高了成本而造成的困难，应该由国家财政贴息贷款来解决，或者由投资银行、国家开发银行的政策性贷款来解决。具体情况要具体处理，而不能用普遍低利率、负利率的办法来支持有特殊困难的企业，实施政策要有选择。第三，至于一般竞争性行业，它们的贷款利率就更应该由市场去决定。有效益的企业自然承受得了市场利率贷款，效益差的企业则借不起钱，这样你就得想办法改进技术、改善经营管理、调整产品结构，否则就得破产。市场经济本来就是一部分企业生，一部分企业垮，生生不已，有死有活，经济才能保持活力，才有效率。市场经济不保护落后，不能用低利率、负利率支持低效率。当然政府对破产企业要做好善后工作，解决工人的生活，加紧建立社会保障制度。

总之，要使利率真正反映资金的供求状况，用利率武器来与通货膨胀作斗争，利率就得市场化。当然，利率改革要同其他方面的改革配套进行。同时，利率市场化要有一个过程，信贷额度控制贷款的办法只能逐步过渡到以市场利率调节资金供求。像汇率改革一样，人民币不是一步走向自由兑换的，但汇率并轨毕竟向前跨了一大步。1993年汇率改革也是冒了一定的风险的，但还是闯过来了，结果也不错。我国利率改革也要冒一定风险，但应更多地解放思想，拿出改革汇率一样的勇气来改革利率。自然，反通货膨胀不能光靠提高利率，还有中央银行控制货币供应量、公开市场业务、准备金制度甚至物价管制等手段。利率改革这个问题同时涉及发展和改革两方面，因为利率是使宏观经济相对平稳发展的重要手段。另外，我国宏观调控体制改革要从直接的行政手段为主逐步转向间接的经济手段为主，从金融方面讲，间接的经济手段主要就是利率。

刘国光

经济论著全集

第
11
卷

横店集团的几点启示*

——在横店经验座谈会上的发言
（1994年5月2日）

　　横店集团位于浙江省东阳市横店工业区，1975年创建之初只是一个小小的缫丝厂，十几年来他们以多轮驱动的方式带动全社区社会、经济的发展，成为今天拥有六七亿元资产、几百家企业的跨地区、跨国经营的大型企业集团，建立了崭新的发展模式。

　　横店带给我们的启示，我想是不是有这么三点比较突出：

　　一个是横店选择的共同富裕的发展道路。我们今天搞改革开放，建设有中国特色的社会主义，根本目的是发展社会生产力，使全体人民共同富裕，这是小平同志一贯指出的。在"一部分人先富起来"的同时，如何防止人们所担心的两极分化现象，确是一个难题。横店从一开始发展就注意了这个问题。一方面，企业设立专门办事机构，在资金、市场、技术等方面有计划地扶持当地其他经济成分，带动当地经济发展；另一方面，企业有了实力之后，主动承担一些社会职能，拨款搞市政建设、搞教育，改善社会环境，提高当地人们的文明水平。既造福一方人民，又改善了企业的外部环境，从这点上看，不能不说横店的同志们是很有远见的。

　　企业办社会，是国营企业的一大包袱，也是许多国营企业搞不好的一个主要原因。国营企业大都身居大城市，许多社会职能

*　原载1994年6月21日《经济参考报》。发表时，钟明荣协助提供素材。

都可以通过社会解决。乡镇企业则不同，它们不具备解决这些问题的外部条件，而需要自己创造这些条件本身。也就是说，它们不仅要创办企业，还要创办城市。近几年出现的许多小城镇就是由于乡镇企业的发展而带动起来的。横店集团的实践为我们提出一个启示，即在广大农村，尤其是乡镇企业实力雄厚的地区，企业与地方经济发展、社区建设究竟应该是一种什么关系？乡镇企业与其所在地血脉相连，对本地区的发展和建设是否应尽一些义务？如果说企业可以办社会，与旧体制下企业办社会有何不同？

横店集团每年拿出一部分资金，自觉自愿地用于"办社会"，主动扶持乡亲们致富，带领当地人民共同走上富裕道路。从这点上讲，横店同志们的探索是成功的，在实践上和理论上都很有意义。

第二是横店的政企分开。我们知道政企不分、产权不清，不但国有企业有这个问题，乡镇企业也有这个问题。横店集团与当地政府早在1984年就实现了彻底的政企分开，政府撤销了镇工业办公室，使政府有更多的精力去抓区域规划，执行国家政策法规，干政府应该干的事；工业总公司成为名副其实的决策中心和投资中心，企业有了真正的自主权，抓生产，抓经营，多创利，多替政府排忧解难。政府和企业不仅互相没有干扰，相反却配合默契，互相促进，共同发展。

横店的经验说明，政企分开与企业发展是相互促进的。政企分开有利于企业发展，而企业发展壮大了，在社会经济活动中的分量加重了，也有利于政企分开。

第三是横店集团社团经济的发展模式。十四届三中全会提出建立现代企业制度，全国出现了一个企业改制的高潮。在这种形势下，横店集团的同志们考察了温州、苏南等地区的乡镇企业和当地的经济发展状况，根据横店地区的特点和企业自身的情况，没有将资产量化到个人，坚持集团共有。乡镇企业是我国经济生

刘国光
经济论著全集

第
11
卷

活中一个重要力量，但乡镇企业的发展，目前也面临着不少问题，如产品更新换代、企业上档次等。横店集团这种做法，在产权上保证了企业可以集中资金发展高科技，产品和企业上档次。事实上，横店集团发展如此迅速，高科技产品、出口创汇产品，分别占其总产值50%和25%以上，也正说明了这一点。另外扶持当地经济、企业办社会等，企业要有经济实力，也需要企业在产权上有保证。从这个意义上，横店社团经济这种发展模式是成功的。横店依靠集团共有，获得了巨大发展，这里有许多可总结的东西。我们不能要求所有企业都将资产量化到个人，但我们同时也应鼓励在产权制度改革上的各种探索，如股份制、股份合作制等。总之，不同地方情况不太一样，特别是人文背景和习惯不一样，在产权组织形式上不应千篇一律，同一个企业在不同时期，产权组织形式也可以根据情况的变化不断调整。我们不能简单地说某种产权形式好，某种产权形式不好，我想，只要有利于发展生产力就好。横店集团经验是否对全国其他农村有示范作用，还可以进一步探讨研究。社会主义市场经济不是单一经济，各地应该根据实际情况，实事求是地选择适合当地经济、社会条件的发展模式。

　　总之，对横店同志们取得的成就我是很赞赏的，理论界探讨横店集团发展模式也是件好事。

江苏经济高速增长中的几个问题*

（1994年5月8日）

1994年4月上旬，趁赴南京、常州、南通讲学的机会，对江苏当前的经济形势作了一些调查研究。总的感觉是在保持高速增长中，面临的矛盾和困难也进一步显露，其严峻程度超过原来预计。江苏1993年国内生产总值增长18.5%，比全国平均高5.5个百分点；1994年一季度乡以上工业产值增长24.3%，其中国有工业增长7.3%，乡办工业增长35%。存在的问题，既与全国相似，又有其特点。对这些问题，省和市、县的同志有些看法，值得参考。

一、农业问题

江苏农业近两年战胜洪旱灾害，基本上是稳产的。1993年以来进一步加强农业和农村工作，增加农业投入，生产条件有所改善。当前存在的问题是在畜禽、水产、林果有较大增长的同时，粮食和棉花增产不易。粮食的突出矛盾是水稻播种面积逐年减少。这在苏北是由于结构调整，在苏南是由于多占耕地。1994年本来要求确保3400万亩，现在只落实3324万亩，比1993年实际减少85万亩。深层次的原因则是工农业产品价格的"剪刀差"扩大，比较效益下降，农民不愿多种、种好粮食。苏南先后出现撂

* 与沈立人合写。原载中国社会科学院《要报》第46期。

荒、半撂荒现象，在火车和公路两侧都能看到。另据反映，粮食产量统计不实，可能有10%左右的水分（事实上也不可能逐户核实，抽样调查则有偏高倾向）。

棉花的问题更加复杂一些。江苏1993年棉花减产，下降幅度不大，但与棉纺织生产能力的盲目扩张比，供求差额越来越远，导致"棉花大战"，自由采购价高达七八百元一担。南通的同志说，前几年认为棉花过剩，取消补贴，是一严重失误，没有三四年扭转不过来。现在苏南纱厂停工、半停工，拿红头文件到南通调拨，调出一万担相当于拨走二三百万元，不无阻力。现在，虽然收购价调高，省里再加价，与外地抢购价相差仍大。南通本是棉区，但已不能自给，还要出外采购。

最近召开的农业工作会议决定重新改变粮棉油的购销办法，引起强烈反应。常州市民买不到油，每人每月凭票供应半斤，议论纷纷。省农林厅的一位负责人认为，粮棉问题的症结是价格，只有农民得到实惠，才能调动其增产积极性，所以出路是"放价保量"；相反，为了稳住城市一头而损害农民利益，虽然农民不会造反，但是种不好田，将来口粮不会不留，商品粮食就难说了。

二、国有企业问题

江苏是全国的老工业基地之一，尤以轻纺为主，目前困难很大。1994年1—2月，虽然产值上升，但是全省亏损企业达886户，比去年同期增加283户，亏损面达48.6%，上升15个百分点；亏损额达4.14亿元，增长98.6%。特别是全部预算内国有企业盈亏相抵，出现净亏损，这是前所未有的一个警号（3月持平并略有盈余）。南京市国有企业亏损面达57%（不包括暗亏）。常州国有企业盈亏相抵，净亏2258万元（据告，无锡净亏4271万元）。

企业的资产负债比例也急剧上升，有的行业达到70%甚至90%以上。素负盛名的常州灯芯绒总厂已是资不抵债，有资格宣告破产。

国有企业的每况愈下，原因很多。所谓亏损，既不是政策性亏损，也不能说是经营性亏损。从企业内部看，主要是过去"抽血"过多，留利过少，不能进行技术改造，以致工艺落后，产品缺乏市场竞争力。从企业外部看，主要是结构失调，重复过多，能力过剩，竞争过度。如何解决，煞费斟酌。他们反映，把银行贷款改为参股，实质上无济于事；把多余人员分流到第三产业，需要不少投资；把企业办社会剥离出来，也非轻而易举。

值得注意的是企业改革进度不快。推行股份制，与承包制不衔接，影响承包者的利益，他们也不愿意有"新三会"来监督管理。长期的股市低迷，对此有负面影响。实行现代企业制度，南通反映有许多难点或疑点：（1）产权界定有争论，例如企业以贷款投资增加的资产，在（税前或税后）还贷后属于谁所有；（2）谁来代表国有资产所有者，目前争论也多；（3）资产评估不规范，今天评了，明天就变，我们评了，外商不承认；（4）收益分配不易恰当，各方面都想多分一些。归根结底，则是企业内部缺乏改革动力，全靠上面推动改革，最终效果不好。

三、财税体制问题

这在江苏听到意见较多。虽然，大家也承认分税制从长远看、从本质看有很多好处，势在必行，但是就当前看，带来一系列的矛盾。江苏1993年财政收入在四季度猛增，全年累计比上年增长达45.3%，空前未有。是否"寅吃卯粮"？从一季度收入比1993年同期增长达96.3%，进一步创了纪录看，没有受到影响。他们认为，这是财政报喜，企业报忧。当前国有企业增亏，物价上涨，都说与增加税收负担直接、间接有一定关系。

企业是否增加了税负？在讨论中，有两种分析。一种分析，增加税负来自"四税"的变化，即：取消了免税，取消了减税，减少了"包税"，减少了漏税。这似乎是理所应当的。有些国有企业认为，自己即使增加税负，而与乡镇企业平等竞争，也是好事。乡镇企业则认为，"四税"变化主要是对乡镇企业，道理上讲得过去，实际上问题不少。因为乡镇企业除靠自己的积累去改造、发展外，还承担着"以工补农""以工建农"和支撑乡镇财政、支持城镇和农村建设的繁重任务；现在的变化，使乡镇企业的改造、发展受到影响。

另一种分析，除了取消减、免、包、漏这"四税"，实际上也增加了企业的税负。大致有两方面：（1）行业之间不平衡，拿流转税来说，据测算，石化、冶金略有下降，其他行业都有不同程度的上升；拿所得税来说，机械行业原来是17%，现在是33%，就增加税负2.3亿元。（2）在新旧税过渡时期，由于磨合衔接不够，也增加了税负。例如，不少企业的进项税扣抵无法进行，包括：地区之间启用新增值税专用发票时间不同，不少企业拿到的还是老发票；一些企业从小规模纳税人那里进货，搞外协加工，也没有增值税发票；企业的年初库存不能抵扣，使实际税负高于名义税负；自来水和供电还未启用新发票，企业要多缴税；运输业执行5%的营业税，而企业要缴17%，尤其煤炭等笨重物资的运杂费占成本的50%~60%，使物资部门经营困难，用煤企业大量增支。

有关同志测算：苏州、元锡、常州三市财政收入占国民收入的比重约为24%，但留成比例为10%左右，再扣除出口退税等，可能只有6%~7%；苏北属于欠发达地区，上缴比例也高达45.3%，本来只有13个县财政补贴，现已成倍增加。他们认为，不许地方财政打赤字，其实赤字已属难免（苏北一些县、市包括淮阴、淮安，不仅教师工资打"白条"，机关干部工资也常欠发）；他们建议，在一定时期内，最好允许发些地方债券，但可由国家进行限额控制。

四、宏观调控问题

江苏经济当前还存在的问题是资金紧张、市场不旺。据报，一季度急需工业流动资金20.6亿元，而工商银行系统只能满足3.75亿元；社会商品零售总额比1993年同期增长16.2%，剔除价格因素后，实际下降6.1%。基层的同志认为，这是宏观调控过严所致，希望和等待银根放松。但另一方面，物价持续攀升（居民消费价格指数，1月上涨23.9%，2月上涨25.9%，3月上涨22.6%），不能不严控货币信贷。这是当前宏观调控一大矛盾。

为了解决资金紧张，江苏各地正在千方百计筹资。乡镇企业搞股份合作制，集资目的重于机制转换。有的企业向职工借款，用于流动资金，否则只能停产。据反映，秘密集资并未杜绝，利率有达25%左右的。与此同时，储蓄继续上升，限于贷款的规模控制，存大于贷普遍存在。在上述情况下，资金借贷中的"寻租"行为，屡禁不止。

调查中的另一深刻印象是不少干部加快发展的观念仍强，对经济增长10%左右感到不过瘾，期望值大多在20%以上。有的市、县和乡镇，增长指标定到30%、40%甚至更多；与此相应，投资计划安排也大，各有一套后备项目。这可能是资金紧张的根子所在。当然，有些统计数字不尽准确，一段顺口溜是："农业瞎报，产值虚报，项目漏报，物价低报，人口瞒报。"

曾在扬州逗留，听说"扬州现象"，靠的是规模经济，有一批拳头产品和企业集团。如春兰空调、黎明汽车、集装箱、化妆品以及氖灯、牙刷、玩具、亲亲八宝粥等，有的已夺全国的"单打冠军"。因此，扬州工业的增长速度也已连续两年占全省第一，总量居全省第三。这意味着江苏的次发达地区正在兴起，苏南正在向苏北延伸，长江两岸的差距正在缩小。特别值得注意的是，其发展道路不同于苏南，也不同于华南，很有可能形成"扬州模式"。最近，前往取经者已络绎不绝。

当前宏观经济形势的几个焦点问题*

—— 在河南财经学院举行的河南经济论坛
理事会成立大会上的讲演纪要
（1994年5月）

一、当前宏观经济形势的现状

我国改革开放以来，经济发展很快，特别是1992年、1993年每年以13%的速度增长。中国改革开放以来的经济增长不是在一个平稳的状态下进行的，而是在一种波澜起伏的状态中进行的。改革开放以来我国的经济发展经历了四个周期：第一个周期是1977年到1981年，第二个周期是1982年到1986年，第三个周期是1987年到1990年，1991年由低谷开始回升。前一个周期的高峰是1988年，当年的国民经济增长速度达到11%，以后经济过热、经济整顿，经济曲线开始向下走，1990年达到低谷。1991年回升，1992年开始新的高速增长，当年经济增长达到12%，1993年上半年达到14%。1992年上半年出现一些经济过热、经济秩序混乱的现象。所以，中央、国务院采取了宏观调控措施，1993年增长势头缓缓下降，一直到1994年一季度。所以，当前经济处于第四个周期中后期，希望增长的高速度缓缓下调，保持增长高速度，但是必须缓缓下调。如果一直保持一个很高的增长速度，恐怕后果不会好，要平稳过渡到下一个周期。经济波动周期的规律是不可

 * 原载《经济经纬》1994年第4期。

抗拒的，希望通过人为的努力，经过规律性认识，使经济周期平稳过渡而不是大起大落，因为我国过去所发生的大起大落造成了很大的经济损失。从1993年下半年到1994年一季度，总的来说宏观调控初步实现了初衷。1993年上半年速度过快，投资规模过大，经济秩序混乱，经过加强宏观调控以后，下半年开始扭转，有几个主要指标显示了这个趋势。1993年全年经济增长率（用国民生产总值表达）为13%，比上半年的14%降了下来。1994年一季度继续下降到12.7%，这还是很高的速度，但是趋势是向下降的。工业的增长速度1993年为21%，而1994年一季度降为16%；固定资产投资规模（国有资产）1993年上半年增长了70%以上，这是个吓人的增长速度，下半年调整紧缩后，全年增长57.6%，全社会也不过40%。1994年一季度降到36.2%，这还是个不小的增长速度，是改革开放以来很少有的。对这个问题有不同的看法，1994年一季度投资规模为36.2%，扣除物价上涨20%，投资增长率也只有16%，有的同志认为这基本上正常了。现在投资率（即投资规模占国民生产总值比率）达到37%，比过去的正常投资率要高，但37%是不是高，还有不同看法。有的人认为，发展中国家在起飞之后持这样的投资率是可以的。从过去的统计看30%是最好的，现在看30%还是低一点，高于30%还是能够承受的。市场的增长趋势也在缓缓下降，1993年增长26%（商品零售额），1994年一季度下降到25%，扣除物价上涨率不到4%，这个增长率是较低的。所以，从几个主要的经济指标来看，是顺应了第四周期的缓缓下降的趋势，基本是正常的。除了商品零售额实际增长较低外，其他增长还是比较高的。这在世界上还是少见的。

在经济走向上有一个指标是不大听话的，那就是物价。物价总水平居高不下，本来1993年物价走势从1月到8月是在不断提高，1993年1月物价上涨8.4%，8月上涨到11.5%，9月由于宏观调控措施（从7月份开始）的作用开始回落，10月比较平衡，11月资金又放松了一点（农产品收购需要，重点建设，等等），所以又重新回升到15.9%（这里物价都是全国平均零售价格指数），11月反弹，使全年物价平均上升到13%。这是改革开放以来的又一个高峰年（1988年为18.5%，1989年为17.8%，1990年只增长2%多一点，1991年为4%多一点，1993年跳到13%）。这是第三个高峰年。1994年物价又进一步上涨，1993年的大中城市物价上涨率为19.5%，其中12月涨至23.9%（35个大中城市）。到了1994年第一季度还是居高不下，指数为20.1%。1994年1月全国大中城市为20%~25%（河南为15%）。20%以上的上涨幅度是个什么概念？国家物价局有这样四个档次：轻度通货膨胀、中度通货膨胀、严重通货膨胀和恶性通货膨胀。我国现在已到了严重通货膨胀阶段。5%以内为轻度通货膨胀，5%到百分之十几为中度通货膨胀，20%左右为严重通货膨胀，25%以上为恶性通货膨胀，一到这个阶段就麻烦了（如独联体、拉丁美洲，还有20世纪40年代国民党统治时期），对居民生活的影响已经开始了。我国居民货币收入与物价上涨相比还是提高了，1993年和1992年的城市职工的货币收入还是增长的，生活水平提高10%左右（农村大约3%），这是大体水平，但实际收入下降面1993年达到19%。居民承受力比以前提高了。但是如果通货膨胀再继续，那么实际收入下降面就要扩大，就要影响社会稳定，这个问题不能轻视。有通货膨胀就有议论，有很多人担心，但有人认为不要紧，说通货膨胀是发展中国家都有的，不但无害而且有益。因为它可以创造出市场，创造出需求。钞票多了，需求就增大了，企业的利润也就多了。物价上涨能刺激经济增长。这就是所谓的通胀"有益论"。

当今的宏观经济调控也受到这种议论的影响。不仅是理论界，有些地方市长、县长认为物价上涨不要紧，只要工资赶上不就行了吗？能够承受就行了。高物价、高消费、高增长、高膨胀，这"四高"的提法，是20世纪80年代一个考察团从外国带回的。这种议论和想法不适合我国国情。中国这么大国家，能否实行这一点？恐怕不行。但有些同志认为发展中国家（地区）或是起飞中的国家（地区）经济增长必须是高膨胀。这个看法我认为是不全面的。高增长低通胀也是存在的，像中国台湾地区、日本、马来西亚、新加坡等在增长过程中是低通胀的。但低增长高通胀的例子也有的是，就是"滞胀"，一方面通货膨胀，一方面经济停滞。有些同志认为我国现在处于"滞胀"状态。我们现在百分之十几的增长速度怎么能叫"滞胀"呢？1994年一季度还是12.6%，1993年12%~13%。最近，我有机会和日本、中国台湾地区、新加坡、马来西亚的学者接触，他们对我国经济增长的势头很欣赏，但对是不是有些经济过热还需要讨论，他们对我国的物价上涨幅度表示关注，讲到他们的经验时说：如果有正确的宏观调控政策的话，高增长是可以和低通胀结合的。他们举了一些例子：日本的通货膨胀率大概在5%以内，新加坡等国也是高速度增长，通货膨胀在3%以内，生活比较安定，经济秩序比较好，他们宏观调控第一位的目标是稳定。他们希望我国能够参考这种经验。我对他们解释，我国要压到他们那么低的通货膨胀率恐怕不大可能，因为中国有比较特殊的情况。中国正在进行一个规模宏大的改革事业，这么大的一个国家要从一个非商品、非货币的经济走向商品、货币的经济。许多产品和服务，原来不作为商品，或不完全作为商品，不用货币计量，而是免费的，或自给自足的，或低价收购和供应的，如农产品、矿产品、初级产品、住房、交通、各种社会服务等。我国现在走向商品经济，走向货币经济，从计划经济走向市场经济，这些扭曲的价格都要扭正过来，要用调价的办法或放开的办法，把它扭正过来，这必然要出现产品和服务的价格水平的结构性上涨。不然，改革就无从改起，这些初级产品部门的积极性就无从调动。所以，这里面有个改革带来的结构性的物价的变化，由此引起整个价格水平上涨的问题。像我们这样一个过去落后的非货币成分比较大的国家，这些问题在计划经济转向市场经济过程中是必然会出现的。当然，不能在这个转变过程中一步到位，要考虑到承受能力（社会的和老百姓的承受能力）。居民收入相应地要跟上去。在改革过程中，国家财政的补贴应该减少，国家财政收入应增加。但需要一个过程，不能在短期内就实现，要分若干年来做，并应当与居民承受能力提高、分配机制的转换配套进行。所以，每年都有几个百分点要上涨，这是改革引起的。这一点要大力宣传。这些现象是日本、马来西亚等国家没有的，因为人家原来就是市场经济国家。高速增长的通货膨胀与宏观调控、货币政策有关系。低度的通货膨胀有一定好处，特别是在人力资源、物质资源没有充分利用的情况下，通货膨胀是调动资源、扩大市场需求的一个必要手段。所以说，马来西亚、新加坡的通胀率分别为3%、5%是正常的。我国"八五"计划和十年规划拟定的8%~9%的增长率，与6%的物价上涨率是比较合理的。但1993年物价上涨率为13%，1994年年初为20%，与6%的计划相比，超出太多。我认为这是我国当前宏观经济调控中的头一位问题。通货膨胀问题涉及稳定和改革问题，今天一个价明天一个价，改革无从改起。如，1988年8月的物价改革要闯关、工资改革要闯关，最后都闯不过去，就是因为通货膨胀。回过头看1988年的改革是失败的，我国受过"通胀无害论"影响，以后得到了扭正。

现在我国宏观调控的态势很好，顺乎客观规律。比较令人重视的问题就是物价，但整个宏观经济问题中不止是物价，还有其他问题，如农业中的粮、棉等，还有收入分配问题。几大差距越来越大：东西差距扩大，城乡、地区差距等不断扩大，不同体制的收入——特别是国有体制与国有体制外的职工收入差距在扩大，国有单位内部差距也在扩大。

再一个问题是国有企业生产困难加剧。这有长期性原因、历

刘国光
经济论著全集
第
11
卷

史性原因、政策性原因、社会性原因，还有周期性原因。从顶峰下来到低谷再到回升，这在任何一个市场经济国家是一个优胜劣汰的过程，使那些不能适应新的经济条件的企业被淘汰，所以经济一个台阶一个台阶地上。我国就不同了，虽然有《破产法》，但大量的还是得"养"，不能关闭，这是我国体制的问题。国有企业的困难，集中起来目前是资金困难较大。所以，现在宏观调控面临两难的选择。

二、宏观经济调控的几种思路

在宏观经济调控上，有三种思路：

第一种思路是目前宏观调控受到通货膨胀的巨大压力，要求把通胀率至少调到13%，今年（1994年）计划原定调到10%。因此，宏观调控要大大加强，银根要大大收缩。这样做的后果是企业更困难了，很快就要造成经济萎缩、滑坡，这不是我们所希望的。

第二种思路是企业在半开工、半停产、三角债、资金不足的情况下，理论界有些同志认为，目前主要的问题是失业，要解决经济衰退、经济危机和失业的问题。我不大同意这种观点。12%的速度怎么是衰退，16%的工业增长速度怎么是衰退呢？不能这么看。按照这么一种观点，就要把货币、信贷放开，投资限制放松或取消。现在的规模还要增加，如大机场、万吨码头、高速公路等。那么我国居高不下的通货膨胀还要猛烈地上涨，现在"软着陆"的局面还要腾空而起，物价上涨，秩序混乱，1988年大起大落的局面会重新出现。

我个人认为，从过去经验看，我国经济不走出这两条思路是没有出路的，这些是有教训的。1990年的紧缩是由1988年的高膨胀带来的，"大落"是由"大起"引起的，我认为应该顶住这两种压力。

第三种思路就是现在走的路子：审时度势，有松有紧，时松时紧，用微调的方式过渡过去。要考虑从今年到明年经济怎样平缓地过渡到下一个周期的运行，一是我前面讲的通胀严重，不能小视。二是现在的发展虽然在速度和投资上增长率在下调，但规模还是大。三是今年还有一个任务是稳定、改革、发展。

五大改革，即财税、金融、外贸、投资、计划改革，加上企业制度改革，又称六大改革，这些改革都要今年起步，但配套的改革也要搞，如社会保障、劳动工资等方面，总之今年的改革步子大，措施多。十四大提出了市场经济目标，十四届三中全会进一步具体化，提出了社会主义市场经济新体制的框架，我国各个方面的改革按照老路子是走不下去了。单纯在国有体制外改革很早就在进行，而体制内的改革却没有多大进展，所以各项改革今年都要进行。但全面推进改革需要一个适宜的宏观环境、发展环境，速度不能过高，不能太快。改革就是各种利益关系的调整，因此改革必须要有发展，要有一定的速度。改革包括中央与地方的关系，政府与企业的关系，企业与个人的关系等。如果经济增长了，各方面利益就能兼顾；但又不能有太高速度，否则就会物价上涨，通货膨胀，经济秩序混乱改革就进行不下去。这是我们过去的经验总结。因此，为了改革，为了正确处理改革发展与稳定的关系，也需要把今年发展的"盘子"作重新安排，但不是全面紧缩，而是时紧时松，用微调办法来抓紧结构调整和体制改革，较顺利地过渡到下一时期。这种宏观调控的思路短期内不能彻底解决所有矛盾，特别是上面讲到的两个方面的压力不能全部解决。整个的企业经营环境，从资金方面讲，恐怕还要紧张。另一方面，经济形成的严重通货膨胀的压力，要想办法缓解。国务院正在采取一些措施，但通胀率不会在短期内由20%降到10%以内。李鹏同志《政府工作报告》（以下简称《报

刘国光

经济论著全集

第11卷

告》）中也提到这点，控制在10%以内是不大可能的，13%也有些困难，因为往往有个持续的过程。我国今年紧缩的"盘子"也会在物价上有所显现，但不会如想象的那么快。所以，这两方面的压力都还存在，企业生产经营环境仍然偏紧，通货膨胀还要持续一些时间，但综合考虑各方面因素，这种思路可以兼顾稳定、增长和改革的关系，是代价较少、收效较好的路子，使我们能够较好地顺应经济周期的走势，不使其出现大起大落，而是平缓过渡。当然，这种过渡不可能满足各方面要求，只能在各种矛盾中前进。

1994年我国宏观调控的目标，在李鹏同志的《报告》中已经讲得比较清楚，我认为最重要的有两个指标。一是增长率，国民经济增长率由去年的13%调到今年的9%；另外一个指标是物价上涨率，今年降到10%以内。要达到这两个目标还是比较难的，北京很多搞预测的同志（包括社会科学院）都在进行预测，有个专门预测课题小组测算的经济增长率要达到11%或12%左右，现在物价上涨率可能是15%~16%。从现在客观经济走势和主观的宏观调控的方向和力度来看，他们测算的结果可能要超过。这与我国的体制改革的力度和手段有关。宏观调控体系改革包括财税制度，特别是金融制度，还有其他的宏观调控的改革，1994年只是刚刚起步，真正理顺恐怕还得好几年。分税制恐怕要到2000年才能完全实行。即使财税体制、金融体制等都改成功了，只要企业的改革还是踏步不前，那么宏观调控的机器还是不能发挥作用。这些改革都要花时间，不是一天两天能够解决的，所以急不得。当前宏观调控力度不够，手段不够的问题，现在可以研究，中央也采取了很多手段，包括发售国库券、抓"菜篮子"工程等。发售国库券把居民的闲余资金收拢上来，减少货币发行，弥补财政赤字。中国人民银行向中央银行调控货币职能的转变也在抓紧进行，但这不是一朝一夕之功，需要花时间。宏观调控的手段和力度方面还有很多问题需要研究。

三、利率在宏观经济调控中的作用

利率是宏观调控的一个很重要的手段。市场经济国家一般在经济萧条时为刺激经济发展就把利率降低，就是资金成本降低，资金价格减低，大家愿意投资，经济就会复苏；另一方面在通货膨胀、经济过热时期，市场经济国家一般都要把利率提高，把资金成本提高，要借款需要花费更多的利息，价格提高了，这就减少了对资金的需求。所以，利率手段是宏观调控的主要手段之一，但不是唯一手段。对我国来说，这个手段用得不够。上个周期过热后采取了利率提高并采取保值，对经济稳定起了很大作用。到了1990年低谷时又把利率下调，1990年到1993年有两个时间利率波动稳定在年利率6.69%的水平。1993年连续在5月份和7月份调高利率，年利率从原来的6.69%调到10.98%，调高了3.92个百分点。现在我国控制信贷还是切块分配，是行政手段，那么10.98%的利率是高是低？与物价上涨相比这个利率是较低的，物价水平现在是上涨20%，消费品物价水平更高。就是说我国银行利率水平低于物价指数，更低于大中城市生活费的物价指数，这是个负利率。它对于借款人有好处，能够借到款就好，不需要花代价（倒贴），所以人们都抢资金，谁能借到款谁就有好处，而存款就贬值了，实际价值减少了。我们国家的资金本来是稀缺的生产要素，现在要求要素市场化，不但商品市场化，而且要素市场化，就是要求要素价格按市场供求规律来定。因此，10%的利率和20%~30%的非行政利率之间就有很多文章了。因为资金很便宜，就拼命地争，财富从存款人手中转移到借款人手中，造成收入分配不公。

很多专家，还有外国专家认为，我国应该多用利率手段，

刘国光

经济论著全集

第
11
卷

我也赞同这一观点。但我们还不太敢用，汇率改革是要付出勇气和冒险的。1993年我国取消了"官"价汇率，与调剂市场汇率并轨，这里确实是担了风险的，现在看来这个冒险是对的，这是更好地纳入世界经济轨道的很重要一招。我认为我国利率的改革不如汇率改革那么大胆。顾虑可能有两条：第一个顾虑认为，中国企业是个资金"大锅饭"，利率再高也不怕，利率高低不起作用，特别是与地方投资决策有关系的，再高的利率我也得借。另一个顾虑认为，利率放开或调高，企业承受不住，现在已经很困难，亏损面那么大，利率再放开，就会使亏损面更大，国有企业困难就更大。

我个人认为，这两种顾虑都不大能站住脚，国有经济确实有吃"大锅饭"、不在乎成本高低的情况，但现在国有经济在整个国民生产总值中已降到50%以下，非国有成分一般是在乎利率的，因为它主要自己承担。利率对老百姓存款是起作用的，对非国有经济的作用越来越大。对国有经济也不是不起作用，对一部分已经公司化或股份化的政企分开的企业，它们是要考虑的。至于承受不住的问题，有相当一部分企业，相当一部分项目，是承受得住的，因为它愿意花上比10%的利率高得多的利率到黑市去拆借。为什么官定的利率一定要压到10%？第一，确实有很多效益很好的企业愿意承担。第二，一些需要国家支持的，如公益事业、基础设施、暂时不能盈利的企业，如果增加利率会对其不利，国家可用贴息或其他办法解决，不能因为有这些就把利率压得很低。第三，确实有一些既不能承担高利率，又不是国家支持的企业，需要自己奋斗，优胜劣汰。竞争性的企业连负利率都承受不了，就要淘汰，关停并转。当然，社会保障、职工等问题要协调好。不能以低利率来支持低效率，而低利率是以存款人的存款贬值为代价的。这样一个低利率机制既不符合公平原则，又不符合效率原则，使社会财富再分配流到借款人的手中，流到能把官价资金变成黑市资金，从而大赚其利的人手里。要堵住这个漏洞。这个问题现在还在探讨、在研究。宏观调控的力度和手段不是没有余地，还要加强利率手段。利率市场化的改革应该像汇率市场化改革那样进行。

这些观点是我个人的看法，希望能提到论坛上来论一论。

审时度势，进行微调*

——在《求是》杂志社召开的经济
形势座谈会上的发言
（1994年5月13日）

目前我国宏观经济走势，正处于改革开放以来第四个经济周期顶峰过后的位置。迄今为止，转折得比较平稳，今后要争取继续平稳过渡到下一个经济周期，避免大起大落。

1993年下半年加强宏观调控以来，收到了成效。经济过热、金融秩序混乱的现象得到一定纠正，经济增长速度有所减缓。1994年一季度国内生产总值、工业总产值、固定资产投资等指标的增长率都比1993年下降。唯一居高不下的是物价水平。这里面当然有一个价格水平变化迟滞于金融调控的问题，但涨幅高达20%以上，不能不令人忧虑。

对当前宏观经济形势有不同的认识：有的同志认为通货膨胀不是什么大问题，失业才是大问题。现在企业比较困难，资金紧张、效益下降，部分企业处于停产半停产状态。有的同志据此认为，现在出现了"滞胀"，并且认为当前的危险主要是"滞"而不是"胀"。对这种看法不能苟同。几项经济指标虽然与1993年同期相比，增长幅度是下降了，但增长速度仍然相当高，一季度国内生产总值增长了12.7%，工业增长了18.6%，固定资产投资增长了36.2%。不能不看到这些都是相当高的速度，很多方面的

---

* 发言摘录原载《求是》1994年第12期。这里发表的是全文。

生产建设还是蓬勃发展的，如一些重点建设工程，不少内外畅销产品的生产，都搞得热火朝天，难道这能叫"滞胀"？当然，目前确实有一部分生产能力由于以往过热时的盲目上马而出现过剩的现象；有些在经济过热时期，其低效、负效被掩盖了的企业，当经济周期越过顶峰进入收缩阶段以后，自然会感到困难，但这正是市场经济调整结构、优胜劣汰的大好时机，没有什么可以大惊小怪的；当然还有些有效益、有市场、应当支持的企业也遇到这样那样的困难，特别是资金的困难，需要解决。但绝不能因此说当前经济的主要问题是滞胀，这样说将误导宏观调控的方向。事实上，目前通货膨胀已越过中度膨胀界限，进入比较严重的程度，其负面影响越来越大。1993年因物价涨幅高于货币收入增加幅度而致实际收入水平下降的居民接近20%，这是一个不小的面，今年（1994年）如物价继续上涨，涉及居民面将如何？尽管物价涨幅今后会有所缓和，但也可能受银根变化的影响而再度上翘，这是一个需要密切注意的问题。

当前宏观调控面临两方面的压力和两难选择。一方面，来自地方、企业要求放松银根以解决资金困难的呼声很高；另一方面，来自社会广大人民要进一步压低通胀来平抑物价的呼声也很大。如果屈从前一压力，在尚未实现"软着陆"阶段前放松银根，通货膨胀就会朝恶性化发展，以致社会承受不住，而不得不紧急刹车，造成重大损失。如果屈从后一压力，可能使经济骤然失速跌入深谷，陷入疲软，这同样会带来损失。这两种可能过去都曾有过教训，因而都应当竭力避免。看来顺应当前经济周期走势的唯一可行的宏观调控思路，应当是审时度势，进行微调，有松有紧，时松时紧，在经济总量平衡上保持偏紧的盘子，争取通过1994年、1995两年的努力，抓紧深化改革和结构调整，把经济增长和物价上涨控制在较好的目标范围内，以平稳地过渡到下一个经济周期。我认为这正是1993年以来实行的且今后一段时期要继续坚持的正确的宏观调控方针。这一做法虽不能彻底解决两方面的压力，满足两方面的要求，但全面考虑，这是代价较小、收效较大的，既能防止通货膨胀的恶性发展，又能保持一定增长的路子。

1994年刚刚开过的八届人大二次会议的《政府工作报告》提出的宏观调控目标最主要有两条。一是经济增长率从1993年的13%降到9%左右；二是通胀率从1993年的13%降到10%以下。从目前情况看，这两个指标都有可能被突破。我国想达到既定的宏观调控目标很不容易，但超过了太多也不好。因为国民经济长期处在一种紧张状态，总不是一件好事，也不符合经济周期有张有弛的客观规律，到头来还要付出代价。为使经济走势接近人大八届二次会议设定的宏观调控目标，能够从上一个高峰平稳过渡到下一个经济周期正常运转，看来宏观调控的力度还要适当加大，手段还要多一些。由于目前我国经济尚处于传统的计划经济向社会主义市场经济的过渡时期，旧体制与新体制双轨运行还要持续相当时间，宏观调控中的直接的行政手段与间接的市场手段同时运用，是不可避免的；但应当有意识地扩大间接手段的运用，以加速经济体制的转轨。利率是一个十分重要的间接调控手段，加强利率在宏观调控中作用的问题应该提到议事日程上来。

改革以来我国曾有几次利用利率手段来进行宏观调控，大多取得较好的效果。如1988年后的利率上调，1991年利率下调，以及1993年7月第二次利率上调，都起到了积极作用。但总的看利率手段现时还利用不够，银行利率还是由行政制定，往往定的利率比较低，甚至低于物价上涨率，形成负利率。而且利率一定就不容易变动。1993年7月以来，一年期银行利率从5月前的7.56%调高到10.98%，迄今已近一年未变。而物价上涨率1993年四季度达到15.8%，1994年一季度达20.1%，经济利率再度陷于负数，而且是一个不小的负数。负利率意味着对资金这一短缺的生产要素的价格定得很便宜，甚至是对借款人进行倒贴，它对经济带来的消极后果是十分明显的。过低的利率特别是负利率促使对资金的需求膨胀和浪费，鼓励一些人利用国家银行利率与市场利率之差搞寻租行为，刮不正之风，导致收入分配不公和社会财富非正常的再分配。最后，从宏观调控来说，这种负利率，是总需求膨胀的一大推动，对防止经济过热和通货膨胀也是一大障碍。利率改革涉及问题很多，也有一定风险，需要一个过程。应进一步解放思想，拿出改革汇率的勇气来改革利率，以进一步完善宏观调控体系。

刘国光
经济论著全集

第
11
卷

改造国有企业的一种探索*

——在杭州召开的中策现象研讨会上的发言纪要
（1994年5月29日）

1. "中策现象"是我国改革开放进入新阶段后产生的一种现象。我国改革经过十几年的发展，现在正在从过去的浅层次改革进入深层次改革，从单项改革进入全面综合改革，从政策性调整进入制度创新。对外开放也在向全方位和纵深发展。如果没有这样的变化，若在改革开放的前一阶段，是不可能出现"中策现象"的。当然，这里有一个重要契机，就是邓小平1992年年初的南方谈话，和十四大提出了建立社会主义市场经济体制的改革目标。没有这个大的宏观背景，"中策现象"也是不可能出现的。

2. "中策现象"涉及引进外资特别是外商直接投资的方式，以及国有企业改革的途径两方面的问题。

外商直接投资，从1980年中国出现第一家中外合资企业，到1993年年底三资企业已达到15万家。外商直接投资对中国经济建设和体制改革发挥了积极作用。中策集团对内地投资采取了合资的方式。我国的合资企业在发展初期，主要是在经济特区、经济开发区，合资组建新的企业，以后逐渐转向对现有老企业的投资与嫁接改造。前几年上海曾出现"斯米克现象"，是引进外资来嫁接改革国有老企业成功的最初范例。中策集团通过合资对国有企业进行嫁接改造，主要有三方面特点：

---

* 曾在《改革月报》（1994年第7期）等处摘发。

（1）中策不限于单体企业的投资，主要发展与地方企业成片、成集团的嫁接改造。

（2）中策的投资不是一般的合资，而是要进行控股，即股权的占有比重要达到51%以上，以此为手段取得对国有企业的全部控制权，接着按照合同投入资金，对企业进行嫁接改造。

（3）中策对国有企业进行合资嫁接不限于用中策集团本身的资金，而且利用中策集团熟悉国外企业上市的原则和渠道的优势，把一些国有企业经过重组以后转换成国际性的企业，陆续在国外上市，更多地吸收国外资金投入国内经济的发展。

这些都是过去合资所没有的特点。

3. 中策集团以我国现有国有企业为对象，通过控股进行嫁接改造，是逢上并抓住了我国国有经济现代化改造和改革的机遇。目前，一方面有不少国有企业技术设备陈旧，产品结构落后，急需进行技术改造和结构调整，需要大量资金；另一方面，十多年来国有企业体制改革走了放权让利的路子，已经走到了尽头，必须进一步改弦更张，走出一条改革的新路子。

过去十几年我国的国有企业曾经进行了持续的、多样的改革探索和实践，如利润留成、两步利改税、承包责任制等。虽然当时都取得了一定的成效，但都收效不大，而且管用的时间不长，没有从根本上解决问题。问题在于过去的企业改革主要是沿着放权让利的思路，进行一些政策性的调整，而没有触及到以解决产权关系为主要内容的制度创新。所以，政资不分、政企不分、吃大锅饭、捧铁饭碗、预算约束软弱等这套计划体制下的企业的制度性毛病，始终没有得到根除。因此，国有企业的效益一直不很理想，往往都赛不过非国有成分经济。要解决国有企业这些痼疾，必须进一步进行深层次的改革，把过去以放权让利为主要内容的政策调整转变为以理顺产权关系为主要内容的制度创新，逐步建立起政企分开、产权清晰、权责明确、组织科学，又便于大量筹集资金，能够提高企业社会化、国际化程度的现代企业制度。"中策现象"正好适应了国有企业现代化改造和建立现代企业制度的迫切需要。

我们知道，合资嫁接是使国有企业由单一国家投资主体变为多元投资主体的途径之一。投资主体、产权主体的多元化本身有利于产权关系的厘清；成片、成集团企业的嫁接改造有利于按照产业政策和市场需求进行技术改造和结构调整；控股经营有利于解决政府过多干预和政企不分的问题，并有利于转换政府职能，简化机构；而企业重组以后在海外上市，又可广开资金来源，提高企业的国际化程度。

4. 像改革开放中出现的任何新生事物一样，"中策现象"的出现也不可避免地遇到种种的怀疑、疑惑甚至反对，特别是涉及外资对国有企业实行成片、成集团的控股，以及外资集团将重组的企业拿到海外上市等，这些都是我们过去很不熟悉、很不习惯的做法，更容易招致非议。这些议论说到底还是一个姓"社"姓"资"的老问题。这个问题只要用实践是检验真理的唯一标准和小平同志提出的三个"有利于"的原则，特别是有利于发展生产力的原则，就可以迎刃而解。泉州市和其他一些地方企业提供的材料表明，由于中策集团的投资和控股，参与嫁接改造的企业的"转制"大都一步到位，效果很好，不但成批地改造了国有企业的经营管理办法，也成批地改造了这些企业的组织机构和技术装备，同时还促进了经济结构、产业结构、产品结构的调整，促进了政府职能的转换和机构的精简，最终，使这些企业的生产经营稳步发展，企业效益迅速提高，国家税收增多，财政包袱减少，经理和职工人尽其责，收入有了增加。同时，因为各种原因不在岗的职工，如退休职工的福利待遇也得到了一定的社会保障和比较妥善的安排，这也有利于社会安定。

5. 目前对"中策现象"一个普遍的担心是国有资产的流失问

题。确实，不少地方为了招徕外资合作，出现了低估国有资产、低估级差地租等土地使用收益的折现价值，不估商誉和人才资源等非物质资产的现象，这是需要严肃注意、予以纠正的。只要我们建立健全对国有企业进行科学、合理的资产评估制度，那么，国有资产的流失是可以防止的。至于中策集团把经过合资重组的企业拿到国外上市所吸收的海外资金再投入国内企业这样的做法，会不会造成国有资产的严重流失？我的看法是，第一，只要参与嫁接重组的国有企业得到了可靠和准确的评估，那么国有资产由实物形态转化为价值形态，其中有一部分上市，这是现代市场经济活动得以便利进行的一个常规方式，是使国有资产得到保值增值，并不会造成国有资产的流失。相反，只有在非常规的、非规范的市场行为以及非市场行为、行政行为中，国有资产的流失才会大量地出现。第二，对中策集团将重组后的合资企业在国外上市这样一种筹资方式，不能简单地说成是"用我们的钱买我们的工厂"，而应看作利用国际金融市场进行生产力要素的国际化组合，以吸引更多的国外资金为我所用。只要在平等互利的基础上，在符合国家有关规范政策的前提下，我们应该在更多的领域和范围里，欢迎像中策集团那样有实力、有信誉、有经验的华人财团来进行合资、合作，嫁接、改造我们的国有企业。当然，最好是我们自己通过改造重组以后使企业达到国际化的水平，拿到国外进行上市，就像我们最近在香港等地上市所做的那样。但是，这样做需要一个过程。

6. 中策集团用控股的办法，对一系列国有企业进行成片、成集团的嫁接改造，在外商对华直接投资企业的领域里开辟了一条有效的新路子，同时也开辟了对国有企业现代化改造和建立现代企业制度的一条新路子，我们丝毫不应该低估这方面的重要意义。同时，对"中策现象"的积极含义及适用范围，也要有一个实事求是的估计。"中策模式"是对国有企业进行以成片、控股为特征的合资改造，经过合资改造的企业不再以公有制为主体，而是混合所有企业。尽管我们的政策允许并鼓励包括外资在内的混合企业的存在，鼓励它们在适合其发展的领域里发展；但是，这种模式毕竟只能作为外商直接投资的有效方式之一，作为国有企业改革、改造的有效途径之一而存在和发展。在我国的社会主义市场经济总体构成中，这种模式的适用有其一定的范围。

就国有企业的改革、改造来说，现有国有大中型企业中省级以上的国有特大型企业的地位和作用非常重要，具有国家垄断性质，因而享有特殊的倾斜政策。对这类企业的改革和改造，当然不能采取"中策模式"。党的十四届三中全会《关于建立社会主义市场经济体制若干问题的决定》（以下简称《决定》）中谈到有关建立现代企业制度时指出："生产某些特殊产品的公司和军工企业应该由国家独资经营，支柱产业和基础产业中的骨干企业，国家要控股并吸收非国有资金入股，以扩大国有经济的主导作用和影响范围。"《决定》中所讲的吸收非国有资金入股，当然也包括外商投资入股，但这个领域就不可能由外商控股，更不可能成片、成集团地由外商控股经营。当然，《决定》中讲的支柱产业和基础产业中的骨干企业究竟如何界定，还需要进一步探讨确定。而在三中全会文件规定范围以外的一般的竞争性行业，国家是进行参股而不控股。这样的企业可以由非国有成分控股，也包括外商控股。这应该是"中策模式"发展的天地，这个天地包括了省级以下特别是地市一级管理的竞争性企业。这类企业中有不少企业技术装备落后，产品老化，效益低下，有的长期亏损，处于半停产之中，更新改造缺乏条件，加上长期在计划经济体制下运行，习惯于"等、靠、要"，活力不足。这些企业的改造可以充分吸收、吸引外商投资来进行，其中包括像中策集团那样成片、控股的合资嫁接方式。当然，所有的合资嫁接活动要尽量按照规范来进行。目前在有关嫁接的政策法规还很不健全的情况下，对于已经实行嫁接的企业，首先应该按照已有的规范来办，在没有国家规范可以依照的情况下，应该按照国家有关的文件精神办，并且按照能够对此活动切实负责的地方政府的意见办，同时必须及时总结经验教训，对于在嫁接过程中明显违反国家有关文件精神，又不符合国际惯例，从而造成国有资产流失的明显不公平、不合理的情况要分清责任，妥善处理。当然，是否存在这种情况，要经过实事求是的调查研究才能确认，凡是不符合事实的各种流言蜚语都不足为凭，而且必然会很快烟消云散。

关于宏观调控体系改革与当前的经济形势*

——在福建省委举办的社会主义市场经济理论系列讲座讲演纪要
（1994年6月）

关于宏观调控体系改革，我想着重讲宏观调控体系改革的背景。

首先要搞清楚宏观调控的主要任务是什么。关于这一点，十四届三中全会通过的《关于建立社会主义市场经济体制若干问题的决定》（以下简称《决定》）里有个表述，即宏观调控的主要任务是保持经济总量的基本平衡，总量就是指总需求和总供给。总需求包括投资需求、消费需求。总供给就是指国民生产总值。总量的基本平衡，又体现为财政平衡、信贷平衡、货币平衡；二是促进经济结构的优化。结构优化包括我们的产业结构、产品结构、城乡结构、地区结构等；三是引导国民经济持续快速健康发展。能不能说我们的宏观调控工作已经很好地胜任这些任务呢？当然不能这么说，要是能够这么说，我们就没有进行改革的必要了。改革开放以来，我们的经济发展速度、结构各方面都比过去要好，经济发展的速度加快了，经济周期波动的幅度缓和了。但是就这十几年经济总量的波动来说，还是反复出现的。我

---

* 原载《理论学习》1994年第8期、第9期合期，原题为《关于社会主义市场经济》。

们这十几年来经济的波动，出现了四次。其中大起大落，没有过去那么厉害，但是也有个大起大落的问题。比如说1988—1989年的波动，也带来一些损失，没有能完全避免。一些结构性问题，特别是"瓶颈"问题，没有能够缓解，而且是加深了，特别是基础产业、基础设施、能源交通等领域没有能缓解。这说明改革开放以来，宏观经济管理工作尽管取得很大成就，但是没有能够完全胜任三中全会提出的总量平衡、结构优化和保持国民经济持续、快速、健康发展的任务。我国宏观经济管理体制在这次改革之前，主要有这么几个问题：

一是宏观调控体系不适应于计划经济向市场经济转轨的格局，仍然比较多地依赖传统的实物性计划管理、直接的行政控制，特别是当经济遇到困难的时候，通货膨胀严重的时候，我们就不知不觉地把传统的计划手段用上了，当然用上也是必要的，为了完全摆脱这样的格局。另一个是偏重于占国民经济不足一半的国有经济管理，而对非国有经济的管理，现在宏观管理上还没有把它纳入管理范围。再一个是作为国家宏观管理的三大支柱，即计划、财政、金融的调控手段及这三大支柱的关系，也没有能够适应市场经济的要求，妥善地结合起来。这就是总的状况。

其次，前几年在宏观调控中，财政手段呈逐渐弱化的趋势。财政收支规模在国民生产总值中的比重以及中央财政收入在全国财政收入中的比重，在很大程度上影响到财政手段在宏观调控中是强还是弱。改革以来，这两个比重都急剧地下降，不断地下降。财政收入占国民生产总值的比重，1978年为31.2%，1992年降到17.3%；中央财政收入占全国财政总收入的比重，1978年为60%，1992年为38%。两个比重下降是过去分权让利为主要内容的改革和调节国民收入的分配格局这样一个改革的结果。它是同国家对企业、中央对地方实行承包制、包干制直接联系在一起的。这样的改革有其历史的必然性和合理性，对于调动企业、地方积极性起了很大作用，其历史意义不可低估。问题在于这些分配制度有一个缺点，就是包死一头，把国家、中央这一头包死了。这是两个比重下降幅度过大的根源。目前，我国的这两个比重大大低于其他市场经济的国家，比如说财政收入占国民经济的比重，1990年加拿大为40%，美国为40%，印度为35%，我国1992年只有17%左右；中央财政收入占全国财政收入的比重，英国、印度达到90%，加拿大为50%左右，我国1991年才达38%。这两个比重下降幅度过大，影响了国家职能的正常发挥，导致中央宏观调控职能大大减弱。这既不利于整个国民经济，最终也不利于地方经济持续、健康发展。而且包税制不是一种现代市场经济中国家财政收入的规范做法，包税制是中世纪的做法。因此，这种财政分配格局不能够长期下去。这是税制改革的一个背景。

第三是金融改革滞后。金融宏观调控手段的完善程度，同金融在我国经济实际生活中的地位不相称。改革开放以来，随着国民生产总值、国民收入的分配向个人倾斜，居民的金融资产迅速扩大。居民的金融资产包括银行存款、股票、债券等。所以，经济建设资金的来源，已由过去政府积累型、财政拨款型，向社会积累型转化，居民储蓄越来越成为经济建设资金的主要来源。根据国家计委的一个研究小组测算，国民生产总值的分配结构，政府所占的比重最近降低了，而居民所占的比重提高了，由1980年占69%提高到占1990年的79%。社会储蓄总额的比例，政府的比重下降了，由1979年的42%降至1990年的12.1%；企业的比重也下降了，从1979年的33%降到1990年的23.9%；而居民的比重，则由1979年的23.1%提高到1990年的72.7%。这就是说，这几年银行资金来源一半以上，特别是新增资金来源主要是由居民储蓄构成。这是我国市场取向改革以来发生的许多重大格局变化中的一个十分重要的变化。现在为了适当加强中央宏观调控的力度、能力，我国对国民收入的分配格局做某些调整，以便使国家财政收入占国民生产总值的比例有所上升，中央财政收入占总的财政收入的比重也会适当上升。做这些调整是必要的。但从总体上看，政府积累型向社会积累型转变，财政主导型向金融主导型转变，这在市场取向改革进程当中，是一个不可逆转的趋向，这就突出了金融在宏观调控中的地位、作用。但是直到最近，在我国实际改革进程中，金融体制改革，是一个令人瞩目的滞后环节。金融体制改革，讨论不少，方案不少。比如，中国人民银行，应该改革成为真正的中央银行，成为银行的银行，而不是一般的银行，像过去那样，搞一般的信贷业务；政策性金融与商业性金融要分开，专业银行也要分开，这个问题也提了好多年；以行政手段决定汇率、利率应该向市场化方向转变，要同市场的资金、外汇供求联系起来，这样一个意见，也谈了多年。但是这些问题长期得不到解决，因为涉及很多利益格局、利益关系。所以，金融改革的滞后，成为我们在经济高速增长当中金融失控、经济过热的一个重要原因。金融失控，乱集资、乱拆借，是促进经济过热的重要原因，成为整个宏观管理改革和整个经济体制改革的绊脚石。

此外，在宏观调控体系当中，还有一个重要问题，就是在投资体制上，尽管我们的投资主体在改革开放以后逐步地实现社会化、分散化，投资主体逐步多元化，但在公有制范围内，投资的风险约束机制没有建立起来，投资的大锅饭体制没有真正地打破，项目风险没有人负责。这个风险约束机制没有真正建立是同作为宏观经济的微观基础，即国有企业政企不分、产权不清、自我约束机制软弱、权责不明这个基础联系在一起的，成为投资膨胀、周期反复出现的一个重要根源。我国改革以来的四次周期波动，每一次都是由投资膨胀拉动通货膨胀，引起周期性波动，原因是大锅饭的投资体制，风险机制没有建立。这同银行的机制、企业的机制都有关系。我国现在经济周期的通货膨胀的反复出现，体制根源就在这里。

针对这些问题，《决定》当中，对于建立健全宏观调控体系，包括财税体制、计划体制、金融体制、投资体制、外贸体制等方面提出了一系列的重要的改革思路和方针政策。这些原则和思路经过1993年年底、1994年年初的研究，一系列的方案现在一个个地出台。这方面我就不多说了。

现在宏观体制方面的改革，一方面跟我国的大背景相联系，就是我国的宏观调控体系本身有不少问题，这些问题引起经济的不稳定，所以必须要这么搞。另外，跟1993年以来出现的实际问题——经济过热，1993年年中开始采取加强宏观调控措施，以及从加强宏观调控措施以来一系列有关宏观经济走势也是密切相关的。所以，下面讲一讲我对当前宏观经济走势的一些看法。

目前我国宏观经济的走势正处在改革开放以来的第四个经济周期顶峰过去以后的位置。前一经济周期的高峰是在1988年，以后经治理整顿，1989年开始下来，1990年到谷底。1991年开始回升，1992年进入了高速增长，1993年到了顶峰。特别是6—7月份。1992年下半年到1993年上半年就已经出现了过热现象。当然还有部门、地区不平衡的问题，金融、经济失调现象的出现，所以年中就采取了宏观调控的措施。1993年下半年宏观调控以来，应该说经济秩序的整顿收到了成效，经济过热、金融秩序混乱的现象得到了一定的纠正，经济增长速度有所缓和，1994年第一季度一直到4月份，国内生产总值、工业总产值、固定资产投资总额等指标的增长率都比1993年下降，但是唯一居高不下的是物价水平，在20%以上，比过去提高。这里，物价水平的调节当然有个滞后期，一般讲是半年至7到8个月。但是，这次物价上涨的幅度（零售物价指数）高达百分之二十几，这就不能不令人担忧。对当前宏观经济形势有不同的认识。有的同志认为物价上涨、通货膨胀不是什么大问题，经济停滞不景气，停工、半停工造成失业才是大问题。他们判断现在企业比较困难，就是资金比

关于宏观调控体系改革与当前的经济形势

较紧张，效益下降，部分企业处于停产、半停产状态，有的同志据此认为现在不是什么通货膨胀而是滞胀（停滞加膨胀），一方面是物价上涨，另一方面是经济停滞。个别同志则认为当前的主要危险是滞而不是胀，是资金紧，企业搞不活，不是通货膨胀。这种看法是值得探讨的。我个人不太同意这种看法。虽然一些主要经济指标比1993年的增长幅度是下降了，但是增长速度还是相当高。比如，一季度国内生产总值增长12.7%，工业增长18.6%，这是全国平均水平，有的地方就更高了。这不是个低速度，甚至不是个中速度，应该说是很高的速度。固定资产投资的增长率为36%，1993年更厉害，为70%。对此也有争论，有的认为36%高了，有的则认为低了。总的讲，历年来超过36%的很少。所以，国民经济向前的冲劲还是相当大，而且很多方面的生产和建设还是蓬勃发展的。如果到各地去看建设，那么，大好形势还是很可观的。一些重点建设的工程，包括高速公路、京九线、陇海复线等大工程，以及不少内外畅销产品的生产都搞得热火朝天。这种形势不能叫作停滞膨胀。当然，目前确实有部分企业由于在以往的过热时期盲目上马，生产能力出现过剩的现象，市场没那么大的容量。低效、负效益的企业，当经济周期热过了顶峰，进入收缩阶段以后，它自然会露出马脚，感到困难，它的低效、负效益就承受不住。这正是市场经济调整结构、优胜劣汰的大好时机。受市场的检验，效率很低的企业，被淘汰没有什么大惊小怪的。当然也有一些有效率、有市场的企业，由于资金种种原因遇到困难，国家应该支持，实际上国家也在努力解决。但绝不能因此说当前的经济主要问题是滞胀，甚至说主要问题是滞而不是胀，这样的判断将误导宏观调控的方向。因为目前的通货膨胀率已经超过了中度膨胀界限，进入比较严重的程度，其负面影响越来越大。据统计局统计，1993年物价上涨幅度高于收入增长的幅度，导致实际收入水平下降，生活水平下降的居民面已达到19%。

1994年物价水平进一步上涨，涉及的居民面还没有新的数据。尽管作为滞后的指标，物价上涨的幅度二季度可能有所缓和，但也可能受到银根变化的影响而再度上翘。1994年一季度银根收紧，是否会反映到二季度呢？物价上可能要有所反映，所以报纸上说物价上涨有所缓和，但是居民的反映好像不一样。二季度银根又要有所放松，会不会影响下半年的物价，这些问题都要密切地观察。

当前宏观调控面临两方面的压力或两难选择：一方面来自地方和企业，要求放松银根，解决资金困难的呼声很高；另一方面来自社会广大人士，要求进一步控制通货膨胀、平抑物价上涨趋势的呼声也很大。如果屈从第一个压力，整个经济就会在还没有完全"软着陆"以前又腾空而起，通货膨胀就会向恶性化方向发展，以致社会承受不住，不得不紧急刹车，造成重大损失，那就是1988年的教训。如果屈从第二种压力，就是把通货膨胀率迅速从20%压至10%以内，那就可能使经济突然地跌入深谷，或者陷入一种疲软状态，同样带来损失。这两种可能性过去都曾经有过教训，因而都应极力避免。

看来当前唯一可行的宏观调控的思路，应是审时度势，有松有紧，时松时紧的微调办法。就像我们从1993年7—8月以来那样，不是全面的紧、全面的松。在经济总量平衡上还要继续保持偏紧的盘子。争取通过1994年、1995年两年的努力，抓紧深化改革和结构调整，把经济增长和物价上涨控制在比较好的目标范围内。1994年的政府工作报告里谈速度控制在9%左右，物价涨幅在10%以内，这不容易做到。控制在比较好的目标范围内，平稳地过渡到下个经济周期，这正是1993年夏天以来开始采取的、今后一段时期还要继续坚持的宏观调控的办法。这个做法不能够完全彻底解决两方面的压力，满足两个方面的要求，但是综合各方面因素考察，这是一个代价比较小，收效比较大，既能防止通货膨胀的恶性发展，又能够适时适度地保持一定增长的路子。

1994年八届人大二次会议《政府工作报告》提出的宏观调控的目标，最主要的是两点：一是经济增长率从1993年的13.4%降到1994年的9%；二是通货膨胀率物价指数从1993年的13%降到1994年的10%以下。从目前情况看，这两个指标都有可能被突破，我们想达到既定的宏观调控目标很不容易。

这两个目标恐怕守不住，要突破，但突破太多不好，因为国民经济如果长期处在一种紧张的状态，不是好事，也不符合经济周期有张有弛的规律，否则到头来要付出代价。为了使宏观经济的走势接近八届二次会议提出的宏观调控目标，能从上一个高峰平稳地过渡到下一个经济周期正常运转，看来宏观调控的力度，还要适当地加大，手段还要多些。

由于目前我国的经济还处于传统的计划经济向社会主义市场经济的过渡时期，旧的经济体制与新的体制双轨制的运行还要持续相当长的时间，所以宏观调控还要采取直接的行政手段同间接的市场手段并用，这是不可避免的。但是，应该有意识地创造条件来扩大间接的宏观调控手段的运用，以加快宏观调控机制和整个经济体制的转轨。现在我们在与通货膨胀的斗争以及在整个宏观调控中，各种手段都在用，法律的、经济的、行政的各种手段，包括控制住市场交易的秩序不规范带来的乱涨价、非法暴利，同时抓紧建立重要物资商品的风险基金、储备制度，以及加快建立低收入的保护制度，等等。在整个总量控制上，都应更多地、更主动、更有意识地运用经济手段。这个问题全面地讲今天也没法讲。我只讲一个问题，就是利率。利率是重要的经济调控手段，在所有的市场经济国家，这个利率手段是经常用的。而且利率手段非常灵，它不要调几个百分点，只要调零点几个百分点，市场立刻就有反应。应该加强利率在宏观调控中的作用，我到处在讲这个问题，今天在这儿有这么个机会，我就讲讲这个

刘国光

经济论著全集

第
11
卷

问题。

改革以来，我们有几次利用利率手段来进行宏观调控，有的时候是取得比较好的效果的。比如，1988年秋季以后的利率上调，对制止通货膨胀和稳定人心，对稳定储蓄的增长和限制资金的浪费起了作用；1991年发展疲软，利率下调起了刺激作用。1993年上半年出现了经济过热，5月调了一点点，力度过小没有起什么作用，7月再调一次，就起了作用。这样人心也稳定了，起了积极的作用。利率手段我们在宏观调控中利用得不够，我国的银行利率是国家行政制定的，一般说我国的银行利率定得比较低，而且定了以后就不容易变动。1991年以来银行利率两年多没有变，但这中间宏观调控形势变得很厉害了，到了1993年7月，我们就不得不动了，1993年银行年利率，5月以前是7.56%，7月以后调到10.98%。调了以后到现在有一年了，一直没有变。而在这个期间，物价水平却在上涨，1994年一季度达到20.1%，比利率水平高了10%以上，所以现在的银行利率再度陷入负数，负利率，而且是相当大的负数。这个负利率意味着什么？资金是国家十分短缺的生产要素，按照市场经济的规律，东西越是短缺，它的价格应该是越高。利率是资金的价格，资金非常缺，而资金的价格却是非常低、非常便宜，可以讲是使借款人不用花任何代价而得到补贴。这样的一种负利率对经济所带来的消极后果是十分严重的，它强烈刺激对于资金这个十分短缺的资源的需求。为什么我们资金紧张，资金却这么浪费，就因为资金的价格太便宜。这样，一些人就利用官方利率与市场利率之差搞寻租行为，它是一些不正之风和腐败的根源，这种寻租行为，在所有双轨制的地方都有，双重价格，双重汇率，双重利率，当然还加上一个集中审批制度，问题就出在这里。负利率的代价就是居民的储蓄贬值了，通过这样的途径，将社会财富转移到能够利用负利率来取得暴利的少数人手中。最后，从宏观调控来说，这种低利率、负利

关于宏观调控体系改革与当前的经济形势

315

率导致了抢资金搞投资，成了总需求膨胀的推动器，它对于防止经济过热、制止通货膨胀是一个很大的障碍。

现在对于利用利率这一手段，主要有两种顾虑或者是两个理由：一种我把它叫作"不在乎论"；一种是"太在乎论"。这两种观点都是站不住脚的。第一种顾虑或者第一种理由认为，在吃"大锅饭"的体制下，企业对于提高利率不在乎。由政府决定的投资项目对利率的提高的反应不灵敏，提高利率与我无关，这就是不在乎论。但是，第一，对提高利率的反应不灵敏的主要是国有经济，现在整个国有部门在整个经济中的比重在降低，已经降到不到一半，工业为百分之四十几，其他的就更低了，而非国有经济的比重却在加大。非国有成分对利率的反应还是比较灵敏的，因为是花自己的钱；第二，国有经济本身也在改革，有些改革比较好的，进入规范的公司制股份制的企业不能讲对利率反应不灵敏；第三，利率的变动对居民的储蓄是起作用的。如果负利率的时间太长，负利率太高，居民就不愿意储蓄，甚至会提取存款，去抢购商品，抢购保值财物，这种事情过去我们屡见不鲜。可见，"不在乎论"的论点是站不住脚的。另一个观点是"太在乎论"，与上述的论点恰好相反，他们认为：企业本来利率不高都很困难，利率一提高就更困难了，承受不了。但是，第一，并不是所有的企业都承受不了比较高的市场利率，现在有相当多的一批企业、相当多的一批项目向黑市、灰市借钱，15%、20%的利率都借，这是一个客观的存在。不然，何以理解市场上20%、30%贷款都有人敢借、抢借，我们还不去说那些炒地皮、炒股票的投机商。第二，确实有些项目、有些企业对市场上的均衡利率承受不了，而这些企业、这些项目都是国家极需要扶持的重点，对他们来说，如果利率提高了或是利率市场化了，这些企业、项目由于种种原因而承受不了，国家也应该扶持，因为他们的困难是客观原因造成的，并不是他们经营不好。比如，多年的积累被国家拿走了，都上缴了而自己没钱搞技术改造，特别是有些老工业基地、老企业，技术改革没办法搞。对于这样的企业，因为利率的调高而增加的困难应由国家贴息来解决，通过国家投资银行的政策性贷款来解决，而不该用普遍的低利率、负利率来解决。普遍的低利率、负利率消极的面太大了。第三，至于一般性的竞争企业，利率更应该由市场去调节。有效益企业承受得了市场上百分之十几、百分之二十几的利率，它就去借；效益差的企业借不起钱，它就得想办法改进技术和经营管理，以调整产品结构适应市场，否则，干不下去就收场，宣布破产。市场经济本来就是一部分企业生，一部分企业死，有生有死才能够生生不已，经济才有活力。我们不能以长期的人为的低利率、负利率来支持低效率，况且，这种支持是以居民的储蓄货币的贬值为代价的，这不符合公平的原则，也不符合效率原则，更不符合社会主义的本质。这是不符合市场原则的一个陈旧的、落后的利率机制，因此非改不可。

　　利率改革涉及的问题很多，涉及各种利益集团的关系问题，而且涉及我们的观念问题、认识问题，所以需要一个过程。就是说，并不是一步到位，这需要企业改革、金融改革、社会保障制度等方面的改革配套进行，逐步推进。

在中国城市发展研究会
第三届代表大会上的工作报告

（1994年6月9日）

各位理事、各位代表：

我受中国城市发展研究会第二届常务理事会的委托，向大会报告研究会的工作。报告共分两部分：一、十年发展的历程；二、今后工作的展望。请大会审议。

一、十年发展的历程

中国城市发展研究会的前身最早是中国城市经济社会年鉴理事会，1990年5月经中国社会科学院批准，改名为中国城市经济社会发展研究会。现在，根据部分理事的建议，将会名简化为中国城市发展研究会，并提交会员代表大会审议。研究会是在1984年党的十二届三中全会确定将经济改革重点从农村转向城市以后，于当年12月成立的，到现在已经走过了十年的历程。1984年，党的十二届三中全会决定，加快以城市为重点的整个经济体制改革。为了顺应城市改革和发展的需要，当时由北京、上海、天津、广州、深圳、重庆、太原等城市发起，在国务院领导同志亲切关怀、中国社会科学院大力帮助和许多城市的积极支持下，研究会在北京召开了成立大会和第一届理事会。1988年，在党的第十三次代表大会后，适应经济体制改革全面、深入展开的形势要求，研究会又适时地在京召开了第二届常务理事会。今天，在党的十四届三中全会提出社会主义市场经济新体制总体框架，我国经济改革进入一个全新的攻坚阶段以后，在西安市委和市政府的大力支持下，我们在这里召开会员代表大会，这次大会将讨论如何按照三中全会精神进一步开展研究会的工作，选举产生第三届理事会。

研究会成立以来的这段历史表明，它是适应城市改革和发展的需要而产生的，它的历史使命就是为城市的改革开放和社会主义现代化建设服务。因此，回顾研究会的工作，必须紧紧围绕我国的改革发展和城市化、城市现代化的进程。十年来，在邓小平同志有中国特色的社会主义理论和党的基本路线指引下，我国城市的经济体制改革取得了很大的成绩，对外开放已形成全方位、多元化的新格局。在改革开放的推动下，城市经济也有了很大发展，城市化水平大为提高。1983年年底，我国有城市389个；到1993年年底，已有城市570个，增加了97%。1983年城市人口（不含市辖县）占全国总人口的16.7%，到1992年年底，城市人口已占32.7%，增加了16个百分点；城市的国内生产总值占全国的59%；社会商品零售总额占全国的61.3%；利税总额占全国的77.7%；高等学校在校学生占全国的98.7%。这些情况说明，城市的确是我国实现社会主义现代化的火车头。同城市蓬勃发展的新形势相适应，参加中国城市发展研究会的城市，也由1984年的208个，增加到1988年的326个，目前增加到421个，十年时间增加了一倍多。全国城市的积极参加和大力支持，是对我会工作的肯定和鼓励，对此我们表示衷心的感谢。

十年来，研究会从创办《中国城市经济社会年鉴》（1993年9月报经国家新闻出版署批准已更名为《中国城市年鉴》，以下简称《年鉴》）和《市长参考》起步，逐步开展了为城市服务的各项活动。

刘国光

经济论著全集

第
11
卷

办好《年鉴》是研究会的一项中心工作。根据前两届理事会定下的方针，《年鉴》作为城市之间传递信息、交流经验的综合性、资料性大型工具书，它的宗旨是促进城市之间信息交流和横向联系，推动城市的改革、开放、建设和管理，为发展具有中国特色的社会主义现代化城市服务。现在，《年鉴》已出版了9本，现在正在编第10本。它除了系统反映全国城市发展的翔实资料和各市经济社会、投资环境等方面的基本情况外，还反映了各城市经济改革、对外开放、经济社会发展、城市建设和管理等方面的新情况、新进展、新经验、新问题。为了使《年鉴》能充分反映城市的特点，每年的编写要求除规定统一的写作重点外，各城市也可以自己选写当年最有特色的方面和突出成就，做到《年鉴》整个内容的规范性、统一性和灵活性、特殊性相结合。从已出版的《年鉴》来看，内容是相当丰富的，它基本反映了十年来我国城市发展的历程，对于研究当前的城市问题和城市发展史来说，它是一部很有价值的工具书。

研究会为了及时地为城市沟通信息、交流经验、反映问题，更好地为城市服务，还创办了《市长参考》（半月刊），作为《年鉴》的重要补充。《市长参考》创刊以来，已出版正刊219期，增刊和专辑30期，受到了城市领导的重视。有许多市委书记和市长为刊物撰写过很有质量的文章。党的十四届三中全会后，为了给城市领导同志提供参考材料，以更好地学习市场经济理论，刊物及时组织发表了有关社会主义市场经济体制、城市政府职能的转变、深化产权制度改革、建立现代企业制度等方面的文章。

在研究会成立时，许多城市的负责同志希望研究会不要限于办好《年鉴》《市长参考》，还要开展不同类型、不同范围的城市间的交流活动。十年来，研究会在促进城市工作者和城市理论研究者相互协作、共同研究解决城市经济社会中的现实问题方面，做了一些努力，先后组织了十余次专题讨论会和十次工作会议，研讨了小城市发展问题、城市生态经济问题、城市改革开放与经济发展、建立市场经济体制与加强宏观调控、加快发展城市第三产业等问题。与会同志相互学习、交流思想、切磋看法、借鉴经验，都有不同程度的收获。

研究会除了组织国内城市之间的考察与交流外，还多次组团到美国、澳大利亚、墨西哥、秘鲁、日本等国考察；请德国专家为城市管理研究班和"企业经营与管理"讲习班讲课；组织召开来自美国、日本、墨西哥、秘鲁等国部分城市的市长、专家及国内部分城市市长的"国际市长城市管理研讨会"。这对于加强国内外城市之间的交流，建立友好往来关系，学习和借鉴外国城市管理等方面的经验，都是有好处的。

十年来，研究会及所属部门为适应城市发展和建设，还组织编辑印制出版了一些有关城市问题的学术著作和工具书籍，如《中国城市手册》《中外城市知识辞典》《生态时代的城市抉择》《中国国情丛书海口卷》《小城市发展的理论与实践》。

为纪念城市改革十年，更好地向国内外宣传和展示中国城市的风采，最近，研究会在各城市的大力支持下，又组织编辑出版了《中国城市发展十年》中英文大型画册，在这次大会上首次发行。

随着我国城市化的发展，研究会的机构也有一些变化。1992年6月新成立了研究咨询部；原研究会所属全国小城市发展促进会已正式更名为小城市发展委员会；1994年1月，为了加强与特区企业的联系，成立了特区企业工作部；3月正式成立了中城（即"中国城市"）国际旅行社。

回顾十年的工作历程，研究会在全国城市的大力支持下，逐步拓宽了为城市服务的领域，积累了一些经验，取得了一定的成绩。但与城市发展的需要和城市对研究会的期望相比，还有很大距离。研究会秘书处和所属单位的工作中还存在许多缺点和不足，主要是对城市经济社会发展问题调查不够、研究不深；与城市的联系面不够广，征求意见也不经常；《年鉴》和《市长参考》的内容质量有待进一步提高，宣传发行工作还做得不够；工作中也还时有忙乱现象及由此产生的差错。这些都是值得今后努力克服和改进的。在这次大会上，希望各位代表对我们工作中的缺点和不足之处，多多提出宝贵意见。

通过十年来研究会为我国城市改革开放和城市化、现代化服务的工作，我们逐渐对我国城市发展的某些规律有了以下一些认识。

首先，改革开放力度大，经济发展快，城市化进程就快，反之就慢。从1984年到1989年，我国经济发展速度较快，这五年平均每年新增城市29个；1989—1991年，我国处于治理整顿时期，经济发展速度减缓，这三年平均每年新增城市15个；1992—1993年，我国经济以超过13%的速度增长，这两年平均每年新增城市45个。如果再对照党的十一届三中全会前的情况，更可证实这一判断。1957—1978年的二十多年间，新增城市一共只有14个，平均一年半才新增一个城市。从地区看也是如此，东南部沿海地区由于5个经济特区的建立、14个沿海港口城市的开放，国家在政策上和投资上实行了优惠和倾斜，经济的市场化程度较高，因而这些地区经济发展速度比中西部地区要快，城市化发展速度也较快。从1983—1993年，东部地区的城市从103个增加到247个，增长140%；中部地区的城市从122个增加到215个，增长76%；西部地区的城市从64个增加到108个，增长69%。

再进一步考察，经济发展和城市化进程之间实际上存在着一种相互促进的关系。一方面，经济发展了，才有更多的资金和物资来进行城市基础设施建设、住宅建设和服务设施建设，才能容纳从农村中转移出来从事非农业的人口；反过来，城市人口的增

刘国光
经济论著全集

第
11
卷

加，城市化的发展，又有利于发挥集聚效应，提高科技水平，提高经济效率，增加城市辐射力，从而对经济发展起着有力的推进作用，这两方面可以形成良性循环。

其次，城市的数量和城市的质量也是一种辩证关系。随着城市数量增加、规模扩大，必须相应提高城市质量、完善城市功能，才能不断提高城市的现代化水平。这些年逐步克服了单纯注意发展城市生产而忽视城市基础设施建设和综合服务功能的片面性，加速了交通通信、公用事业、商业服务业等第三产业的发展。实践证明，要把城市建设和发展搞好，必须协调生产性建设和基础设施、生活服务设施建设，既重视发展生产，又重视提高人民生活水平；既重视经济发展，又重视生态环境建设；既重视物质文明建设，又重视社会主义精神文明建设。只有不断完善城市功能，提高城市的经济运作效率，提高居民生活质量，才能使城市在现代化的道路上迈进。

再次，要坚持人民城市人民建。人民是城市的主人，是建设城市的主体。城市的建设和发展，最终都是为了人民。城市的建设与管理离不开城市居民的积极参与，城市的发展同样也必须依靠城市人民的支持。如何发挥人的作用，提高人的素质，充分调动各方面的积极性，为城市的改革与发展服务，已被实践证明是一个关系城市现代化建设进程的重大问题。

以上几点是我们对我国城市发展某些规律性的粗浅认识，是否准确可以讨论。但应加深对这个问题的认识，以提高我们为城市发展服务的水平。

二、今后工作的展望

根据研究会的宗旨，今后的工作方向是：在邓小平同志有中国特色的社会主义理论和党的基本路线的指引下，加强城市经济

在中国城市发展研究会第三届代表大会上的工作报告

社会发展问题的综合研究，为建立社会主义市场经济体制和完成城市的社会主义现代化建设服务。

（一）加强对城市经济社会发展的理论与实践问题的研究

城市发展研究是一门新兴的综合学科。当前城市发展中需要研究的理论与实践问题很多，特别是世纪之交的中国城市发展将遇到一系列新问题。例如，2000年中国城市化的水平、特点及发展趋势；城市化与工业化、现代化的关系；21世纪的中国城市；城市经济发展与生态环境保护；深化改革，扩大开放，建立市场经济新体制和现代企业制度，提高城市的综合功能；如何贯彻"严格控制大城市规模，合理发展中等城市和小城市"的方针；如何根据各个城市的具体情况来突出自己的特色，搞好世纪之交的旧城改造；如何推进城市结构的整体变革；等等，都需要从理论和实践上进行深入探讨。

在我国改革开放的大格局下，中国正走向世界，世界也需要了解中国，而城市则处于走向世界和世界了解中国的前列。随着城市对外开放的扩大，与国外的经济、技术和文化交流越来越多，各种社会交往日益频繁。为适应对外贸易和交往的需要，必须加强中外城市的比较研究，促进中国城市现代化建设，有条件的大城市要跻身国际大都市的行列。目前，北京、上海、天津、广州、西安、武汉、大连等大城市都提出在21世纪初期或二三十年代要建成国际大都市或国际性港口城市、旅游城市。究竟城市现代化的标志是什么，国际大都市或国际性城市的标志是什么，如何才能建成现代化城市和国际性开放城市？在实现城市现代化和国际化的过程中，如何从我国的国情出发，保持社会主义的特色？各种类型的城市，如工业基地城市、资源型城市、能源城市、港口城市、旅游城市、边境口岸城市、历史文化名城等，除了遵循现代化的一般规律外，还要遵循哪些特殊规律？这些问题，需要借鉴发达国家城市现代化的经验，但又不能生搬硬套，研究会愿意同有关城市一起，开展对城市现代化和国际化的规律性问题以及具体途径问题的研究。

（二）努力办好《中国城市年鉴》和《市长参考》

要进一步办好《年鉴》和《市长参考》，使其更好地为城市之间信息交流和横向联系服务，促进城市的改革、开放、建设和管理。为此，目前《年鉴》《市长参考》的内容还要改进，质量还要提高，信息量还要扩大，实用性、可读性、资料性还要增强。今后，研究会要适当加强编辑力量，继续提高编辑人员的业务水平，加强组稿工作。希望各市继续支持两个刊物，提供高质量的文章。此外，要积极创造条件，争取早日出版《中国城市年鉴》英文版，以更好地向世界范围宣传和介绍中国城市的发展，进一步促进国际间城市的信息交流，扩大对外开放。

（三）为了建设有中国特色的现代化城市尽力做好各项服务工作

建设有中国特色的现代化城市，是世纪之交和21世纪中国城市面临的根本任务。跨世纪的城市发展，是一个十分复杂的系统工程。它的进展顺利与否，关键取决于城市的改革开放和城市结构的调整，当前尤其要贯彻"抓住机遇，深化改革，扩大开放，促进发展，保持稳定"的方针。城市结构从宏观上讲，要认真研究中国城市的布局；从微观上讲，要着重解决城市内部功能结构、基础设施建设以及与生态建设的关系。研究会及其下属机构，要围绕建设有中国特色现代化城市这个中心任务，开展各项活动，做好服务工作。除办好两个刊物外，研究咨询部可以接受城市的委托，组织有关专家、学者对城市发展战略和各类问题提供咨询服务；小城市发展委员会要根据小城市特点，组织和促进小城市经济社会问题的研究和交流活动，办好《城镇信息》；中城国际旅行社要为中国城市走向世界，发展城市旅游和国际旅游服务；研究会还将继续组织有关城市参与国际方面的考察和交流活动，以及举办系列讲座、专业培训班、专题研讨会等活动。同时，要注意加强同各城市的经常联系，听取城市同志的意见，不断改进研究会的工作；还要做好发展新会员的工作，使研究会的组织发展跟上我国城市发展的步伐。

最后，衷心希望各位理事关心、支持中国城市发展研究会的工作，让我们共同携起手来，为建设有中国特色的现代化城市努力奋斗。

谢谢大家！

发挥潜在优势，走功能开发新路*

——在秦皇岛经济技术开发区发展战略专家研讨会上的发言纪要

（1994年6月18日）

1. 秦皇岛市是1984年国务院批准的14个沿海开放港口城市之一。同年10月国务院又批准在秦皇岛设立国家级的开发区，现已9年多了。秦皇岛市对外开放也已经10年了。沿海港口城市的对外开放和经济技术开发区的兴建，在我国对外开放的战略推进当中，具有重要地位，这是1980年建立经济特区之后，对外开放的一项重大措施。包括秦皇岛在内的沿海开放港口城市和经济技术开发区，继经济特区之后，是在市场取向的改革和对外开放的推进当中站在前列的排头兵。它们在吸引外资、引进技术管理方面开了先河，在对外开放的梯次推进（沿海、沿边、沿江、省会、内地）中发挥了作用，对推进对外开放起了一个承前启后、积累和传播经验的作用，应该给予正面的肯定，绝不能因为前些时经济技术开发区搞得太多太乱而抹杀它的作用。特别是一些"国家级"的开发区，包括秦皇岛在内，搞得还是比较不错的。

2. 秦皇岛市开放，特别是经济技术开发区兴建以来，发展还是比较快的。吸引外资在开放之初处于零的地位，但总的发展趋势很好，特别是1988年以后。其中开发区9年累计批准外资项目150多个，合同利用外资4.5亿美元，实际利用外资1.8亿美元，已

* 原载《经济参考报》1994年9月13日。

经有18个国家和地区的外商到这里来投资，初步形成了以冶金、机械、电子、轻纺、建材、精细化工六大产业门类为主体的工业体系，是很不简单的。9年来开发区已经完成了1平方公里起步区的土地开发和项目建设，所以开发区的建设以及引进外资的成绩都是比较显著的。

3. 秦皇岛经济技术开发区的发展前景是看好的，现在已经建成1平方公里，在取得成绩的基础上，1992年国务院又批准扩大为5平方公里，1993年又把几个村扩进来，扩大到共约10平方公里，这样还有9平方公里的面积有待开发，所以开发的前景宽阔，潜力十分巨大。之所以潜力巨大和前景看好，我看有以下几个因素：一是开发、开放的时间比较早，依靠政策优惠启动，打下了比较好的基础。二是秦皇岛有旅游、港口和区位三大优势，特别是区位优势。秦皇岛位于东北、华北两大经济区的结合部位，秦皇岛是我国北方的重要港口之一，是南北水陆的一个枢纽，又是北方唯一的不淤、不冻港，又有大秦、京哈等几条重要的铁路干线，所以南北铁水联运这个枢纽的地位十分重要，不可多得。不仅南北，还有东西，秦皇岛可能成为欧亚大陆桥又一个东端，连云港、大连、青岛、天津都可以成为欧亚大陆桥的东端，秦皇岛有其独特的优势。现在大秦线回程的车是空驶的，海上船来的时候也是空驶的。可以计算一下这些空驶的车船有多大运方，成本可以大大地减少，从长远来看这是很值得研究的。三是秦皇岛是东北亚地区的一个明星港口，在环渤海湾地区的中段。东北亚的港口并不是很多，所以它在渤海湾的地位是很重要的。东北亚地区正在兴起，我国改革开放的地区重点逐渐北移，从南方移向长江流域，趋势还在向北，如大连正在呼吁成为北方的特区。北方开放还不够，我国的开放是从南方开始，随着东北亚的兴起，形成了这种北移趋势，这种趋势给秦皇岛和秦皇岛开发区带来持久的发展机遇。四是秦皇岛开发区的建设已经初具规模，秦皇岛市的整体建设事业也在不断改观，在不断地改善硬环境和软环境，这些都是加快秦皇岛市和开发区发展的重要因素。

4. 在看到有利的因素的同时也要看到不足之处和制约因素。有这么几点需要注意：第一，从现状看，发展还不尽如人意。从材料上看，开发区9年来累计批准的各类项目602个，工业项目160多家，但实际开工投产只有66家，约占1/3。批准三资项目150多个，实际投资的47家。合同利用外资4.5亿美元，而实际利用外资1.8亿美元，还有相当的差距。当然，这里面有很多客观原因，也有主观上的原因。第二，随着对外开放的扩大，与秦皇岛竞争的强手如林，各地引进外资的竞争一天比一天激烈，外资的选择要求挑剔也越来越多，这是一个新的情况。现在沿海开放城市有14个，还有开放区若干个，光是渤海湾，就有天津、大连、青岛、营口、烟台、黄骅等地的港口城市在竞争，从全国来看，光是国家级的经济技术开发区，到1992年年底就有30个，高新技术开发区52个，这还不包括省市以下自己、自定的开发区，再加上全方位开放的沿海、沿江、沿边、内地，所以竞争越来越激烈，工作的难度越来越大，需要付出更大的努力。第三，随着经济体制改革的深化，从长期来说，地区之间要逐步建立平等竞争的条件。另外，我国要"进关"，关贸协定里有一条反对区域性的歧视政策，差别大了就不行了。无论从国内改革的深化来说，以及从参与国际经济的交流来说，将来依靠区域性的政策优惠，来吸引外资发展经济，这个路子恐怕会越来越窄。区域性的政策优惠会逐渐淡化，逐渐减弱。今后我们更要注意找好自己的位置，发挥自己的潜在优势和真本领。提高竞争水平，在竞争中取胜，我们怎么能把秦皇岛本身的优势挖掘出来，而不是靠区域性政策优势，这是个很重要的问题。

5. 我看了你们的关于加快发展的新思路这个材料，上面有基本思路和五个"延伸战略"，一是向扩区延伸，二是向功能开发延伸，三是向良好的投资环境延伸，四是向产业优势延伸，五是向技术开发延伸，这五条本身很好。但是，要在战略目标、战略重点、产业结构及一些战略性的要求明确了之后，才能展开这五个延伸。这些问题在材料上展开不够，而且开发区的发展从整体上离不开秦皇岛市，就5平方公里或10平方公里定下战略是不行的，还应该考虑开发区在秦皇岛市以及秦皇岛市在全国的经济布局当中起什么作用。

我想就秦皇岛市的发展战略研究问题说一点认识。

第一点，关于依靠地区优惠政策向功能开发转化的问题。不久前在萧山的研讨会上集中讨论了这个问题，参加会议的几个开发区达到了一个共识，就是：随着改革的深化、开放的扩大以及近期进关的要求，区域性的政策优惠将要逐渐淡化减弱。不仅开发区有这个问题，特区也有这个问题，所以不能够光依靠区域性政策优惠来进行开放，而要转向功能开发的路子。要根据各自的情况和条件挖掘和开发更多的功能，充分发挥各自潜在的优势，比如秦皇岛的港口优势、旅游优势和区位优势，在这些优势上做文章，来开发功能。我从开发区的材料上看到，向功能开发延伸，加大功能开发的力度，从规划开始就要把公共事业设施、三产、保税区的开发放在重要位置，强调功能开发的这种思路还是对头的。功能开发的内容、重点和开发的顺序是不是还需要进一步的谋划和探索？比如，第三产业很宽，交通运输、商贸、旅游、通信、信息、金融等都是第三产业，所以第三产业还要细化一下，商贸、旅游、金融等都需要发展，但要有个秩序，有个重点。根据秦皇岛市现在的区位优势，有南北东西联运和交通枢纽这么一个条件，应该突出它的诸如转口贸易等功能，从转口贸易的功能再提出保税区的问题，保税区主要是转口，转口不仅仅是向外，还包括向内，从长远来看，包括欧亚大陆桥东端的转口贸易。应该强调有的是可以近期发展的，有的是可以远期发展的。

刘国光

经济论著全集

第11卷

还有秦皇岛港口本身的功能改造问题，散装码头和专用码头的关系等。秦皇岛港吞吐能力为9000万吨，散装码头只有600万吨，要做转口贸易主要靠散装和集装箱码头。所以，散装、集装箱码头的功能怎样进一步发展，和专用码头的关系怎样处理好，都应该研究。发展秦皇岛市的转口贸易的功能我看是一个重要的方向。

第二点，关于"筑巢引鸟"和"引鸟筑巢"的关系。我看现在经济技术开发区包括秦皇岛开发区，一般都是先"筑巢"然后"引鸟"。因为没有一个起码的投资基础条件，是招不来外商的。但是发展到现阶段，比如秦皇岛开发区今后进行二期、三期的开发，就应该把"筑巢引鸟"和"引鸟筑巢"结合起来同时进行，边搞基础设施，边招商，边上工业项目，这样可以缩短硬环境建设和招商办厂的时间差、空间差，大大缩短投资的回收期限，加快开发进度。基础设施建设本身也可以招商来搞，采用成片开发、成片租让、出让土地使用权的办法，快速积累资金，来搞基础设施配套建设，"引鸟"来"筑巢"。在这方面各地开发区有不少成功的经验可以借鉴，不仅是开发区的扩区开发要借鉴这些经验，秦皇岛市也是这样。

第三点，内联和外引的关系。开发区兴办之初吸引内资可以创造一个投资的气氛，又可以避免空置场地，但是要把开发区办成外向型经济区，应该在内联的基础上大力吸引外商投资建立三资企业，这样才能够真正借鉴国外的先进管理经验。秦皇岛开发区现在投产的66家生产企业，外资企业占了47家，这个趋势我看还是可以的。

第四点，关于软环境和硬环境的关系问题。从材料上看，几年来前来开发区投资考察的外商很多，谈成的项目不尽如人意，就是谈成的项目也有没有到位的，主要的原因就是投资环境。同其他开发区相比，有比较大的差距，硬环境不硬，软环境不软，所以在加快发展的基本思路当中，对于改善软环境和硬环境这两个方面都提出了一系列的措施要求，我觉得提得都很好，都应努力去落实。但相对看起来，现在存在软环境建设比硬环境建设更难这一问题。实际上，软环境已成为招商引资竞争的一个关键，你审批的环节是不是太多，手续是不是太繁，法制的保障是不是比较健全，官员是不是都很廉洁，中方合作人员的水平如何，是不是都能按照国际惯例办事，等等。这都是外商很关心的问题，这些问题应从转变政府职能、完善市场体系组织、健全宏观调控、提高办事效率等方面多下功夫，这些方面秦皇岛开发区已做了很多努力。为了更好地招商引资，改善软环境要同深化改革联系起来，软环境的许多方面改革同政府职能转变有密切关系。

第五点，开发区与母城之间的关系问题。开发区一般都要依托老城来建设新区，这样可以利用老城市已有的基础设施，大大节省开发区的投入，我看秦皇岛开发区现在基本上是工业加工，生活设施可以利用老城。今后可以考虑把生活、服务设施也搞起来，放在开发区里面，许多开发区也都是这样做的。所以，一方面开发区要依托老城市已有的设施，减少开发区的建设投入，缩短开发区的建设时间，获得较好投资效益；另一方面开发区的发展成长反过来可以起到促进母城经济发展、改革开放的作用。开发区已成为秦皇岛市新的经济增长点，开发区与市区的关联效应越来越明显，秦皇岛市玻璃产品在开发区已有4家企业，由内联转为合资，把秦皇岛市玻璃产品打入国际市场。开发区科技开发总公司为长春一汽生产轿车门，利用市里的生产能力，如玻璃、塑料等产品，形成开发区与市区互相依托、促进的良好态势。我认为应积极促进发展这一态势。开发区虽然是秦皇岛市的新的经济增长点，甚至是龙头性的，但毕竟是有限的局部，秦皇岛作为北方的重要港口开放城市，它负担的使命、承担的功能、发展的潜力要比开发区大得多，所以开发区的发展应着眼于促进母城的发展，如新区与市区改造的关系怎么摆，外资吸引怎么布局，新建与改造如何结合，都需要考虑。市县以下的2000多个企业的机制、技术需要提高，可以引进、嫁接、改造。如，福建泉州县以下的37个企业通过香港中策集团进行合资改造，效果很好，成片改造经验很成功，国有资产并没有流失，政府财政负担减轻，企业效益提高。这个问题已超出开发区的范围，因为开发区的合资、兴建问题需要外资，市区则是有老企业怎么改造提高、嫁接问题，外资在这两方面是有竞争的，开发区的扩区5平方公里需要搞，老区也要改造，市里应统筹考虑，处理好开发区与母城发展改造的关系。

发挥潜在优势，走功能开发新路

拿出改革汇率一样的勇气来改革利率*

——《经济学动态》记者专访

（1994年6月）

记者（詹小洪）：刘教授，能否首先请您谈谈对当前宏观经济形势的判断？

刘国光：好的。1993年下半年加强宏观调控以来，收到了成效。经济过热、金融秩序混乱的现象得到一定纠正，经济增长速度有所减缓。1994年一季度国内生产总值、工业总产值、固定资产投资等指标的增长率都比1993年同期有所下降。但是唯一居高不下的是物价，1994年一季度零售物价比1993年同期上升了20.1%。对宏观经济形势有不同的认识，有人认为通货膨胀不是什么大问题，失业才是大问题。就是说现在企业比较困难，资金紧张，部分企业处于停产或半停产状态。有人甚至据此认为现在出现了滞胀，当前主要危险是"滞"而不是"胀"。我不同意这种看法。虽然与1993年同期比几项主要经济指标增长速度是下降了，但增长率仍很高。很多方面的生产建设还是蓬勃发展的，如一些重点建设工程搞得热火朝天。当然，目前确实有一部分生产能力过剩的问题，有些地方三角债又重新出现了，企业也确实有一些困难。但不能因此就说当前经济的主要问题是滞胀。通胀率

* 原载《经济学动态》1994年第6期。

现在已达20%了，我看当前主要问题还是要治理通货膨胀。我们原来预定1994年宏观调控的目标是：经济增长速度要从1993年的13%降到9%；通胀率要从1993年的13%降到10%以下。从目前的情况来看，这两个指标都有可能被突破，我们要想达到既定的宏观调控目标是很不容易的。但超过了太多也不好，因为国民经济长期处在一种紧张状态，通胀压力越来越大，总不是一件好事。所以，宏观调控力度还要加大，手段还应多一些。现在政府也很重视通胀问题，采取了很多措施，如抓好农业生产，特别是菜篮子工程，控制粮、棉、油价格，抓紧物价大检查。另外还控制固定资产投资规模及信贷规模。但是一收紧信贷，流动资金就短缺，地方和企业就喊受不了，要求放松银根的呼声很高。可是物价涨得这么厉害银根又放松不得，所以流动资金是个大问题。我们现在采取的办法仍是控制信贷规模，用行政手段来分配信贷额度。

记者： 经济学家们对信贷额度配给的批评似乎比较多，如吴敬琏教授、张卓元教授、美籍华人经济学家刘遵义教授都提出利用利率手段来调节对资金的需求、反对通货膨胀。我记得您早在1988年就有此主张，那么，您现在如何看当前通货膨胀与利率的关系？

刘国光： 我正要谈这个问题。用信贷额度实际上也控制不住投资规模。因为现在有很多渠道可以得到贷款，如很多款项通过资金拆借等途径以高利率流到黑市上了。银行官定利率比较低，会造成资金紧张和资金浪费现象并存。由于对资金的需求大于供给，得不到信贷配额的只好求助于非法资金市场，现在市场利率是18%、20%、25%甚至30%不等。是的，我在1988年就提出了、现在仍然坚持用利率手段制止通胀的主张。我很赞成以上几位学者的观点。我们国家1993年两次提高了利率，但幅度都不大。现在物价涨得这么高，利率没有调，负利率已达10%了。这个负利率是很不合理的。我们的资金本来很紧张，低利率意味着短缺的资金价格却低，这无疑会加剧资金短缺。本来紧缺的东西价格应该高，以限制对它的过度需求。低利率使得人人都想借钱，负利率借钱本身等于不花代价就赚到了钱，发财了。低、负利率使得一些人可以利用官方利率与市场利率之间的利差刮不正之风。可见，低利率助长了寻租现象，是造成腐败的根源之一。另外，低利率加剧了对资金的需求，进而加剧了通货膨胀。因此，利率市场化势在必行。

记者：有这样一种观点，认为对传统计划经济条件下形成的大锅饭体制来说，利率手段作用不大。国有企业对提高利率不会在乎，特别是一些地方政府对提高利率更是反应不灵敏。利率市场化对经济不会有太大的影响。您认为呢？

刘国光：认为利率不起作用或作用很小，经济对利率调整不在乎，这个观点站不住脚。第一，对利率反应不灵敏的主要是国有企业，吃大锅饭的主要是国有部门。但是国有部门现在我们整个经济中的比重在降低，只占工业总产值的48%，占GNP的40%。而非国有经济比重越来越大，它们对利率调整的反应却是灵敏的。因此，调整利率对整个经济是起作用的。第二，国有经济本身也在改革。有些改革搞得好的，政企能分开的，能真正自负盈亏的，实行了公司化、股份化改革的企业对利率调整反应也是比较敏感的，怎么会不在乎呢？第三，提高利率对居民是实惠的。负利率时间太久，负数太高，居民就不会储蓄，甚至去挤兑存款。这种情况在1988年出现过，在1993年也出现过。相反，那两次我们及时提高了利率以后，就曾遏止了居民挤兑存款和存款下降趋势。可见，中国改革的实践也证明了利率对中国经济是起作用的。

记者：没有把利率手段作为对付通胀的一个重要手段，是不是还顾虑到利率提高以后，企业就更困难了。因为利率提高，产品成本也提高了，企业更吃不消了，势必大叫承受不了啊。

刘国光：这个说法同上个观点完全相反，那个观点是对利率不在乎论，而这个观点是太在乎论，同样站不住脚。第一，不是所有的企业、所有的项目都承受不了市场利率。其实相当一部分企业是承受得起的。能够以比官方利率高的市场利率借款，这是一个客观存在，不然何以理解市场上30%的利率贷款都有人敢借。至于一些炒股票、炒地皮的投机商更能承受得起，我们就不去说它了。第二，确实有些项目和企业对提高利率承受不了，而这些项目和企业往往又是国家急需的重点，必须力保，需要扶持的。它们的困难很多是客观原因造成的，如多年的积累被国家拿走了，自己没有钱搞技术改造。对这些企业因为利率放开提高了成本而造成的困难，应该由国家财政贴息贷款来解决，或者由投资银行、国家开发银行的政策性贷款来解决。具体情况要具体处理，而不能用普遍低利率、负利率的办法来支持有特殊困难的企业。实施政策要有选择。第三，至于一般竞争性行业，它们的贷款利率就更应该由市场去决定。有效益的企业自然承受得了市场利率贷款，效益差的企业则借不起钱，这样你就得想办法改进技术、改善经营管理、调整产品结构，否则你就干不下去，就得破产。优胜劣汰呗！市场经济本来就是一部分企业生，一部分企业垮，生生不已，有死有活，经济才能保持活力，才有效率。市场经济不保护落后，我们不能用低、负利率支持低效率。当然，政府对破产企业要做好善后工作，解决工人的生活，加紧建立社会保障制度。

负利率是靠什么维持的呢？是靠存款人的储蓄贬值来支持的。负利率实际上是对广大存款人的剥夺。在通货膨胀情况下，投机倒把的人借到钱可以大发其财，而普通老百姓辛苦积存起来的钱却在贬值，这种现象既不符合公平原理，也不符合效率原则。这样一种利率机制既不符合社会主义理想，又不符合市场经济的要求，因此非改革不可。

拿出改革汇率一样的勇气来改革利率

记者：有这样一种观点："通货膨胀两位数不要紧，增长速度两位数才过瘾"，并认为通胀对工薪阶层影响不会太大，因为可以采取工资与物价挂钩即工资指数化的办法来抵消物价上涨的影响。您认为此法可取吗？

刘国光：工资指数化？可你的存款不能指数化呀，存款在通胀下都贬值了。况且工资指数也不能覆盖全社会，它往往还是落后于通胀率的。高增长与高通胀并无必然的联系，用通胀的办法刺激经济增长绝对不可取。我现在到处讲这个问题：要使利率能真正反映对资金的供求，用利率武器来与通货膨胀作斗争，利率要市场化。当然，利率市场化要有一个过程，信贷额度控制贷款的办法只能逐步过渡到以市场利率调节资金供求。像汇率改革一样，人民币也不是一步走向自由兑换的，但汇率并轨毕竟向前跨了一大步。我们1993年汇率改革也是冒了一定风险的，但还是闯过来了，结果也不错。我国利率改革也要冒一定风险，但我们应更多地解放思想，拿出改革汇率一样的勇气来改革利率。自然，反通货膨胀不能光靠提高利率，还有中央银行控制货币供应量、公开市场业务、准备金制度甚至物价管制等手段可用。利率改革这个问题同时涉及发展和改革两方面。因为利率是使宏观经济相对平稳发展的重要手段。另外，我们的改革要从以直接的行政手段调控宏观经济为主逐步转向间接的经济手段为主，从金融方面讲，间接的经济手段主要就是利率。

对 "迈向21世纪的上海发展战略" 的几点思考

——在上海市人民政府组织召开的迈向21世纪的上海发展战略研讨会会议上的发言

（1994年7月15日）

很高兴参加"迈向21世纪的上海发展战略"研讨会。听了黄菊市长、蔡来兴同志的讲话以及看了总体报告，觉得很受启发。我谈几点认识。

1. 我认为研究报告是很重要的。这个报告是20世纪80年代上海研究发展战略的拓展和伸延，当时研究制订的上海发展战略对十年来上海的改造和振兴有着重要的指导意义，今后还将继续发生深远的影响。进入90年代后，随着我国改革开放不断深入，上海的历史地位发生了重大变化。首先是中国改革开放的重心由南部的珠江流域向中部的长江流域推进，重新突出了上海在中国经济中的重要地位。其次是1990年国务院宣布开发开放浦东新区的决策，启动了上海经济的重新振兴。最重要的是十四大明确提出了以上海浦东开放开发为龙头，尽快把上海建成国际经济、金融、贸易中心之一，带动长江三角洲和整个长江流域经济的新飞越。过去长期处于改革开放后备地位的上海一跃而站到中国改革开放的前沿，上海战略地位和战略目标的历史性的变化要求上海在更高的经济基点上重新构筑迈向21世纪的发展战略。这一新发展战略的研究，不仅对上海自身今后的发展至关重要，而且由于上海所处的地位，对于整个长江流域的发展，对于全中国的经济发展都具有重要意义，对于东亚乃至全世界的经济也将发生重要的影响。

2. 上海能不能够在21世纪建设成为世界经济中心？对这点总报告作了充分的论证。可从三个角度来看：一是世界的角度，二是中国的角度，三是上海自身的角度。第一，从世界的角度来看，也就是从国际大背景来看，两个多世纪以来世界经济中心发生了多次转移，所谓19世纪是英国的世纪、20世纪是美国的世纪、21世纪是亚太的世纪的说法，正反映了世界经济中心正在向亚太地区转移。特别是东亚地区的地位越来越突出。最近世界银行的一个亚太机构在一次国际研讨会上提出一个报告，明确指出：目前世界经济的重心已经转移到东亚地区，到2000年，世界金融中47%将来自东亚地区，东亚各国和地区的行动将对世界产生重大影响。而在东亚地区，这个报告特别指出中国将赶上日本和韩国。中国如果能够在10年之内保持10%的经济增长率，就可以成为世界经济大国，成为世界经济中心。报告还说在东亚地区只有日本和中国有资格作为世界经济中心，但是由于历史的原因，亚洲害怕日本当领导。从历史原因来看，日本当老大也不好。中国是亚洲唯一可以信赖的国家。这是世界银行一个亚洲机构的估价。当然，我国不会去争当什么领导，"中国是唯一可以信赖的"，这个评价对于我国是很重要的，因为这个研究报告的论点在一定程度上代表了世界论坛的观点和意向，反映了世界对东亚和中国前景的看法。如果21世纪经济中心转移到东亚地区，而中国又是东亚地区唯一可以信赖的国家，那么到21世纪，东亚地区特别是中国要崛起一批国际经济中心城市将是必然的趋势和必然的要求；而原来就是远东大城市和中国最大经济城市的上海，到21世纪建设成为国际经济中心是当之无愧的。大家所说的"世界看好亚太，亚太看好中国，中国看好上海"这句话表达了对历史发展必然趋势的看法，我认为表达得很确切。第二，从中国的角度来看，进入21世纪的前后20年，即从1991年到2010年，将是中国经济增长的黄金时期。根据中国社科院课题组的预测，全国国内生产总值如果从1991年到2000年保持9%的年增长率，那么2000年总量就可以达到41 897亿元人民币，人均可达到3283元；如果2000年到2010年，国内生产总值增长按照7.5%来测算，那么到2010年GDP总量将达到86 269亿元，人均可以达到6300多元。人均水平同世界比当然还不高，但是总量非常可观。人民币有个换算的问题，现在有各种换算方法，不管用哪一个口径来换算，经济总量在世界上的排位都是很前面的，都是前3位。中国经济的快速发展以及它在世界经济中地位的迅速上升，有利于上海这个国内最大的经济中心城市尽快成为国际经济、金融和贸易中心之一。第三，从上海自身的角度来看，随着对外开放的扩大，全国有越来越多的城市先后提出要成为国际化大都市，不仅沿海城市，内陆一些城市也提出这些目标。在有可能达到国际性城市中，上海可能是最大的一个，上海走向国际化大都市独特的优势有很多。从历史上看，上海曾经是远东的最大贸易、金融中心，现在提出重建国际化大都市，常常被人们称之为"重振雄风"；从地理上看，上海位居中国黄金海岸和长江黄金水道的交汇点，拥有中国最深、最广的腹地，面临太平洋通向全世界，背靠三角洲，构成中国经济、文化最发达的地区；从市场环境来看，上海是中国市场与国际市场联结的最重要的枢纽，现在正在全面恢复国内外商品的主要集散地和转运中心的这样一个功能，成为国内外的商品流、资金流、技术流、人才流、信息流交融的大流通中心。所有这些优势都是中国其他一些城市难以替代的。从改革开放的态势来看，如前面所说，随着全国改革开放的深入扩大和重点中移，以上海为龙头的长江流域开始成为中国改革开放的前沿。进入90年代以后，上海的改革开放和经济发展进入了新的时期，经济发展速度加快，经济体制改革全面展开，对外开放正在形成新的格局，浦东新区建设从基础开发转入了功能开发，城市基础设施的建设也大规模地展开。所有这些都为上海在21世纪建成三个中心准备了必要的条件。

3. 有限目标的循序渐进。对上海要建成为三个中心，我们既要看到有利条件和上海的优势，也要看到不利条件和制约因素。上海的发展有哪些弱点和制约因素，主报告对于这方面的分析阐述，我觉得还要加强一些。这样，对于目标的设立就可以更有根据。上海经济发展的弱点可以举出若干点。例如，国有企业比重比较大，计划经济体制的传统比较重，在所有制结构和运行机制上不如有些改革开放先行城市那么灵活。又如，上海是一个老工业基地，设备比较陈旧，更新改造的任务比较重，比一些新兴城市如一些特区城市或开发区的任务要重得多。再如，上海是一个老城市，城市的基础设施和公用事业落后，虽然这方面的建设在大规模地展开，但是除旧布新的任务量大面广，非一日之功。如此等等的制约因素，就要相当的时间，付出很大努力，才能逐步克服。此外，与现有世界上已经有的国际化城市、大都市比较，上海的差距也很大，就拿亚洲的东京、中国香港、新加坡来比，我看了份报告，其中的一个数字，就是人均GDP，上海如果要赶上东京需要56年，要赶上香港需要54年，这是按照上海年均增长10%、香港为3%、亚洲四小龙为5%计算的（这里按照1美元等于5.43元人民币来计算）。就是说要花这么长的时间，差距这么大，所以在考虑发展目标的时候，在设定目标的定位的时候，有些目标要分步实施，不能一步到位。比如，我们现在是不是可以建成世界级、全球性的一级城市，如以纽约为参照城市，我觉得作为一个远景目标完全是可以的，是应该如此的。上海与纽约是可以比的，因为都是大国的经济中心，都有广大的腹地，都有广大的市场，中国的腹地和市场比美国大得多，所以从远景上看，

刘国光

经济论著全集

第
11
卷

上海潜力要大得多，出现一个和成长出来一个同纽约一样的城市是完全有可能的。我们是有抱负的，上海应该提出这个目标。那么作为2010年的目标，是不是这样提，现在讲2010年基本建立世界级的、全球性的大都市这类的提法还需要斟酌，作为长远目标是可以的，但是作为2010年的目标还要斟酌。根据课题组过去提供的材料来看，上海到2010年，在经济总量上和某些经济功能上将可能赶上甚至超过目前已经有的区域性的国际城市或二级中心城市，如中国香港、新加坡，但是由于某些制度性的约束和自然条件的制约，有一些经济功能到2010年也达不到现有的二级中心城市和区域性城市这样的要求。如融资的规模，上海到2010年难以达到香港的水平，又如外贸和转口贸易的规模，由于上海港进港的条件限制，也很难达到香港和新加坡的这个规模。当然，如果把杭州湾和宁波舟山计算在内就是另外一回事了。所以在2010年设定的目标，我觉得是不是比现在提的世界级大城市含糊点为宜。现在上海的领导人在参加国际性会议和在一些场合里的提法我觉得还是不错的，就是在2010年把上海基本建成国际经济、金融、贸易中心，还是这样的提法。而且具体实施还要分三步走，1995年奠定基础，2000年形成框架，2010年基本实现。我觉得这样提，这样设定的2010年的近期的目标比较实事求是，也是能够达到的。

4. 深化改革，转换机制。为了实现上海建成国际经济、金融、贸易中心城市的目标，上海必须在改革开放发展和城市建设这几个方面做出巨大的努力。关键还是深化改革，转换机制。没有体制上、机制上转化，其他几个方面都是很难成功的。如果还是老体制，上海要建成三个中心，是不可能的。上海应在全国率先建成社会主义市场经济的新体制。那么，率先建成社会主义市场经济新体制，提出这个口号现在也不止上海一个。深圳啊，还有其他的地方也在那么提，由于历史的安排，有些省市在市场化的改革上已经走在上海的前面，而且最近已经明确，原有的经济特区还要继续特下去。我体会主要不是继续靠过去的区域性政策优惠的办法来特下去，因为随着改革开放的深入，这个区域性的优惠政策要逐渐淡化，而且我国要进关，与这个做法也是有矛盾的，关贸总协定是不赞成区域性的差别待遇的。所以，我国不能继续靠区域性优惠待遇的办法使特区政策再特下去，而是要靠发挥更多的潜力和优势，开发更多的功能的办法来增长新的优势，使原有的特区继续特下去，现在还要求经济特区和经济开发区在改革开放中继续当好排头兵，我们要率先建立社会主义市场经济体制，这个竞争对手也很多。在这种形势下，第一，在改革开放方面上海首先要下大力气，不是你一个地方率先建立，别的地方也在率先，所以上海在这方面要下大力气，首先在深化改革方面，急起直追，后来赶上。上海同改革先行的南方一些城市，不同之点就在于上海是国有大中型企业最集中的城市，改革的难点就在于此。南方城市主要是国有企业体制外面的市场化问题。而上海首先遇到这个问题，所以上海在改革方面对全国的贡献也应该首先集中在转换现有的国有大中型企业的体制，在实现企业制度的变革和创新上，要在转换国有大中型企业机制和建立现代企业制度上争取为天下先，做出示范。第二，上海由于历史的背景，市场发育原来有些根底，在培育市场体系上更应门类齐全，可以比别的地方更加门类齐全，包括体现国际经济中心功能的证券市场、离岸金融市场、期货市场、环境市场、房地产市场等。除了一般讲的商品市场和一些要素市场外，其他市场都应该积极、有序地发展，并且创造条件与国际市场接轨。同企业改制和市场建设相适应，在转换政府职能，实现小政府、大社会这个难题上以及发展社会中介组织方面，都希望上海能够先行一步，为全国做出表率，我想总报告也应该在这方面进一步加以充实。

5. 产业结构和工业布局。在开发浦东和浦西的过程中，一个重要的问题是大力调整产业结构和工业布局，报告提出了上海要重点发展金融、贸易、地产、游旅和第三产业，使之成为经济发展的主要推动力。我觉得这是符合现代经济趋势的，也符合建设国际金融、贸易中心的方向和要求。但是，上海要不要发展工业，过去也有不同的议论，看来也是非发展不可的，没有第二产业的发展，第三产业将要架空，也没有服务的对象。但是，发展工业同过去当然是不同的，将来应该以高附加值的制造业和高科技武装的重化工业为主，与此相应的城市工业布局要大力调整，把一些老厂迁出市区，迁到郊县或者更远的地方进行彻底的技术改造。这样做的另一个目的就是要腾出空间来发展第三产业，发挥级差地租的作用，使城市土地资源得到最优的配置和利用，这不是什么工业的空心化，而是产业的重新布局，对上海来说，这件事已经是放到议事日程考虑的时候了。在上海还有一个就是进一步城市化的问题，表现在逐步扩大市郊，使郊县由近到远地撤县建市，撤县建区，逐步同市区实行一体化。这样就会出现一批卫星城、卫星镇。而更重要的是要造成一批区域性的城市，也就是要实现农村化的城市或者城市化的农村。在深圳和保安等地已经有先行经验，上海在这方面的转换过程已经开始，要主动迎接，逐步实施更上一层楼，把城乡一体化提到一个更高的水平。

6. 上海的发展与其他地区的关系。上海不是孤岛，上海是长江流域的上海，也是全国的上海。它不仅仅与周围的郊县，与长江三角洲有密切的联系，而且与沿海、沿江以及全国各地都有密切的协作，当然协作的层次不同，内容各异。但是在现存的体制下即条块分割的局面下如何理顺上海与周围或更远区域、地方经济之间的关系，在目前条块分割的情况下，这不是一件很容易的事情。因为在区域协作中或许各有各的想法，如长江三角洲的14个城市，上海考虑把它们作为实现上海大都市圈的战略组成部分，也就是随着上海未来作为国际中心的地位的逐步形成，上海的制造业将不断向这些城市转换，这些城市将作为未来上海大都市圈的生产中心。这些提法不是完全没有道理的，但是，对于这种提法，别的城市怎么看，对如何实现长江三角洲经济发展的一体化，三角洲有关省市怎么想法，需要有一个沟通、协调的机制。总的原则是互补互利，现在完全靠行政协调，如过去建立的行政区看来不大成功，而完全靠市场的协调目前在条块分割的情况下又不具备条件。一方面要由国家的有关部门牵头来协调组织制定跨地区、跨省市的，如长江三角洲的发展规划；另一方面要从体制上努力打破条块分割，让市场机制在产业结构的调整，也就是在市场资源的配置方面起更大的作用。

最后，迈向21世纪上海的研究报告是一个很好的报告，希望上海考虑各方面提出的意见，进一步修改补充，不断完善，作为中央和上海决策部门的参考，促进上海与全国的改革和发展。

附：在分组会议上的发言*

上海进行新的发展战略研究很有意义。上海1984年制定的发展战略对上海经济发展起了很大作用。但进入90年代后，环境条件已发生了变化：第一，中国改革开放的重心由南部（珠江三角洲地区）向中部（长江流域）转移；第二，1990年国务院批准开发开放浦东，上海发展进入了一个新的起点；第三，最重要的是十四大明确提出要把上海建成"一个龙头、三个中心"。在新的历史条件下，上海的发展战略、发展目标与20世纪80年代有很大不同。

1. 上海新的发展战略的特点：第一，这次研讨的上海发展战略是在新的环境条件下制定的，这对长江流域以及中国经济发展，甚至对亚太地区以及全世界经济发展都有很大影响。第二，

★ 本文系作者1994年7月15日在上海市人民政府组织召开的"迈向21世纪的上海发展战略"研讨会分组会议上的发言纪要。

这次战略研究非常严肃认真，力量雄厚，时间跨度大，涉及多种学科，采用招标的办法保证成果质量。研究成果起点高，面向世界、面向现代化、面向21世纪，体现了中国特征、时代特征、上海特征。第三，在研究方法上采用定性与定量研究、规范与实证研究、历史研究与比较研究相结合，研究方法科学性与研究成果可操作性相结合，有很多新东西，对全国战略研究是一个推动。

2. 关于上海建成国际化大都市的战略目标问题。中央规定上海要成为国际经济中心、国际金融中心、国际贸易中心，三个中心必然是现代化、国际化大都市。任务已经确定，要研究可能性及实施的步骤。

关于可行性论证，报告讲得很清楚。我认为要从世界、中国、上海三个角度去理解。

（1）世界经济增长重心的转移。现在全世界都看好东亚地区。世界银行亚太机构就认为："世界经济重心已转到东亚地区，到2000年，东亚将占世界出口额的47%。过不了几年，中国将赶上日本、韩国。在东亚地区，只有日本、中国能成为贸易自由化的国家，但只有中国才是东亚唯一可依赖的领导者。"

（2）中国的崛起。从1991年到2010年，将是中国经济增长的黄金时期。中国国内生产总值增长率，90年代为9%，到2000年，总量达到41897亿，人均达到3283元；2001年至2010年，增长率将达到7.5%，总量达到8.6万亿，人均6200元。这样，国内生产总值总量按不同汇率预算，中国都将排在世界前几位。中国成为世界生产重心之一，必然带来金融、贸易格局的变化，呼唤国际化大都市的产生。

（3）上海的振兴。从历史地位上看，上海曾是远东金融、贸易、运输中心；地理位置非常优越，位于黄金水道和黄金海岸的交汇处；改革地位已由后卫变成前锋。上述因素决定了上海有可能在世界经济重心转移过程中成为世界性大城市。国内想成为国际化大都市的城市有十几个，我看上海最有资格。

上海成为世界性大城市，既有这个可能，也有这个必要，但也存在制约因素。总报告对制约因素反映不够。我们既要看到有利优势的方面，也要看到制约因素，我认为主要制约因素有两条：一是旧体制的制约，老工业基地改造任务艰巨。二是城市基础设施与国际化大都市差距很大。在经济发展水平上要赶上东京、中国香港、新加坡需要几十年的时间。

国际性城市分为三个等级：世界性、区域性、国家级。现在上海与第一、第二等级的差距很大，但21世纪很长，把世界级全球性国际城市作为上海的最终目标是可行的，中国完全可以出现一个纽约型的城市，但2010年难以达到。到2010年，上海可能达到如中国香港、新加坡那样的区域性国际城市，甚至在某些方面超出，但在融资功能、外资机构等方面就可能不如它们。与中国香港、新加坡比较，上海自身的港口条件是一个限制因素。现在区域性优惠时代已经过去，特大政策优惠举措似不可能。上海不要单依赖优惠，而要注重开发自身的潜能。

3. 关于全国及中央给予上海支持。我认为这是需要的。第一，我很赞成国内外金融机构及大公司总部所在地设在上海。我看上海需要把金融环境、服务功能搞好，行政上至少不要限制商业银行总行、大公司总部迁到上海。第二，国家有关部门组织制定长江经济走廊起飞的规划很有必要。上海向国际化大都市迈进，离不开长江三角洲、长江走廊的一体化，需要一个机构协调，有个材料说上海大都市圈包括苏锡常、宁镇扬、杭嘉湖，上海成为金融贸易中心，后者成为上海都市圈的生产中心，江苏、浙江会怎么想？我认为在市场经济体制下，应是互惠互利的。在市场分割的格局下，要想协调是比较难的。第三，应适当扩大上海行政自主权和立法自主权。深圳、厦门、海南已申请到了立法自主权，上海申请应有可能被批准。

"攻坚"也好 "并轨"也好
广度深度难度前所未有*

（1994年8月18日）

　　小平同志南方谈话后，第一种说法认为，改革进入了"攻坚"阶段。1991年以前，改革基本上打的是外围战，经过十多年的改革，政企还没有完全分开，国有企业还没有成为市场主体，市场的培育不够体系化、规范化，宏观调控还不得不借助于行政手段。新阶段的改革就是要攻下这些难题，要从过去计划机制在资源配置中起主导作用，转向市场机制。

　　第二种说法是，新阶段进入并轨阶段。改革以来采取渐进的改革方式，新旧体制是并存的，这在改革的一定阶段内是必要的，但带来很多矛盾，不能长期并存下去。新阶段的改革就是要以新旧体制并存走向并轨，把计划机制逐步地转到市场机制，缩小旧体制的范围，扩大新体制的范围。

　　第三种说法是，改革从体制外转向体制内。过去改革的特点主要是把计划控制的这一大块稳住，放开市场一小块。让计划控制的这一块，在农村、在沿海不再扩大。这种改革实际上是在传统计划体制外面的改革，在旧体制外面让新体制逐步成长，对旧体制的传统经济领域特别是国有经济触动不大。新阶段的改革就是要从体制外的改革深入到体制内的改革，包括国有经济在内，

---

* 原载《中国市场经济报》。

让旧体制的传统阵地发生实质性的变化，从而让新体制逐步占领一切阵地。

这些看法都是侧重不同的角度来谈新阶段的改革。综合起来看，新阶段的改革其广度、深度前所未有，难度也较大。这一阶段要求我们从观念到行动都要适应市场经济规律的要求。

新阶段的改革要遇到各种各样的问题，但关键的问题是要正确处理好各种利益关系，要按市场经济规律办事。

中国大中型国有企业改革问题*

——在迈向21世纪中国与亚太合作1994年
鞍山国际研讨会上的发言
（1994年9月4日）

　　国有企业在中国经济中居于十分重要的位置。改革以来它在国民经济中的比重虽然下降，但仍举足轻重。目前国有工业企业在工业总产值中占48.3%，国有商业企业在社会商品零售总额中占41.3%，在其他任何经济成分中高居首位。1994年上半年，在全国乡及乡以上工业中，国有工业实现的利润和税收占62.6%，上缴国家的税收和利润占68.2%，对国家财政的贡献也是最多的。我国实行改革开放政策十多年来，国有企业的改革也一直处于改革的中心地位。国有企业改革的成败关系着社会主义市场经济的微观基础能否建立健全，和宏观调控体系能否有效运作，也就是关系着中国整个经济体制改革能否成功的问题。现在，大家越来越感到，国有企业的改革，已成为我国经济体制改革中最重的重点和最难的难点。

　　在十几年的改革过程中，我们对国有企业先后采取了"利润留成"，试行将上缴利润改为上缴税收，推行"承包经营责任制"等改革措施，在扩大企业自主权方面，取得了一定的进展，企业的经营活力比改革之前有了一定的增强。但从总体上说，到目前为止，国家企业的改革只是停留在"放权让利"的路子上，

---

* 原载《中国经济改革和发展的新阶段》，经济管理出版社1996年版。

而没有触及过去计划经济体制下传统企业制度本身的改造。长期困扰我国国有企业的主要问题，如政企职责不分、产权关系不清、企业自主权不落实、自我约束机制不健全等，始终没有得到根本的解决。加之国有企业承担着许多额外的负担，所以相对于非国有企业来说，国有企业的活力仍显不足，经济效益很不理想，大体上有1/3的企业处于明亏，1/3的企业处于暗亏，只有1/3的企业是盈利的。事实证明，进一步深化改革，必须解决深层次问题。要实现企业的自主发展，一方面必须继续支持各种类型非国有企业，包括混合所有制类型企业的发展；另一方面必须从理顺产权关系入手，对国有企业进行彻底的改革。按照企业规模和地位的不同，国有企业的改革也应采取不同的形式。对于市、县以下规模较小的企业，可以用"承包""租赁""拍卖"等办法，将它们改造为国有民营或民有民营的独立自主的经济实体。而对于大多数大中型国有企业，则要采取有限责任公司、股份有限公司形式，将它们改组为公司法人。这也就是1993年中共十四届三中全会《关于建立社会主义市场经济体制若干问题的决定》中提出"转换国有企业经营机制，建立现代企业制度"的核心内容。

作为大中型国有企业改革目标的现代公司法人制度，同我国过去计划经济条件下形成的传统国有企业体制之间，存在着重大区别。一是法人制度。传统国有企业不拥有法人财产权，不能够真正地自主经营、自负盈亏，不是真正意义的法人企业；现代公司企业对出资人所投资本形成的全部财产拥有法人财产权，在此基础上独立行使民事权利，承担民事责任，是真正的法人企业。二是有限责任。传统的国有企业，国家作为所有者，对企业负无限责任；现代公司企业（据我国《公司法》）包括国家在内的出资人只负有限责任。三是主体多元。传统国有企业是单一的国有制企业，只有国家一个投资主体；现代公司除极少数限定的国有独资公司外，一般是投资主体多元化，形成财产混合所有的企业。四是目标单一。传统国有企业扮演的角色多样，目标混杂，有经济目标、社会目标、政策目标等，企业行为难以市场化；现代企业将本求利，目标单一，能够按市场的要求来规范自己的行为。五是政企分开。对传统国有企业，政府的干预具有任意性、随意性，给企业的自主权可放可收，可大可小，都由政府来定；现代公司企业实行政企彻底分开，由法律来规定企业和政府各自的权限，政府对企业的必要干预，受到法律和制度的严格限制。六是组织科学。传统国有企业不但政企不分，而且党企不分，组织体制上重人治而轻法治，缺乏规范所有者、经营者、职工集体之间相互关系的科学的组织管理制度；现代公司企业通过股东会、董事会、经理部门和监事会等一套治理机构的设置和运作，形成调节所有者、决策者、执行者和职工集体之间互相制约制衡的机制。七是优胜劣汰。传统体制下，企业吃国家的大锅饭，职工吃企业的大锅饭，捧铁饭碗，企业不能破产，职工不能失业；现代公司企业要建立激励机制与约束机制相结合的经营机制，在市场竞争中优胜劣汰，企业是这样，个人也是这样，当然，这里有个建立和健全社会保障制度的问题。

由上述可知，现代公司法人制度同我国传统的国有企业体制之间的反差很大，"转机建制"（转换经营机制，建立现代企业制度）不是一件容易的事，有许多难题需要解决。其中主要的：一是很多人不理解不熟悉市场经济条件下的现代企业制度，而习惯于过去计划经济体制下的企业制度，一些传统观念（例如认为只有保持传统体制下国有国营的企业组织制度才是坚持社会主义）的束缚，给建立现代企业制度增加了思想障碍。二是国有资产产权的界定和管理，这里争论的问题有：国有资产实行国家统一所有、各级政府分级管理，还是分级所有、分级管理？企业非由国家财政拨款投资形成的资产，而由借款或国家给予的政策优惠（如减负税金）而形成的资产，是归国家所有还是归企业所有？谁是国有产权的代表？国有资产的产权经营和行政管理是否要分开？等等。三是国有企业负担沉重，一般有四大包袱：即承担社会就业任务，安排人员过多，特别是老企业退休职工多，都不能辞退或推出不管；债务负担重，过去企业利润大部上缴国家，而企业流动资金基本靠银行贷款，十多年来固定资产投资也多靠银行贷款，以致债务越积越重，有些企业甚至资本不抵债务；"企业办社会"，即为职工创办各种生活福利、社会服务事业，从住宅、医疗到职工子女的教育、就业等；税费负担比其他成分企业更重，对所谓"乱收费、乱摊派"，国有企业难以像"三资"企业那样进行抵制。这些问题，都增加了国有企业转换经营机制、建立现代企业制度的困难。

对于上述难题，现在正在研究解决办法。比如，在减轻国有企业过重的负担方面，有以下一些考虑：对人员过多，将采取培育劳动力市场，改革劳动用工制度，建立和完善社会保障制度来解决。对于政策性债务，可以区别不同情况，采取"债改投"，将一部分贷款改为国家投资，补充国家资本金，或将银行对企业的债权转换成为股权；有一部分债务可以排账停息，或冲销陈欠。对"企业办社会"的负担，将通过发展第三产业，划出部分资本金转入长久的社会福利基金，还可以把一些社会福利和服务事业从企业剥离出来。对税费负担不均，可以通过税制改革，使各种经济成分企业负担公平。对长期亏损、经营无望的企业，实行破产、兼并，关键是对其人员要有适当的处理安排。

由上述可知，国有大中型企业的"转机建制"是一项非常复杂艰巨的任务，它们涉及方方面面的改革，包括宏观经济管理体系、市场体系、社会保障体系等方面的改革都需要综合考虑、配套进行。还要制定和完善有关方面的法律，以规范企业内部和外部关系。在这方面，中国人大常委会已通过并颁布实施了《公司法》，但有关的法律和法规的制定和完善，尚需时日。

中国国有企业改革的深化，要求我们进一步总结改革的经验，探索改革的规律。我们不但要重视本国的经验，也要吸收外国的好经验，为我所用。希望各位多提宝贵意见，对我国国有企业和整个经济的改革与发展做出贡献。

经济学家谈通货膨胀形势[*]

——《北京周刊》记者专访
（1994年9月）

记者（江宛林）： 您怎样看待目前的通货膨胀问题？它是否非常严重？

刘国光： 是的，我认为目前通货膨胀相当严重。今年（1994年）上半年平均物价指数上升到19.8%，而在一些大中城市中还要高一些。

记者： 为什么中央政府从去年（1993年）以来采取的抑制通货膨胀的措施还不见奏效？引起这样高的通货膨胀的主要原因是什么呢？

刘国光： 原因主要有三个。首先是需求过猛而信贷又很松。自从1993年以来，中国经济进入高速增长期，增长率达到13%。去年（1993年）上半年，固定资产总投资的增长高达70%。政府施行严厉的宏观调控措施后，今年上半年的固定资产投资的增长率降为25.2%，仍然偏高。

去年以来，一系列的物价改革措施也是重要原因之一。物价改革引起了一些原材料价格的猛烈上涨。例如粮食、石油、煤炭、电和一些服务项目。原材料的涨价自然要引起全面的物价上涨。这是我们称作的通货膨胀的成本推动因素。

另外一个原因是物价秩序混乱。各种税制改革出台后，许多

---

　* 原载《北京周刊》第36期英文版（1994年9月5—11日）。

行业和产品纷纷提价。这其中，有的是趁机涨价；有的为误会涨价；有的是攀比涨价；有的是垄断涨价。

去年三中全会以来，中央政府采取了一系列调控措施来抑制固定资产投资热。事实证明，这些措施还是有效的。因为固定资产投资的增长速度已经慢下来了。然而，经济学的理论告诉我们，物价的升降一般要比其他变量滞后半年多。因此，目前物价自然居高不下，正是这种滞后因素的作用。

记者： 您对中央政府坚决抑制通货膨胀的决定怎么看？您认为这一措施确实是十分必要吗？

刘国光： 我认为中央将抑制通货膨胀作为今年经济工作的一个重要目标是正确的。在通货膨胀的情况下，经济秩序比较混乱，盈和亏都无法得到正确的反映，由于物价的增长超过了利率，目前已经出现了负利率。而这一情况的出现又加重了资金紧张的状况。这些问题的存在是对目前的改革和调整十分不利的。

记者： 您认为中央政府应主要从哪几个方面着手抑制通货膨胀呢？

刘国光： 首先，应继续对集团消费和固定资产投资进行严格控制。应更多地利用信贷手段来控制通货膨胀。此外，物价改革的出台不宜太集中。物价的改革应逐步地、稳步地进行。最后，价格秩序应进一步整顿。

记者： 政府在施行这些措施进行宏观调控时是否会遇到一些阻力？

刘国光： 很显然，政府在这方面会常常左右为难。一方面，它要紧缩信贷控制通货膨胀；而另一方面，它要受到那些资金严重短缺的企业和行业的巨大压力，要求尽快放松信贷。

记者： 那么您认为有没有一个比较妥当的办法来解决这个矛盾呢？

刘国光： 目前来看，最好的办法应该是用"微调"的方法进行宏观调控。也就是说，这样的调控应是有松有紧，时松时紧。例如，对于农业、出口创汇的行业和有经济效益的企业要松；而对于那些没有效益的企业，对于开发区的建设，以及房地产和股票的投机必须要紧。

记者：您认为下半年通货膨胀走势怎样？通胀率还会维持这么高么？

刘国光：在下半年里，原来的需求拉动的因素会减弱下来。而我们所说的价格的滞后因素也将减少。价格方面的改革措施，要注意不要集中出台，而逐步地、稳定地整顿秩序。农业，特别是"菜篮子"工程仍将为经济工作的重点。因为农业生产上去了，农产品的价格自然会降下来。由于这些因素的作用，下半年物价涨势可望得到明显的缓和，预计到年底可能会降到12%或13%。这样，全年的通货膨胀率就会控制到15%或16%。当然，这个数字仍比政府年初定下的10%的目标高得多。

记者：政府还将继续实行目前这样严厉的紧缩措施么？

刘国光：在继续进行"微调"的同时，政府下半年应适当放松一点信贷。这是因为，目前，市场需求不足和分工不足的问题已经很明显。为保持经济继续稳步发展，在继续控制高通货膨胀率的同时，也要解决一下市场的问题和企业的困难。因此，下半年总的来说是不能再紧了。

记者：政府在这方面是否也是如此看法并将采取相应措施？

刘国光：我认为是这样。政府也很清楚，要以最低的代价保持经济的高速发展，目前来看这是一条唯一的出路。这一做法也是符合中国人民的长远利益的。当然了，政府在执行这一政策的过程中应避免屈服于来自两个方面的压力。一方面压力是要求将通货膨胀率迅速压到10%以下，而这种做法很可能会导致经济的混乱；另一方面压力是要求全面放松，如果这一观点被接受的话，本来已缓缓下降的通胀率又要迅速上去，这对经济也

刘国光

经济论著全集

第
11
卷

是很不利的。目前我们的经济还没有"软着陆"，因此不应让它再过热。

记者：另外，能否请您谈谈您对目前经济界很流行一种观点的看法，即经济的发展必然带来高通胀率，而严厉的宏观调控措施只会对经济改革产生不利影响？

刘国光：我不认为经济的高速增长必然伴随高通胀率。这样的例子在其他国家也不少。例如马来西亚，它在经济以8%~9%的高速增长的同时，通胀率却控制在3%以下。这种局面就是通过成功的宏观调控达到的。

没有哪个经济学家会反对一定程度的通货膨胀，比如低于5%或6%都是可以的。但是，目前我国20%左右的通胀率是不是应该说实在太高了呢？头脑冷静的中国经济学家应该很清楚，中国是难以承受大规模的通货膨胀的。我们不应该忘记1988年。当时，政府接受了这种"通货膨胀无害"的观点，使物价完全失去控制。结果怎么样呢？经济混乱又导致了政治危机，接着便是将近四年的经济大调整。

记者：有些经济学家认为抑制通货膨胀可能引起高失业率。您怎么看这个问题？

刘国光：根据国家统计局最近公布的数字，今年上半年的失业率仅为2.6%。我认为这些经济学家是深受凯恩斯理论影响的。他们像大多数西方经济学家一样，总是最担心失业问题。其实，这种担心在目前是没有必要的。中国的情况与西方不同。在西方国家中，总需求不足是个经常的问题；可在中国，供给不足才是主要问题。

记者：能否解释一下，在政府采取宏观调控抑制通货膨胀时，市场、法律和行政这三大杠杆哪一个起的作用更大一些呢？

刘国光：我们必须承认，行政手段仍是使用得最多的一个办法。这是由于，目前在中国，市场手段还没有完全建立起来；中央银行和商业银行的体系还未建立起来，高通货膨胀就发生了。此外，必要的立法和执法也远远没有完善。因此，这两个杠杆的作用是不够有力的。

记者：过多地依靠或使用行政手段是否会使我们回到计划经济的老路上去呢？

刘国光：不幸的是，这是十分可能的。这也是我们为什么一定要及时控制和抑制大规模通货膨胀的原因之一。想想看，如果让物价失去控制，政府在没有其他办法的情况下只好全面使用行政手段来干预形势。我想这样一种情景是没有一个人会希望看到的吧？

刘国光

经济论著全集

第
11
卷

中国的经济改革和经济发展*

——在德国施韦比霍尔银行的讲话
（1994年9月28日）

一

中国的经济，从1949年新中国建立到1978年12月中国共产党十一届三中全会召开，实行的是高度集中的计划经济体制。这次全会针对过去经济体制对企业管得过死、不能发挥市场积极作用的弊病，提出了对内改革、对外开放的方针，到1994年已经15年。15年来大体经历了三个阶段：第一个阶段，从1978年12月到1984年9月。这个阶段的改革的重心在农村，实行了家庭联产承包责任制，打破了大锅饭，把农民的积极性一下子调动起来，农村经济发展很快。城市改革在此阶段里主要是给企业一些自主权，建立了深圳、珠海、厦门、汕头4个经济特区，给特区一些特殊政策，并开放了14个港口城市。第二阶段从1984年10月到1991年年初，改革的重心从农村转移到城市，主要解决企业活力问题，并开始进行市场建设，逐步放开价格。与此同时，把海南岛改成了中国的特区省，逐步放开了珠江三角洲、长江三角洲、闽南的厦门和泉州等地区。第三个阶段，从1992年开始，这年2月邓小平同志南方谈话发表，中国改革出现了重大转折。他提出了中国要加快改革、扩大开放，讲明计划经济并不等于社会主

* 原载《改革与发展》1995年第1期。

义，市场经济不等于资本主义，这就把我们头脑中的禁锢给解放了。1992年12月中国共产党第十四次代表大会，明确把建立社会主义市场经济体制作为改革的目标；1993年10月党的十四届三中全会，又把这一改革目标加以具体化，提出了社会主义市场经济新体制的基本框架。改革的重心由华南向华中、华北推进，由沿海向内地推进。中国改革的这种势头，是全世界所欢迎的，也是不会逆转的。

二

经过15年来改革的逐步深化，中国的经济体制发生了深刻的变化，主要表现在以下几个方面：

1. 以公有制为主体，国有、集体、个体、私营、外资经济多种成分共同发展的格局已经初步形成。1992年，在中国国民生产总值中，国有企业占到48%左右，集体、乡镇企业占到38%左右，其余14%左右为其他所有制形式的企业所创造。非国有经济成分的快速发展和比重增大，给整个经济运行增添了不少活力。

2. 市场经济的范围和作用不断增强。目前，中国80%以上的生产资料、85%以上的农副产品、95%以上的工业消费品价格已经放开，由市场来决定。生产要素如资本、土地、劳动力，也开始初步走向市场化。

3. 国家对经济的管理，由过去行政指令性的直接控制，开始转向用经济、法律手段进行间接调控。过去政府什么都管，现在开始主要抓宏观经济管理。与此相应，政府职能的转换、机构的精简，也正开始逐步铺开。

4. 经济改革与对外开放互相促进，对外经济技术交流合作广泛展开。目前中国已初步形成了包括经济特区、沿海、沿边（境）、沿江（长江、珠江等）、沿主要交通干线和内陆中心城市在内的、多层次全方位的对外开放的新格局。

三

中国的经济改革和对外开放取得的进展，把中国经济发展推向一个快速发展阶段。1979—1993年，中国GNP（国民生产总值）每年平均增长9.3%，农业年平均增长6.1%，工业增长14.2%。中国的综合国力不断增强，相应地，城乡居民生活水平也得到提高，农村居民人均收入已由1978年的134元人民币增加到1993年的921元，扣除物价因素，每年增长7%；城市居民人均工资收入从615元增到3236元，每年实际增长5%。城镇居民居住条件也有了一定的改善，城市人均居住面积由1978年的3.6平方米增加到1993年的7.5平方米；农村居民由8.1平方米增加到20.8平方米。

改革开放的结果，使中国经济与世界经济的联系更加紧密。中国的进出口贸易从1979年的240亿美元增加到1993年的1957亿美元；占世界贸易总额的比重从第32位提高到第11位。1979—1993年全国共批准外商投资项目17.4万个，外商实际投资639亿美元；其中1993年，外商直接投资260亿美元，占当年全世界发展中国家吸收外商直接投资的30%，成为世界上仅次于美国的第二大吸收外国直接投资的国家。现在全世界都在看好中国市场，有人预测到2000年中国进出口贸易总额将达到4000亿美元，到2000年中国进口订货累计总额将达到1万亿美元。中国这个大市场的吸引力，是显而易见的。

四

改革开放以来，中国经济的发展并不是一帆风顺的，而是存在不少问题，也经历了几次周期起伏。1992年以来进入新一轮的高速增长，1992年、1993年两年GDP的增长率都达到13%以上，这在当前世界经济中是少见的。但是与此同时，中国经济生活中也出现了一些令人担忧的现象，诸如投资过热、金融混乱、物价上涨，以及某些泡沫经济现象的出现等。1993年下半年以来，中国政府开始实行了名叫"十六条"的加强宏观调控的措施，1994年以来在财税、金融、外贸、外汇等领域，又采取了一些重大的改革措施，克服了前两年高速增长过程中出现的某些过热和某些混乱的现象。固定资产投资明显降温，金融秩序好转，特别是外汇改革稳定了汇率，使人民币向可兑换货币的方向迈进了一大步。同时，中国经济的发展在过高的增长率有所回落的情况下，仍然保持了较快的速度；1994年上半年GDP比1993年同期增长了11.6%，工业增加值保持了16%~17%的增长幅度，预计全年GDP增长11.5%，宏观经济运行的态势基本是正常的。但还存在不少问题。目前的主要问题是物价上涨率偏高，与1993年相比，物价上涨率达到20%左右。再就是国有企业遇到困难较大，相当多的无效投资和亏损企业仍在吞噬大量的社会财富，形成国民经济中的大黑洞。农业的基础也不稳固，农产品涨价成为1994年物价上涨的一个最主要的动因。此外，东部和西部地区的经济收入差距扩大，社会分配不公的问题也突出起来，等等，这些问题都需要解决。为了保障1995年改革和发展的顺利进行，1994年下半年首先集中治理通货膨胀，采取强化宏观调控和改革措施，争取到1995年把物价上涨率控制到10%以下，以保证经济的"软着陆"和平稳发展。

五

中国经济生活中存在的种种问题，归根结底，要靠进一步深化改革来解决。1993年中共十四届三中全会通过《关于建立社会主义市场经济若干问题的决定》，为进一步深化改革制定了总体框架，今后几年经济体制改革将主要在以下领域进行：

1. 企业改革。过去15年国有企业的改革，主要是走"放权让利"的路子，没有触及国有企业产权不明、政企不分的问题，今后的改革要从明晰产权关系入手，转换企业经营机制，建立现代企业制度，使企业成为真正独立的法人实体和市场主体。国有企业改革的基本做法是大中型国有企业将改造成为有限责任公司和股份有限公司，小型国有企业可以承包、租赁和出售给集体或个人经营。我们要平等地对待各种不同所有制的企业，为它们创造一个公平竞争的环境，这样才有利于整个经济的发展。

2. 要培育发展各种市场，打破地方之间、部门之间的分割，建立全国统一的开放的市场体系。过去15年的改革主要是培育和发展商品市场，包括消费品和生产资料，逐步取消统制，放开市场。今后市场培育和发展的重点，将转移到生产要素方向上来，这包括资金、劳动力、房地产市场，此外还有技术市场、信息市场也要发展。

3. 要建立一个有效的宏观经济调控体系。政府对经济的管理，要进一步由过去的直接行政手段为主转向主要用间接的经济手段和法律进行管理，用货币政策、财税政策进行调控。

宏观调控体制的改革，涉及财政税收体制、金融体制、投资体制等方面的改革。财政税收体制改革最重要的是把过去"财政包干制"改革为国际通行的"分税制"，以正确处理中国这样一个大国的中央政府和地方政府间的财政关系；同时要逐步实行统一的企业所得税制与个人所得税制和以增值税为中心的流转税制。金融体制改革重点是要把现在的中国人民银行改革成为执行稳定货币和监督金融两大职能的真正意义的中央银行；要把政策性贷款与商业性贷款分开，成立专门的政策性银行，由政府给予财政支持，现在正在筹建的政策性银行有中国开发银行、进出口银行等。这样就可以把原来政策性业务与商业性业务混在一起的四大专业银行改组为纯商业性的银行，承担风险，自负盈亏。

上述企业改革、市场改革和宏观调控改革是建立市场经济体制的核心，环绕这个核心，还要配套进行一系列改革，如劳动工资制度的改革，社会保障、保险制度的改革，以及住房体制的改革，等等。这些都是建立社会主义市场经济体制必不可少的。比如，在住房体制方面，我国城镇原来实行的住房体制的特征，是低房租、高补贴、福利性的分配或无偿供给制度，这种住房体制的弊病严重地制约着多方面的改革，特别是企业改革的顺利进行，也制约着住房建设的发展。目前我国城市人均居住面积只有7.3平方米，1992年统计，全国城镇还有住房困难户550万户，而且随着城镇人口的增长，每年还将出现一大批新的住房困难户。同时还要进一步改善现有居住条件等，住房建修任务很重。不久前国务院制定发布了《深化城镇住房体制改革的决定》，提出了房改的目标是实现住房的商品化、社会化，加快住房建设并改善住房条件，以满足城镇居民不断增长的住房要求，这个决定中，对城镇住房体制提出了一系列改革政策措施，其中建立和发展住房金融是很重要的一项内容，这同我们这次访德考察目的有关。关于住房改革这方面的情况和问题，将由张中俊先生介绍。

六

前述中共十四届三中全会《关于建立社会主义市场经济体制若干问题的决定》，1994年是落实的第一年，各项深化改革的措施陆续出台，1994年改革的重点在宏观调控体系方面，已经有了一个良好的开端。国有企业制度的改革也进行了一些准备和试验工作，看来这是我国经济改革中的一个最难的难点和最重的重点，1995年起将着重抓这方面的改革，以及与之相应的社会保障、保险制度的建立。总之，各项改革将要全面、配套、有重点地坚持进行下去，从现在起经过五六年，到20世纪末，我们将初步建立起社会主义市场经济新体制。进入21世纪后，再花10年到20年的时间，大约到2020年左右，使新体制逐步完善，更加成熟，能够同国际上市场经济的规矩做法自然接轨，更好地参与国际经济的循环，促进世界经济的共同发展。

最后，我讲讲中国经济发展的长远目标。20世纪80年代初，邓小平提出了中国经济发展的三步走的战略部署。第一步的战略目标是到1990年，GNP比1980年翻一番，人民生活达到温饱水平，这一步经过80年代改革和开放的努力，已经基本实现了。第二步是到2000年，GNP达到1980年的400%，人民生活达到小康水平，这一步我们正在通过90年代进一步深化改革来促成。到2000年，初步建立社会主义市场经济新体制，第二步经济发展战略目标也将同步实现。第三步是进入21世纪以后，再花30年到50年的时间，初步实现现代化，达到中等发达国家的水平。这一步要靠21世纪进一步完善新体制，使社会主义市场经济体制逐步成熟，逐步成型，促成第三步发展战略目标到2050年基本实现。所以，中国的经济改革同经济发展战略的实现，是紧密联系在一起的。

我们对中国改革和发展的前景非常乐观。走向21世纪的中国经济，充满着机遇和希望，当然也面临着许多挑战和困难。我们要抓住机遇，迎接挑战，克服困难，把中国的改革和发展推向前进。我相信，随着中国的经济改革和发展不断取得成功，企业家们会发现他们将会得到更良好的投资环境和发展机遇。

中国的经济改革和经济发展

造就企业家 群体推进现代企业制度建设*

（1994年10月17日）

企业是由人们的智慧和努力，结合土地、资本、劳力等不同的资源，在以营利为目的和承担风险的情况下，有计划地组织起来的经济独立体。它是一种艰巨、复杂而带有风险的事业。按照国际通行的定义，我国原有的许多企业都不是完整意义的企业。至少原有国营企业是这样。随着社会主义市场经济的发展，社会资源配置逐渐由计划为主转向由市场发挥基础性作用；一般经济活动由集中决策转成分散决策，相应地要求企业由一个生产单位逐步发展成为独立的市场经济主体。

企业家是指自动地做出经营决策并承担经营风险的人，是先进生产力的代表。这一类人愿意承担财务风险而去实现个人的价值。他们在推动社会进步、确保企业在日益激烈的竞争中取胜发挥着越来越大的作用。西方国家十分强调和重视企业家在资本主义经济发展过程中的作用，美国经济学家熊彼特认为，国家经济的发展，归根到底取决于企业家的创新活动。他们把企业家看作是资本主义的"灵魂"，是生产要素的"新组合"，是"经济发展"的主要组织者和推动者，认为没有企业家就没有企业的发展，也就没有经济和社会的进步。

---

 * 原载《厂长经理日报》。

企业家是市场竞争的产物，市场经济的竞争归根到底是人才的竞争，没有一支高素质的企业家队伍，建立现代企业制度将是一句空话。现代企业制度的建立，除了需要一整套规范的组织机构外，更需要有一批敢于冒险、敢于创新，有强烈成就感和远见卓识的优秀企业家和大批懂技术、会管理、能经营、善理财的专业人才。建立一支与现代企业制度相适应的企业家队伍，首先要在思想观念上来一个更新，克服"官本位"的传统意识，增强现代社会化大生产观念，适应市场经济的要求，抓紧企业家队伍的建设；其次，要有一个有利于企业家脱颖而出的宽松的社会经济环境，使企业家能真正行使经营决策权利；再次，要给企业家提供必要的学习和研究条件，制定系统科学的企业人才培训规划，运用多种手段，加大培训力度，加速企业家人才的催化发育；最后，为企业家和专业管理人才建立科学的工薪制度，使他们在为公司、为社会创造巨额财富时能得到应有的回报。同时，要大力宣传企业家的业绩，在全社会树立起崇尚企业家、爱护企业家、争做企业家的风尚。随着经济体制改革的深入进行，我国已诞生了一批跨地区、跨行业、跨所有制，甚至跨到国际上去的大企业集团；其牵头的总经理、董事长，这些人既是企业界的精英，也是整个社会的俊杰。他们才是现代企业制度呼唤的第一流的企业家。

我们所进行的经济改革，就是要使千千万万的企业和企业家，真正成为市场经济的主体。要造就真正的企业家，为他们提供活动的舞台，在当前主要是改革财产关系和搞活市场。前者是企业家产生的关键因素，后者是企业家产生的基本途径。随着改革开放的深入和经济体制改革的顺利进行，将有大批具有开拓精神、具有强烈的经营管理意识和对企业家职业全身心投入的人通过努力，进入企业家群体的行列。

为了提高企业素质，增强企业活力，黄运武先生组织众多专家、学者，花了近三年时间编纂了这部《企业家实用大辞典》。该辞典共12编，147章，计480万字。它熔100多个经济学科于一炉，涉及企业及企业管理的方方面面，所提供的知识都是企业家必备或应该掌握的。还附有海外华人企业家的资料，这些人大都是走过一段艰苦曲折的历程，最后成为世界知名企业家的。他们为华人争了光，为中华民族争了光，可供国内的企业家借鉴。总之，我认为这部辞典的出版，定会受到企业界朋友的青睐和欢迎。愿它能成为广大企业家的良师益友；也希望广大企业家能用自己的实践来逐步丰富它，使之再版时更臻完善。

当前社会经济生活热点*

——浙江《市场导报》记者专访
（1994年10月19日）

　　全国人大常委会委员、财经委委员、著名经济学家刘国光随全国人大常委会"三法一决定"检查组来到浙江检查，日前在杭州接受本报记者独家采访，就当前物价上涨过快、假冒骗增多、收入差距拉大等社会经济生活中的热点问题谈了自己的看法。

　　刘老认为，最近一个时期以来，全国各地物价上涨过快，解决这个问题的根本方法是协调供给与需求的关系，着眼于增供限需。解决通货膨胀主要是减少财政赤字，增收节支，限制固定投资的规模，控制信贷和集团消费，另外还要大抓农业，增加农产品的供给。刘老说："只有增加供给才能从根本上平抑物价。行政限价的手段在一定时间内是必要的，但不是长久之计，还得靠综合治理。物价上涨过快以后，经济核算都搞混乱了，改革也没法进行。有人认为，通货膨胀、物价上涨没关系，工资跟上去，'水涨船高'就行了。但现实生活中往往是'水涨船不高'或'水涨船稍高'，这样是要淹死人的。因此，物价上涨一定要坚决治理，大家要齐心协力来做好稳定物价工作，以稳定社会。"

　　在谈到经济领域中假冒骗案件屡禁不止的问题时，刘老说："当前有些人认为假冒骗现象增多是改革开放的必然结果，这种想法是不对的。我们不能因为存在某一现象就认为它是正常的。

＊　本文系《市场导报》记者温莫邪、王应有专访，发表于该报。

假冒骗增多只能说明我国目前的法律还不健全，执法还不严格。要有效制止这一现象的泛滥就要加强立法。'三法一决定'的颁布实施，就是加强立法的有力证明。但光有了法而执法不严也不行。搞回扣，搞贿赂，搞假冒骗，这在资本主义国家也是不允许的，致富不能靠邪门歪道。要制止假冒骗增多，还得靠加强立法与严格执法。目前有些法律的实施细则和配套措施还有待完善。"

对于当前社会上存在的收入不均的问题，刘老认为，要正确处理这一问题，很重要的一条是完善税收制度。个人收入所得税、个人财产税要尽快实施起来。目前存在的问题是税收不上来。有些企业都有两本账，真正的大户更是收不到税。这是一个很大的问题，要抓紧逐步解决。刘老说："对于地区收入差距，我们要发展落后地区的经济，首先要发展当地基础设施，这一地区差距到21世纪才可能缩小。解决城乡差距总的来看，还是要加强农业和农村经济发展，增加农民的收入，保护农民的利益。收入差距的扩大有正常的，也有非法的，合法的收入要鼓励，非法的收入要坚决予以取缔。"

最后，刘老还谈了市场问题。他指出，目前市场秩序还有待进一步完善，让生产者、经营者、消费者的行为更加规范化、理性化，同时也要保护三者的利益。刘老说："我来浙江时间不多，情况也不大了解，但知道浙江是个'市场大省'，市场搞得很不错，要继续发展。"

加大利率杠杆的作用*

——香港《经济导报》特约记者专访
（1994年10月）

记者（左建龙）： 1993年下半年以来，我们采取了一系列宏观调控措施，经济发展的形势有所好转，但通货膨胀的压力依然很大。对此，您有何看法？

刘国光： 1993年下半年采取的宏观调控措施，应该说取得了积极的成效。从1994年第一季度我国经济发展的情况来看，总体经济运行进入宏观调控期望值范围，财税、金融、外贸等改革进展顺利，经济增长速度有所回落。但是，经济发展中还存在两个极为尖锐的问题：一个是物价水平涨幅较大，通货膨胀压力也很大，群众反应强烈。一季度，全国商品零售价格比去年同期上涨20.1%，其中35个大中城市消费价格指数上涨24.6%。如果物价继续按此速度上涨，1994年物价上涨控制在10%左右的目标肯定会被大大突破。另一个问题是，资金紧张，下边要求放松金融政策的呼声很大。这两个问题的解决使我们面临两难的政策选择：前一个问题要求紧缩性政策；后一个问题要求放松银根的政策。这种政策选择上的两难境地，决定了我们必须审时度势，在宏观调控中采取有松有紧、时松时紧、松紧结合的"微调"方法，但从总的方面来看应该采取偏紧的调控政策。为了解决"瓶颈"制约等生产中的困难，并为1994年改革措施的集中大量出台创造宽松

---

* 原载香港《经济导报》1994年第33期。

的经济环境，我们必须把控制通货膨胀放在宏观调控工作的首要地位。

记者：但是，有人认为通货膨胀是与中国经济增长相伴随的现象，甚至认为通货膨胀率高一点也不会出什么大乱子。您对此有何评价？

刘国光：在从自然经济向商品经济、从计划经济向市场经济的过渡中，随着价格改革的全方位推进和市场定价机制的形成，物价水平不可避免要出现一定程度的上涨。这种上涨是由价格的结构性变革引起的，是正常的。但是，我国目前的通货膨胀是由货币供应量大大高于GNP增长率、用于投资的生产要素价格上涨以及消费品市场的需求拉动等原因引起的，应该加以控制。如果放任自流，严重的通货膨胀就会破坏正常的比价关系和成本收入核算过程，加剧收入分配不公的矛盾，使整个社会处于无政府状态。有人根据外国经济发展的一些材料得出"高增长必然伴随高通胀"的结论，主张用通货膨胀的手段刺激经济。这种做法是危险的，无异于饮鸩止渴。其实，只要宏观经济政策（主要是财政金融政策）搭配得当，"高增长、低通胀"的目标也能实现。日本在1955—1970年这段经济高速增长时期，年平均增长率为11%，而通货膨胀率也只有一位数；近来马来西亚等国家经济增长记录良好，达到7%~8%，通货膨胀水平也只有3%左右。

记者：在认识上对通货膨胀是否有害所存在的分歧，妨碍了对通货膨胀的有效治理。除此之外，我们在遏制通货膨胀的政策手段选择上是否也存在失误？

刘国光：这正是我要重点谈的一个问题。在政策手段的选择上，我们过分依赖用行政办法控制货币信贷和限制投资规模，尽管其效果表现比较直接，但弊端是很明显的：一是行政力量过多地渗入经济过程，不利于市场调节因素的形成；二是容易引起经济的波动。对于利率手段，我们也曾利用过，但似乎有点反反

刘国光

经济论著全集

第
11
卷

复复，犹豫不决。1988年经济过热时曾提高了存贷款利率，1991年4月21日至1993年5月15日期间，银行利率曾连续下调了三次，1993年5月和7月又连续两次调高，从而使一年期存款利率先由7.56%调到9.18%，再调到现在10.98%的水平。政策上的摇摆不定导致利率杠杆作用的弱化，表现在两方面：一是利率调整还不够灵活，不能及时反映市场上资金的供求变化；再者，利率水平偏低，调节效果不明显。我们知道，西方市场经济国家在与周期性的经济波动做斗争时，中央银行除了运用调整存款准备金和公开市场业务手段外，利率工具也很重要。我们应该逐步加大利率杠杆作用的力度，这与用间接调控手段代替直接调控手段的改革方向是一致的。

记者：您刚才提到我们在运用利率措施时的不足之处，能否详细谈谈我国目前利率机制存在的问题？

刘国光：毋庸讳言，我国的利率政策存在一些问题。从利率形成机制来看，中央银行在制定存贷款利率政策时，尽管也考虑物价水平、资金盈缺、企业对资金成本的承受能力等经济因素，但人为的、行政的力量起着主导作用，市场上资金供需状况对利率形成过程的影响是事后性的，而不是即时性的。从利率水平来看，主要由行政力量决定的利率不但低于由市场资金供需决定的均衡利率价位，甚至低于物价上涨水平，往往形成负利率。以1993年为例，一年期存款利率为10.98%，物价涨幅为13%，而银行违章拆借利率以及社会乱集资的利率高达20%~30%，市场均衡利率可能低于黑市非法利率，但肯定要高于银行名义利率。随着市场机制的进一步发育，负利率的弊病表现得愈来愈突出。

首先，它对通货膨胀起了推波助澜的作用。一方面，人为的低利率扭曲资金供求关系，不反映资金的稀缺性，而给企业传输资金便宜的虚假信息，人为压低资金成本，刺激投资的膨胀；另一方面，限制了部分资金的供给，人们不愿意把闲置货币收入用于储蓄，而是用其进行实物保值或投入消费市场。这两方面因素都会加速价格的上升过程。

其次，导致寻租活动，产生腐败现象。人为的低利率和信贷资金的行政性分配必然诱使人们利用行政低利率（负利率）与市场高利率的差额，谋取非法利益。这种寻租活动一方面破坏了经济行为主体之间的平等竞争，另一方面则为以权谋私、权钱交易、贪污腐化制造了温床。

最后，具有明显的收入分配效应，加剧收入分配不均的状况。在低利率情况下，储蓄者的劳动收入贬值，使其遭受利益损失；而那些依靠行政权力能够取得贷款的人或企业，则有可能大发横财。

记者：我国的市场机制还很不完善，据此有人认为利率调节的作用不大，您怎样看待这个问题？

刘国光：信用工具的高度发达和市场体系的充分发育是利率杠杆发挥作用的前提。与西方成熟的市场经济形态相比较，我国的市场机制还很不完善。因此，我国的利率政策不可能像西方国家的利率调节机制那样灵敏而有效。但是，随着现代企业制度的建立和经济中市场调节因素的增多，利率调节的作用会越来越大。它的变动对企业的经营活动和居民的经济行为产生了日益深刻的影响。从企业来看，国有成分的企业随着经营机制的逐步转换，对利率的反应越来越敏感，在资金使用上的"大锅饭"和不计算成本的状况正在逐步改变。非国有成分的企业包括"三资"企业、集体企业和私人企业。它们在国民生产总值中所占比重逐步扩大，增长势头也很强劲。我国经济中的这一块对利率调节的反应是比较灵敏的，因为利率水平的高低牵涉到企业的生产成本和盈利水平。再从居民的经济行为来看，利率对经济活动的影响是很直接的，储蓄的利率弹性是很大的。仅举一例，1993年上半年物价上涨而利率未动时，居民的银行储蓄曾一度下降，5月和7

刘国光

经济论著全集

第
11
卷

月中国人民银行两次调高人民币存贷款利率后，居民的储蓄存款很快恢复了增长的势头。这种利率变动对通货膨胀的抑制作用是明显的。随着人们投资组合方式的多样化，人们会以抢购保值或购买其他资产的形式表示对低利率、负利率的不满情绪。

记者：要调整低利率政策势必要提高存贷款利率，国库券的利率也要随之上调，如果我们撇开中央财政承受能力这一点，这个过程肯定要增加企业的负担，有的企业甚至吃不消。这个问题如何解决？

刘国光：应该承认，这种担心存在于许多人的认识中，这是在政策上忽视利率手段作用的一个很重要的思想根源。

首先，要在认识上解决这个问题：是用低利率继续支撑经济运转的低效率，还是逐步放开利率，为经济步入良性循环创造条件？前文已经说过，负利率意味着企业使用资金几乎不支付任何成本，但我国的企业仍然亏损严重，缺乏活力。据有关资料表明，我国国有企业的经营状况基本上是1/3亏损、1/3潜亏、1/3盈利的"三三制"格局，可见实际亏损面几乎占企业总数的2/3。依靠低利率来支持低效率的经济运行，这种状况维持得越久，资源配置不当所带来的效率损失也就越大，因此我们应该采取措施加以克服，使经济尽快走出"低利率支持低效率，低效率反过来又严重依赖低利率"的恶性循环。

其次，对于利率提高后企业负担加大的不同情况，我们应该采取不同的对策。第一种情况是，并非所有的部门和企业都承受不了市场利率，事实上，一些经营良好的企业和有市场前景的投资项目，愿意以15%、20%甚至30%的利率水平来筹措资金。至于一些炒地皮、炒股票的投机商更能承受得起，就不去谈它了。第二种情况是，确实有些项目和企业对提高利率承受不了，而这些项目和企业又是国家急需的重点，必须力保，需要扶植的，这些项目和企业由于利率放开、提高而加大成本带来的困难，应该由国家财政贴息贷款来解决，由投资开发银行之类的政策性贷款来解决，而不应采用普遍的低利率、负利率的办法。第三种情况，对于那些一般的竞争性部门和企业，它们的贷款利率更应由市场去决定，有效益的企业自然承受得了市场利率，效益差的企业借不到钱，就得想法改进技术、管理，调整产品结构，否则就得破产。市场经济不保护落后，不能用低、负利率来支持低效率。当然，对破产企业要做好善后工作，要加紧建立社会保障制度。

记者：根据您的观点，我国的利率政策改革应该像汇率机制的改革那样逐步市场化，对吗？

刘国光：政府已注意到控制通货膨胀的问题，并且采取了一系列措施，例如，各级政府都比较重视"菜篮子"工程，以平抑市场物价；有关部门很重视对物价的管理和监督等。这些措施都是必要的，但要增加间接调控手段。利率的市场化也是符合我国改革的整体方向的。1994年1月1日我国外汇体制进行了重大改革，实行官方汇率和调剂汇率的并轨，这是向人民币自由兑换方向迈出的一大步。尽管利率变动的波及范围要比汇率并轨的范围大得多，但是我们在利率的改革上还是要大胆探索，加大步伐。当然，利率改革会带来一些新的社会经济问题，因此需要逐步推进，并与其他方面的改革配套进行，以保持社会稳定，促进经济持续发展。